Klippert · Berufswahl-Unterricht

Heinz Klippert

Berufswahl-Unterricht

Handlungsorientierte Methoden und Arbeitshilfen
für Lehrer und Berufsberater

2. Auflage

Beltz Verlag · Weinheim und Basel

Über den Autor
Heinz Klippert, Dr. rer. pol., Jahrgang 1948, studierte Wirtschaftswissenschaft und Soziologie, Diplom-Ökonom, Lehrerausbildung und -tätigkeit, seit 1977 Dozent am Lehrerfortbildungsinstitut der evangelischen Kirchen (EFWI) in Landau/Pfalz, zuständig für den Fachbereich Wirtschafts- und Sozialkunde, Verfasser mehrerer Publikationen zur Didaktik und Methodik der Lehrerfortbildung und des wirtschafts- und sozialkundlichen Unterrichts.

Die kleinen Portrait-Skizzen in den Rollenspielen 4.3 und 4.5 sind aus »mach's richtig« (Ausgabe 1986) und »Step Plus« (Ausgabe 1986/87) entnommen.

Herstellung: Libri Books on Demand
Unveränderter Nachdruck der letzten Auflage

Lektorat: Peter E. Kalb

2., unveränderte Auflage 1991

© 1987 Beltz Verlag · Weinheim und Basel
Fotosatz: Satz- und Reprotechnik, Hemsbach
Druck und buchbinderische Verarbeitung:
Druckhaus Beltz, 6944 Hemsbach
Umschlaggestaltung: Atelier Warminski, 6470 Büdingen 8
Printed in Germany

ISBN 3 407 62102 7

Inhaltsverzeichnis

Verzeichnis wichtiger Abbildungen

Vorwort

Die Zahl der Publikationen zur Berufswahl und Berufsorientierung ist in den letzten Jahren eher zurückgegangen. Das ist allerdings kein hinreichendes Indiz dafür, daß alle wichtigen Klärungen bereits erfolgt sind. In der Vergangenheit hat es zwar eine ganze Fülle von Veröffentlichungen gegeben. Diese blieben überwiegend jedoch auf theoretische und/oder didaktische Grundsatzüberlegungen beschränkt. Da ging es um das Bedingungsgefüge der Berufswahl, um den Zusammenhang von beruflicher und allgemeiner Bildung, um pädagogische Theorien zur Berufsorientierung, um das Verhältnis von Berufsberatung und schulischer Berufswahlvorbereitung, um die Entwicklung didaktischer Matrizes und anderes mehr. Gewiß, das alles hat dazu beigetragen, dem Berufswahl-Unterricht didaktische Konturen zu geben und die Lehrplan- bzw. Richtlinienentwicklung zu befruchten; für die praktische Unterrichtsarbeit ist dabei allerdings nur wenig herausgekommen. Die Kenntnis allgemeiner Lernziele und Themenschwerpunkte ist nun einmal nur die eine Seite des Unterrichts, ihre erfolgreiche und schülergemäße methodische Umsetzung die andere.

Praktische Lehr-/Lernhilfen gibt es mittlerweile zwar eine ganze Menge – insbesondere die Schriften und Arbeitshilfen der Bundesanstalt für Arbeit –, eine überzeugende didaktisch-methodische Gesamtkonzeption läßt sich daraus bislang jedoch nicht ableiten. Zumeist wird auf einen mehr lehrerzentrierten Unterricht abgestellt, der in der Praxis erhebliche Lern- und Motivationsprobleme aufwirft. Bücher, Broschüren und sonstige Informationsmaterialien sind zwar wichtige Hilfsmittel für den Lehrer, einen attraktiven und wirksamen Unterricht sichern sie allerdings noch längst nicht!

Das vorliegende Buch ist deshalb vorrangig der *Unterrichtsmethodik* gewidmet. Es enthält sowohl einige grundlegende didaktisch-methodische Klärungen als auch – und vor allem – eine Reihe praktischer Lehr-/Lernhilfen, die einen handlungsorientierten Berufswahl-Unterricht unterstützen. Dies alles soll Lehrern wie Berufsberatern konkrete Anregungen für die Akzentuierung und Gestaltung ihrer Unterrichtsarbeit geben.

Zu danken ist all jenen, die im Rahmen entsprechender Lehrerfortbildungstagungen durch kritische Rückfragen und konstruktive Anregungen dazu beigetragen haben, daß die Möglichkeiten und Erfordernisse des Berufswahl-Unterrichts zunehmend ausgelotet wurden. Dank auch an Herrn Meiers vom Landesarbeitsamt Rheinland-Pfalz-Saarland sowie Herrn Arend vom Arbeitsamt Landau, die wiederholt mit Rat und Tat zur Seite gestanden haben.

9

Widmen möchte ich das Buch meinen Töchtern Jana, Verena und Anna, deren Berufswahl-Unterricht hoffentlich so sein wird, daß sie am Ende nicht nur mehr wissen, sondern auch die nötige Handlungs- und Entscheidungskompetenz besitzen.

Einleitung

Der Berufswahl-Unterricht ist mittlerweile an den meisten allgemeinbildenden Schulen fest etabliert. Das gilt insbesondere für die Hauptschulen, seit Ende der 70er Jahre zunehmend jedoch auch für die Realschulen und Gymnasien (vgl. Lange/ Neuser, 1985, S. 371 f.). Die Zeitansätze, Inhalte und Organisationsformen sind von Bundesland zu Bundesland, von Schulart zu Schulart, zwar recht verschieden, Übereinstimmung besteht jedoch darin, daß die Schüler auf ihre Berufswahl vorbereitet werden müssen. Strittig ist lediglich, wie diese Vorbereitung aussehen soll. Sollen die Schüler in erster Linie berufsbezogene Grundinformationen und Entscheidungskriterien an die Hand bekommen, oder ist es nicht wichtiger, ihnen praktische Handlungskompetenz in einem sehr weiten Sinne des Wortes zu vermitteln, also auch auf Testsituationen, Vorstellungsgespräche, mögliche Absagen etc. vorzubereiten?

Gegen beide Varianten wird gelegentlich eingewandt, daß sie die Berufsorientierung zu eng und affirmativ auffaßten, d. h. die Schüler lediglich an die Bedingungen des Arbeits- und Lehrstellenmarktes anpaßten, während die kritische Auseinandersetzung mit den Problemfeldern Arbeit und Beruf weithin fehle (vgl. Bönsch, 1977; Büchner u. a., 1979; Steffens 1975). Dieser Einwand ist richtig und falsch zugleich. Richtig daran ist, daß die kritische Auseinandersetzung mit der Lehrstellensituation und der betrieblichen Ausbildung in die allgemeinbildenden Schulen hineinhehört. Falsch ist jedoch, dieses auch noch dem Berufswahl-Unterricht aufbürden zu wollen. Dafür ist das Fach Arbeitslehre viel eher zuständig. Gewisse Schwierigkeiten gibt es allerdings in den Realschulen und Gymnasien, die kein entsprechendes Fach haben und deshalb in der Gefahr stehen, die Problematisierung der Arbeits- und Berufswelt über Gebühr zu vernachlässigen.

Gleichwohl wäre der Berufswahl-Unterricht überfordert, wenn er das alles auch noch leisten sollte. Wie aus verschiedenen Untersuchungen hervorgeht, erwarten die Schüler in erster Linie Hilfen für ihre individuelle Berufswahl und Berufsfindung (vgl. Vohland, 1980, S. 178 ff.). Das ist legitim und muß von Lehrern wie Berufsberatern ernstgenommen werden. Für den Berufswahl-Unterricht ergibt sich von daher die eher pragmatische Funktion, die Schüler möglichst gezielt auf die Bedingungen und Anforderungen hier und heute vorzubereiten – mögen diese auch noch so unbefriedigend sein (vgl. Dibbern, 1983, S. 49). Das ist keine Apologie, sondern pädagogischer Realismus! Vieles spricht zwar dafür, daß sich die Lage auf dem Lehrstellenmarkt in den nächsten Jahren merklich entspannen wird, so daß die Chancen für eine echte Berufs*wahl* wieder steigen. Das ändert jedoch nichts daran, daß der Berufswahl-Unterricht auch in Zukunft wesentlich darauf ausgerichtet sein muß, den Schülern möglichst praktische Hilfen und Anregungen für eine erfolgreiche Berufs- und Lehrstellensuche zukommen zu lassen (vgl. auch Stascheit, 1984, S. 1). Ein Unterricht, der auf spätere Lebenssituationen vorbereiten will, kommt an dieser pragmatischen Aufgabenstellung nicht vorbei!

Diese letztere Option gibt zugleich Antwort auf die eingangs gestellte Frage nach dem „Wie" des Berufswahl-Unterrichts. Versteht man unter Berufswahlvorbereitung sowohl die Anbahnung der individuellen Berufsentscheidung als auch die Vorbereitung auf den konkreten Prozeß der Betriebs- und Lehrstellensuche, dann genügt es verständlicherweise nicht, den Schülern nur berufskundliche Informationen und Entscheidungskriterien zu vermitteln. Diese Einsicht hat sich mittlerweile zwar weitgehend durchgesetzt, aber so ganz selbstverständlich ist sie noch immer nicht. Wichtig sind vor allem Methoden und Übungen, die den Schülern die nötige praxisbezogene Handlungs- und Interaktionskompetenz vermitteln, die ihnen hilft, mit den Anforderungen und Belastungen während der *gesamten* Berufs- und Lehrstellensuche möglichst gut fertigzuwerden. Dazu gehört auch die psychische Vorbereitung und Stabilisierung der Jugendlichen (Allehoff, 1985, S. 45, spricht diesbezüglich von der „Frustrationsprophylaxe"). Dieser Anspruch wird in den folgenden Kapiteln näher präzisiert und operationalisiert. Dabei liegt das deutliche Schwergewicht – wie erwähnt – auf methodischen Fragen und Ansätzen.

Der Aufbau des Buches im einzelnen: Im ersten Kapitel wird der aktuelle Berufswahl-Unterricht einer knappen (kritischen) Würdigung unterzogen. Dabei stehen die Erfahrungen, Probleme und Sichtweisen betroffener Schüler, Lehrer, Berufsberater und Betriebsvertreter im Vordergrund. Sie machen auf praktische Schwierigkeiten und Unsicherheiten aufmerksam und liefern erste Ansatzpunkte für die weiteren didaktisch-methodischen Überlegungen.

In Kapitel 2 wird die didaktisch-methodische Grundkonzeption des Buches näher begründet und gegenüber anderen Konzepten und Vorstellungen abgegrenzt. Im Zentrum der Überlegungen steht die Handlungsorientierung der Unterrichtsarbeit. Damit ist zweierlei gemeint: Einmal das aktive, handelnde Lernen im Unterricht selbst, zum anderen die Vorbereitung der Schüler auf mögliche Ernst- und Bewährungssituationen, wie sie im bevorstehenden Prozeß der Berufswahl auftreten (können).

Dieses Konzept eines handlungsorientierten Berufswahl-Unterrichts wird in Kapitel 3 eingehender entfaltet und erläutert. Wie die Gliederung des Buches zeigt, ergeben sich dabei eine ganze Reihe konkreter Ansatzpunkte für ein aktives, handlungs- und erfahrungsorientiertes Lehren und Lernen.

In Kapitel 4 schließlich - dem eigentlichen Kern des Buches - werden ausgewählte Unterrichtsbeispiele und -materialien dokumentiert, die den methodischen Anspruch des Verfassers für die unterrichtspraktische Arbeit konkretisieren. Die Unterrichtsbeispiele sind als offenes Lehr-/Lernangebot konzipiert und können wahlweise eingesetzt bzw. kombiniert werden (Baustein-Prinzip). Sie sind im Rahmen einschlägiger Lehrerfortbildungstagungen entwickelt worden und haben sich in der Praxis durchweg gut bewährt. Die entsprechenden Materialien und sonstigen Lehr-/Lernhilfen finden sich in den jeweiligen Abschnitten.

1. Aktuelle Erfahrungen und Problemanzeigen

„Die Schüler auf die Berufswahl vorzubereiten ist schon schwer, einen Beruf zu finden noch viel mehr" – dieser Spruch eines Lehrers deutet die praktischen Schwierigkeiten an, vor die Schüler, Lehrer und Berufsberater gestellt sind. Das gilt keinesfalls nur für die gegenwärtige Situation der Lehrstellenknappheit, sondern ganz generell. Die Wirksamkeit des Berufswahl-Unterrichts läßt vielfach zu wünschen übrig; die Vorbereitung der Schüler auf ihre Berufswahl ist keineswegs so, wie sie sein könnte und sein sollte. Der Berufswahl-Unterricht ist zwar nicht in der Krise, wie manche Kritiker meinen, aber er vermag auch (noch) längst nicht alle zu überzeugen. Das zeigen die nachfolgenden Abschnitte, in denen Schüler, Lehrer, Berufsberater und Betriebsvertreter zu Wort kommen. Aus ihren Berichten und Stellungnahmen ergeben sich Impulse für die didaktisch-methodische Diskussion und Klärung in den Kapiteln 2 und 3.

1.1 Portrait einer Berufssuchenden (Anja B.)

Anja ist Absolventin einer Realschule in Landau/Pfalz und hat eine recht mühsame Berufswahl hinter sich. Was ihren Fall für das vorliegende Buch interessant macht, ist zweierlei: Einmal ihre beschwerliche Berufssuche mit mehreren Absagen, die es auch zukünftig bei verbesserter Ausbildungsmarktlage – insbesondere für die Mädchen – noch zur Genüge geben wird; zum anderen ihre offensichtlich ungenügende Vorbereitung darauf, was während der Lehrstellensuche so alles an Anforderungen und Belastungen auftreten kann. Dieses Problem der unzureichenden Berufswahlvorbereitung ist der eigentliche Kern des nachfolgenden Erfahrungsberichts, der zahlreiche Unsicherheiten und Fehler offenbart und sich von daher recht gut als „aufrüttelnde" Fallstudie für die Unterrichtsarbeit eignet.

„Mein Traumberuf war ursprünglich Gärtnerin. Doch nach einem Praktikum in einer Gärtnerei wurde ich unsicher. Die körperlich schweren Arbeiten machten mir ziemlich zu schaffen. Mein Vater meinte deshalb, es sei wohl doch besser für mich, irgendeinen kaufmännischen Beruf zu lernen. Begründung: Saubere Hände, geregelte Arbeitszeit. In meiner Unentschlossenheit folgte ich seinem Rat.
In meinen ersten Bewerbungen suchte ich eine Ausbildungsstelle als Bürokauffrau, Großhandelskauffrau, Rechtsanwaltsgehilfin, Krankenschwester, Hauswirtschafterin und Erzieherin. Wir hatten in der Schule oft genug gehört, daß man sich nicht auf

Manchmal kam ich mir vor wie eine Sportlerin, die nicht richtig trainiert hat. Der Wille war da, aber ich wußte eigentlich nie so richtig, wie ich mich vorbereiten sollte und wie ich mich in den Prüfungssituationen zu verhalten hatte. Mir fehlte einfach die Selbstsicherheit, um die ich manche andere Schüler beneidet habe (Assoziationen von Anja zum obigen Foto)

einen einzigen Beruf festlegen sollte. Das tat ich deshalb auch nicht. Trotzdem standen mir noch schlimme Zeiten bevor.

Meine Probleme begannen bereits beim Bewerbungsschreiben. In der Schule hatten wir zwar ein Muster bekommen und auch darüber gesprochen, doch was ich im konkreten Fall dem Betrieb X schreiben sollte, wußte ich nicht. Was erwarteten die von mir und was mußte in die Bewerbung hinein, damit ich eine Chance hatte? In meiner Ratlosigkeit hielt ich mich schließlich doch ziemlich streng an den Musterentwurf aus der Schule. Das war natürlich sehr oberflächlich und gab dem Betrieb wenig Auskünfte über meine persönlichen Vorzüge und Interessen. Das ist mir später klargeworden. Aber ich hatte es auch nicht anders gelernt und bekam von meinen Eltern auch keine näheren Hilfen.

Nach dem Abschicken der Bewerbungen ging die Warterei los. Wann kommt die erste Antwort? Werden sie mich zum Test oder zum Vorstellungsgespräch einladen, oder bekomme ich gleich eine Absage? Mein Zeugnis war eigentlich nicht schlecht. Meist 2 oder 3, nur in Deutsch hatte ich eine 4, weil ich im Aufsatzschreiben ziemlich schlecht war (erst später erfuhr ich, daß ich in meinen Bewerbungen hätte erklären müssen, daß meine Rechtschreibleistung wesentlich besser war).

Die erste Antwort kam – eine Absage! Ich war ziemlich enttäuscht, aber ich hatte ja noch andere Bewerbungen laufen. Ich erhielt auch bald die erste Einladung zum

Einstellungstest. Vor jedem Test war ich unheimlich nervös. An einen kann ich mich noch gut erinnern: Ich saß mit ungefähr 30 anderen jungen Leuten in einem großen Raum und füllte von morgens 8.00 Uhr bis nachmittags gegen 16.00 Uhr nur Fragebögen aus. Viele Fragen fand ich ziemlich unsinnig; sie waren offenbar nur da, um Bewerber auszusieben. Nach dem Test war ich richtig fertig. Nur 4 Kandidaten sollten genommen werden – ich war bestimmt nicht darunter. Diese Befürchtung bestätigte sich schließlich: Ich bekam eine Absage.

Doch ich hatte nicht nur Mißerfolge. Nach einiger Zeit wurde ich zum ersten Vorstellungsgespräch eingeladen. Ich hatte das Gefühl, daß ich es jetzt packen könnte. Allerdings war es für mich nicht sehr aufbauend, als ich sah, daß vor mir noch 2 andere Mädchen warteten. Meine Unsicherheit war gleich wieder da. Im Gespräch selbst merkte ich außerdem, daß ich zu wenig Informationen über den Betrieb hatte. Ich wußte zwar den Namen der Firma, aber über die Art des Verkaufs oder die Tätigkeit der Firma wußte ich nicht viel. Manchmal hatte ich den Eindruck, als hätte ich ein Brett vor dem Kopf; ich brachte kaum einen vernünftigen Satz zustande. Die Absage konnte mich deshalb kaum noch erschüttern. Schlimm fand ich allerdings, daß man mich einige Male ganz schön spüren ließ, daß man ja eigentlich gar nicht auf mich angewiesen war. Vor der Tür standen ja noch viele andere.

Nach und nach schrieb ich etwa 30 Bewerbungen. Doch früher oder später kamen immer nur Absagen. Die Reaktionen der Betriebe waren unterschiedlich. Manche antworteten gar nicht oder erst nach mehreren Monaten. Andere waren sehr schnell und schickten mir schon nach zwei Wochen die Bewerbungsunterlagen zurück. Die meisten Betriebe schrieben nur ein paar kurze Sätze – oftmals mit Vordruck. „Wir bedauern sehr... und wünschen Ihnen, daß Sie es anderswo schaffen...". Keiner machte sich die Mühe, mir näher zu erklären, warum sie mich nicht genommen hatten und was ich falsch gemacht hatte bzw. besser machen müßte.

Mit der Zeit wurde meine Ratlosigkeit immer größer. Einige Mitschüler hatten schon ihre Zusagen, andere bereiteten sich darauf vor, eine weiterführende Schule zu besuchen, weil sie die erfolglosen Bewerbungen satt hatten und auch nicht bereit waren, irgendeine Notlösung zu akzeptieren. An den Wunschberuf dachte kaum noch jemand. Auch für mich ging es in erster Linie darum, irgendeine Lehrstelle zu ergattern und dann weiterzusehen. Von dem, was wir in der Schule oder beim Berufsberater über die zielstrebige Berufswahl gehört hatten, war nicht mehr viel übriggeblieben. Ich hatte zwar häufiger das Gefühl, daß ich manches falsch machte, wußte aber nicht was. Am liebsten hätte ich aufgegeben, den ganzen Bettel hinge-schmissen. Doch meine Eltern ließen das nicht zu. Sie haben mir zwar wenig geholfen, aber Ermahnungen und Standpauken gab es genug: „Hättest Du Dich besser angestrengt und wärst Du nicht so wählerisch, so hättest Du schon lange eine Stelle. Wir haben Dir ja immer gesagt: streng Dich im letzten Jahr an, damit Du ein gutes Zeugnis erhältst...", solche oder ähnliche Vorhaltungen habe ich des öfteren gehört. Allerdings ist meine Mutter mehrfach mit mir zur Berufsberatung gegangen. Die Berufsberater waren alle recht nett und nahmen sich auch ziemlich viel Zeit, um mir zu helfen. Doch je länger das ganze Hin und Her dauerte, um so weniger wußte ich, was ich eigentlich werden wollte. Immerhin war inzwischen fast ein Jahr vergangen und die Schulentlassung stand unmittelbar bevor.

Sehr geehrtes Fräulein B,

es war für unser Ausbilderteam nicht einfach, angesichts
der vielen Bewerber um eine Ausbildungsstelle und bei den
relativ gleichwertigen Voraussetzungen seine Wahl zu treffen.
Wenn die Entscheidung diesmal nicht zu Ihren Gunsten ausgefallen ist, möchten wir Sie doch ermutigen, Ihr Berufsziel
keineswegs aufzugeben. Sie werden gewiß auch noch Erfolg
haben.

Mit freundlichen Grüßen

Sehr geehrtes(r) Fräulein B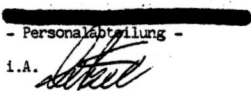,

wir bedanken uns für Ihre Bewerbung um eine Ausbildungsstelle in unserem
Unternehmen und der Teilnahme an der Einstellprüfung.

Durch die Vielzahl der eingegangenen Bewerbungen sind wir aufgrund der
Auswahlrichtlinien und des Ergebnis Ihres Testes zu der Einsicht gekommen,
daß wir Ihre Bewerbung bedauerlicherweise nicht berücksichtigen können.

Bitte haben Sie Verständnis für unsere Entscheidung.

Als Anlage erhalten Sie Ihre Bewerbungsunterlagen zu unserer Entlastung
wieder zurück.

Wir wünschen Ihnen für Ihre Berufswahl und auf Ihrem weiteren Lebensweg
viel Erfolg und verbleiben

mit freundlichen Grüßen

- Personalabteilung -

i.A.

Bewerbung um eine Ausbildungsstelle

Wir müssen Ihnen leider mitteilen, daß wir Sie bei der
Vergabe eines Ausbildungsplatzes nicht berücksichtigen
konnten.

Für Ihre Bemühungen danken wir Ihnen und geben Ihnen die
uns übersandten Bewerbungsunterlagen anbei wieder zurück.

Mit freundlichen Grüßen

i.V.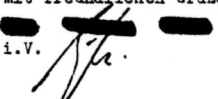

Einige Absagen, die Anja B. erhielt

Am Ende war mir nur noch daran gelegen, irgendeine Stelle zu bekommen, nur um nicht ein Jahr zu Hause rumgammeln zu müssen. Schließlich hatte ich dann doch noch Glück. Zwar bekam ich keine Lehrstelle, aber immerhin doch eine interessante Praktikantenstelle als Hauswirtschafterin. Es war auch höchste Zeit, sonst wäre ich völlig mutlos geworden. Während des Praktikantenjahres suchte ich dann weiter nach einem Ausbildungsplatz. Nach einem weiteren dreiviertel Jahr erhielt ich endlich die ersehnte Zusage. Ich konnte in einer größeren Kfz-Werkstatt meine Lehre als Bürokauffrau beginnen... "

Anjas Fall ist zwar nicht repräsentativ, aber er zeigt doch beispielhaft einige typische Schwächen, die unter jugendlichen Berufssuchenden immer wieder zu beobachten sind: Das standardisierte Bewerbungsschreiben, die fehlende Reflexion persönlicher Schwachstellen und/oder Vorzüge, die mangelhafte Vorinformation über die angestrebten Betriebe und Berufe, die willkürliche Vielfachbewerbung, die Unkenntnis von Testsituationen und -strategien, fehlende Sicherheit und Kompetenz in Gesprächssituationen etc. Dies alles blockiert, macht unsicher und schadet den betreffenden Bewerbern/Bewerberinnen sowohl psychisch als auch im Hinblick auf ihren Erfolg bei der Lehrstellensuche.

1.2 Viele Jugendliche sind verunsichert

Anjas Situation und Unsicherheit ist keineswegs nur ein Einzelfall. Absagen gab und gibt es immer wieder; die damit verbundene Verunsicherung ist und bleibt ein Problem. Der „Wunschberuf" wird sich auch in Zukunft unter den Vorzeichen eines partiellen Überangebots an Ausbildungsstellen nicht immer realisieren lassen (vgl. Graphik). Das gilt nach den vorliegenden Prognosen vor allem für Mädchen und den von ihnen bevorzugten kaufmännisch-verwaltenden Bereich, aber auch für andere Problemgruppen mit hohen Erwartungen, aber ungünstigen (Leistungs-)Voraussetzungen. Die Mädchen stellen nicht nur überproportional viele unvermittelte Bewerberinnen, sondern sie müssen auch besonders häufig ihre Berufs- und Ausbildungsvorstellungen zurückschrauben (vgl. Berufsbildungsbericht 1986, S. 13). Daran wird sich auch in den nächsten Jahren nicht viel ändern.
Mit Absagen kann und muß also weiterhin gerechnet werden. Nach einer neueren Untersuchung von Allerbeck/Hoag schrieben 1983 knapp 20 Prozent der befragten Jugendlichen mehr als zehn, 10 Prozent sogar mehr als zwanzig Bewerbungen, bis sie endlich eine Lehrstelle bekamen (vgl. Allerbeck/Hoag, 1985, S. 86). Diese Situation wird sich in den nächsten Jahren zwar verbessern (schon jetzt klagen die Vertreter des Handwerks über den sich abzeichnenden Bewerbermangel), aber die Engpässe bei den attraktiven Berufsfeldern und Betrieben werden noch lange bleiben. Von daher ist und bleibt die Vorbereitung auf die Berufs- und Lehrstellensuche mit all ihren möglichen Anforderungen und Schwierigkeiten eine zentrale Aufgabe von Schule und Berufsberatung.
Die Verunsicherung der Jugendlichen rührt aber nicht nur daher, daß sie zum Teil ihre „Wunschberufe" nicht erreichen können. Ein anderer wesentlicher Grund ist

die unzureichende Wirksamkeit und Praxisnähe der berufswahlvorbereitenden Maßnahmen innerhalb und außerhalb der Schule. Die Mehrheit der Jugendlichen empfindet sie als „nicht hilfreich", wie eine Befragung aus dem Jahre 1983 zeigt (vgl. Informationsdienst des Instituts der deutschen Wirtschaft, 12/1983, S. 6f.). In den letzten Jahren ist zwar einiges verändert und verbessert worden, aber die Praxisnähe und Handlungsorientierung des Berufswahl-Unterrichts läßt nach wie vor zu wünschen übrig.

Der „Wunschberuf" wird in Zukunft zwar leichter, aber längst nicht von allen Schülern zu erreichen sein!

Viele Jugendliche sind von daher gezwungen, sich mehr oder weniger erfolgreich „durchzuwursteln" (vgl. Allerbeck/Hoag, 1985, S. 84f.). Das gelingt den einen ganz gut, die anderen hingegen haben erhebliche Schwierigkeiten und sehen sich immer wieder Anforderungen und Belastungen ausgesetzt, auf die sie wenig oder gar nicht vorbereitet sind. Das gilt sowohl für die Berufsentscheidung i. e. S. als auch für das gesamte Verfahren der Bewerbung – inklusive Einstellungstests und Vorstellungsgespräche.

Insgesamt tragen die skizzierten Restriktionen erheblich dazu bei, daß viele Jugendliche verunsichert werden, sich gelegentlich sogar überflüssig vorkommen. Falls dem nicht mit konstruktiven Hilfen entgegengewirkt wird, kommt es verständlicherweise zu sinkendem Selbstbewußtsein und wachsenden Selbstzweifeln. Der Fall Anja B. macht das deutlich. Die individual-psychologischen Auswirkungen und Belastungen des Berufswahlprozesses dürfen also nicht unterschätzt werden. Gerade die sensibleren und/oder leistungsschwächeren Schüler sind gefährdet (vgl. Allerbeck, 1985, S. 89).

Viele von ihnen haben auf der einen Seite mehr oder weniger hohe/idealistische Ansprüche und Erwartungen an den zukünftigen Beruf, merken andererseits aber sehr bald, daß sie diese nicht realisieren können. Allerdings sind längst nicht alle bereit, ihre Ansprüche zurückzunehmen, um die vorhandene Diskrepanz zu überbrücken. Das hängt damit zusammen, daß unsere Schüler in einer Wohlstands- und Konsumgesellschaft aufgewachsen sind, in der es üblich ist, Bedürfnisse schnell und wirksam erfüllt zu bekommen. Und nun soll es plötzlich anders sein? Von daher mangelt es einem beträchtlichen Teil dieser Jugendlichen an der „Leidensfähigkeit" und dem unbedingten Realismus, um mit etwaigen Rückschlägen und Zurückweisungen im Berufswahlprozeß fertig zu werden. Das ist keineswegs ein Vorwurf, sondern lediglich eine Problemanzeige, die auch die schulischen Arbeitsbedingungen berührt.

Die neuere Jugendpsychologie spricht diesbezüglich vom Narzißmus-Syndrom, das die sensibleren Jugendlichen leicht in Resignation und individuelles Vermeidungsverhalten abgleiten läßt (vgl. Häsing/Stubenrauch/Ziehe, 1979). Die bei ihnen besonders häufig auftretenden idealistischen Ansprüche werden dadurch gewahrt, daß der Realität ausgewichen und etwaige Restriktionen einfach ignoriert werden. „Statt des Risikos von Erlebnissen der Ohnmacht oder des Versagens, die eine immense Kränkung bedeuten würden, kommt es zu einem gewissen Rückzug aus

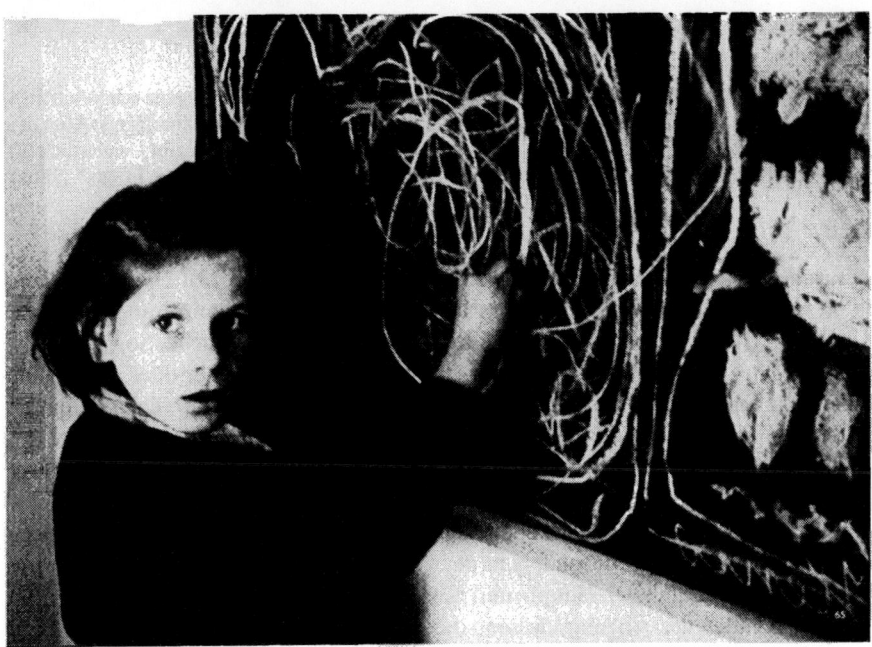

(aus: W. Dietrich. Exemplarische Bilder, hrsg. vom Burckhardhaus-Verlag Gelnhausen)

„Wenn ich an die Berufswahl denke, dann entsteht bei mir im Kopf ein ziemliches Chaos – wie bei dem Mädchen an der Tafel. Da gibt es so viele Möglichkeiten und Dinge, die man beachten muß; schließlich hängt ja die Zukunft davon ab. Das ist wie ein Labyrinth, durch das man sich hindurchkämpfen muß. Ich hoffe nur, daß ich gut durchkomme." (Christine)

(aus: Projekt „Welt von morgen", hrsg. von der DEAE, Karlsruhe 1980)

„Ich finde das Bild mit der Mauer ziemlich passend, weil es zeigt, daß es ganz schön hart ist, bis man was findet. An viele Berufe kommt man nicht ran, weil sie zugemauert sind. Aber das Loch in der Mauer kann man so deuten, daß es doch noch Möglichkeiten gibt – eigentlich für jeden. Ob man allerdings einen interessanten Beruf bekommt, ist eine andere Frage." (Jens)

derart gefährlichen Wirklichkeitsbereichen" (Ziehe, 1982, S. 23). Dieser Rückzug kann ein realer sein oder in der angstbehafteten inneren Distanzierung bestehen. Das gilt auch und nicht zuletzt für die Berufs- und Lehrstellensuche. So gesehen ist die Tatsache, daß fast alle Ausbildungsplatz-Interessenten früher oder später eine Lehrstelle finden, noch längst keine Gewähr dafür, daß sie ohne nervlich-psychische Blessuren davonkommen.

Die Verunsicherung vieler Schüler tritt allerdings nicht erst im Endstadium ihrer Lehrstellensuche auf, sondern überlagert im Grunde den gesamten Berufswahlprozeß. Skepsis, Fatalismus und/oder demonstratives Desinteresse sind mögliche Begleiterscheinungen – besonders in der Hauptschule. Das bestätigen zwei Befragungen, die in Landauer Haupt- und Realschulen durchgeführt wurden. Befragt wurden Schüler der Abgangsklassen, die erste Bewerbungen geschrieben hatten. Ihnen wurde eine Vielzahl von Assoziationsfotos vorgelegt, unter denen sie diejenigen auswählen sollten, die persönliche Einstellungen und Gedanken zur angelaufenen Berufssuche verdeutlichen halfen. Die vorgetragenen Assoziationen und Deutungen der insgesamt 40 Schüler ergaben ein recht ambivalentes Bild. Auf der einen Seite zeigten sich Skepsis, Angst und Unbehagen, auf der anderen Seite

Hoffnung, Selbstbewußtsein oder auch nur Fatalismus. Einen kleinen Eindruck davon vermitteln die abgebildeten Fotos mit den korrespondierenden Schülerassoziationen. Da wird die Berufswahl z. B. als Labyrinth oder als Mauer mit einem kleinen Durchlaß gedeutet; die Zukunft erscheint durch einen Abgrund versperrt oder der Berufssuchende wird als Marionette gesehen, der man schon irgendetwas vermitteln wird. Für die Deutung der Fotos war charakteristisch, daß trotz aller latenten „Versagensängste" doch immer wieder hoffnungsvolle Perspektiven gesucht und genannt wurden (das Loch in der Mauer, der Weg durchs Labyrinth, das Lächeln der Marionette etc.). Auch dieses Stimmungsbild wird sich in einigen Jahren vermutlich etwas anders darstellen, aber die grundsätzlichen Problemanzeigen werden sicherlich bleiben. Ein interessanter Aspekt am Rande: Als wichtiger Hoffnungsträger wurde mehrfach der Berufswahl-Unterricht genannt, der das „Rüstzeug" für eine erfolgreiche Berufswahl vermitteln soll!

(Quelle unbekannt)

„Das Bild habe ich gewählt, weil ich mir meine berufliche Zukunft nicht so rosig vorstelle. Mein Zeugnis ist nicht besonders gut; es wird schon ziemlich schwer werden. Wenn ich nichts kriege, gehe ich einfach weiter zur Schule" (Eva)

„Ich finde, daß wir alle irgendwie Marionetten sind. Wir sollen einen Beruf wählen, aber viele von uns haben doch gar keine richtige Wahl und oft auch keine Ahnung. Wir müssen halt das nehmen, was gerade da ist oder was vielleicht unsere Eltern für uns aussuchen" (Jürgen)

1.3 Das latente Unbehagen der Lehrer

Ähnlich ambivalent wie die Einstellung der Schüler ist die Haltung vieler Lehrer gegenüber dem Berufswahl-Unterricht und den realen Perspektiven der Schüler. Das wurde von den Teilnehmern verschiedener Fortbildungstagungen zum Berufswahl-Unterricht recht deutlich angemerkt. Befragt wurden etwa 50 rheinlandpfälzische Lehrer, die sich auf kleinen „Impulszetteln" (Wie ich die Schüler im BWU erlebe...; was mir am BWU nicht gefällt...) und/oder mit Hilfe einfacher Assoziationszeichnungen zu ihren Unterrichtserfahrungen äußern konnten. Ihr Unbehagen – das wurde dabei deutlich – rührt zum Teil aus der unbefriedigenden Lehrstellensituation und den daraus resultierenden Fesseln für viele Schüler. „Ist das, was ich den Schülern vermittle, für sie praktisch eigentlich überhaupt relevant?" war eine häufiger gestellte Frage. „Wir tun immer so, als ob unsere Schüler die große Wahl hätten", meinte ein anderer Lehrer, „aber in Wirklichkeit ist es doch nicht so. Viele Schüler müssen das nehmen, was da ist und darüber auch noch froh sein." Trotz dieser und anderer Einwände wurde der Berufswahl-Unterricht durchweg als wichtig und sinnvoll angesehen, nur nicht unbedingt in der Art, wie er vielerorts abläuft. Der Berufswahl-Unterricht wird vor allem wegen seiner Schüler- und Praxisnähe gutgeheißen und stößt nach dem Urteil der meisten Lehrer auf ein relativ großes Interesse bei den Schülern. Dieses Interesse ist in erster Linie dann gegeben, wenn praktische Lernmöglichkeiten und -hilfen angeboten werden, die auf die konkrete Berufs- und Lehrstellensuche vorbereiten. Demhingegen stößt die Motivation der Schüler sehr schnell an ihre Grenzen, wenn der Unterricht zu „theoretisch" abläuft und zu viele trockene Informationen an die Schüler herangetragen werden (müssen).

Diese didaktisch-methodischen Defizite und Restriktionen sind die zweite Quelle des Unbehagens. Ein Teil der Lehrer beklagt die unzureichende Ausbildung im Hinblick auf die Belange des Berufswahl-Unterrichts. Sie kritisieren die Zeitknappheit, die überfrachteten Stoffpläne, das Übergewicht des abstrakten Informationsunterrichts, das Fehlen praxisnaher, handlungsorientierter Lernhilfen sowie last but not least die unbefriedigende Zusammenarbeit zwischen Schule und Berufsberatung. „Ich werde von den Schülern sehr stark als Berufsberater und -vermittler gesehen", schreibt ein Lehrer, „aber damit bin ich völlig überfordert; außerdem wäre das eigentlich die Sache der Berufsberatung." Die Kompetenzfrage (unzureichende Ausbildung) wird vor allem von seiten der befragten Realschullehrer aufgeworfen, die sich einerseits über das Interesse ihrer Schüler freuen, andererseits aber immer wieder beklagen, daß sie über keine fundierte Ausbildung im Hinblick auf den Berufswahl-Unterricht verfügen, die ihnen die nötige Sicherheit und Souveränität gibt.

Besondere Schwierigkeiten ergeben sich offenbar bei der Unterrichtsgestaltung. Sie betreffen sowohl die Unterrichtsmaterialien und -methoden als auch die zum Teil recht heterogenen Interessen der Schüler. „Einige Schüler haben", wie ein Lehrer schreibt, „schon sehr konkrete Vorstellungen darüber, was sie einmal werden wollen und halten es deshalb für überflüssig, sich noch weitere Gedanken darüber zu machen. Andere sind schon völlig hoffnungslos, weil sie wissen, daß sie mit ihren Noten nie das erreichen können, was sie eigentlich tun wollten." Generellere Motivationsprobleme scheinen in der Frühphase des Berufswahlprozesses aufzutreten, wenn die Schüler die Berufs- und Lehrstellensuche noch in weiter Ferne wähnen. Das betrifft in der Hauptschule die Klassen 7 und 8, in der Realschule die Klassen 8 und 9. Je näher jedoch die Bewerbung rückt und je konkreter der Unterricht auf das abstellt, was die Schüler brauchen (Bewerbungen, Eignungstests, Vorstellungsgespräche etc.), um so interessierter und motivierter sind sie im allgemeinen – so zumindest der Tenor der befragten Lehrer.

Eine gewisse Veranschaulichung und Zusammenfassung der skizzierten Problemanzeigen liefern die abgebildeten Assoziationszeichnungen verschiedener Lehrer,

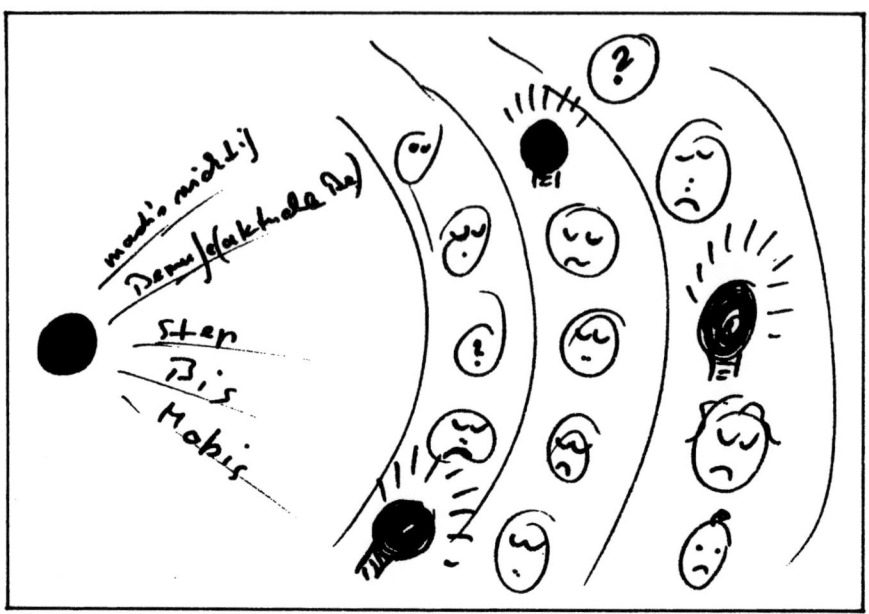

Problem 1: Die geringen Wahl- und Erfolgschancen vieler Schüler – trotz umfassender Berufsinformationen

Problem 2: Der trockene (theoretische) Informationsunterricht, der die Motivation der Schüler rasch erlahmen läßt

Problem 3: Die heterogene Ausgangs- und Interessenlage der Schüler, die das Unterrichten so schwer macht

die aspekt- und überblickshaft verdeutlichen, wie der Berufswahl-Unterricht gesehen bzw. erlebt wird und welche Schwierigkeiten und Defizite in der Praxis auftreten. Auch hier gilt: Die Sichtweisen der betreffenden Lehrkräfte sind nicht repräsentativ, geben aber sehr wohl einen gewissen Einblick in die alltäglichen Schwierigkeiten und Belastungen und vermitteln von daher Impulse für die Unterrichtsplanung und -gestaltung.

1.4 Rückmeldungen von betrieblicher Seite

Die Berufswahlvorbereitung der Schüler wird von betrieblicher Seite eher verhalten bis kritisch bewertet. Das zeigt eine aktuelle Befragung des Verfassers, in die insgesamt 27 Groß-, Mittel- und Kleinbetriebe in der Region Landau–Karlsruhe–Ludwigshafen–Kaiserslautern einbezogen waren – darunter 10 Handwerksbetriebe, 7 Großbetriebe mit mehr als 1000 Beschäftigten sowie weitere Handels- und Dienstleistungsunternehmen. Befragt wurden die mit der Lehrlingseinstellung befaßten Ausbilder bzw. Betriebsvertreter. Von den 27 Fragebögen, die versandt wurden, kamen 18 ausgefüllt zurück. Da die Befragung anonym war, sind keine näheren Rückschlüsse auf die ausgefallenen Betriebe möglich.
Die nachfolgend skizzierten Befragungsergebnisse sind Durchschnittsergebnisse/Trendmeldungen, d. h. sie machen generalisierende Aussagen über das im Einzelfall unter Umständen recht unterschiedliche Berufswahlverhalten der Lehrstellenbewerber. Die faktisch vorhandene Heterogenität der Lehrstellenbewerber und der Betriebe kann hier nur angedeutet, nicht aber näher berücksichtigt und aufgeschlüsselt werden. Eingedenk dieser Einschränkung lassen sich die wichtigsten Ergebnisse wie folgt zusammenfassen:

a) *Welchen Eindruck haben Sie von den jugendlichen Lehrstellenbewerbern, die Ihnen während der letzten Jahre durch Ihre Bewerbungsunterlagen und/oder durch persönliche Gespräche bekannt geworden sind?*

Diese Frage wurde anhand des abgebildeten Polaritätsprofils beantwortet (s. Abb. 1), in dessen Zeilen das jeweils vorherrschende Verhaltensmuster der Lehrstellenbewerber anzukreuzen war. Positiv läßt sich danach vermerken, daß die Lehrstellenbewerber als relativ aufgeschlossen (+1,2), realistisch (+0,7) und kooperativ (+0,8) eingeschätzt bzw. erlebt werden. Allerdings differieren die Einschätzungen der Betriebsvertreter zum Teil ganz erheblich; in Extremfällen schwanken sie zwischen (−1) und (+3). Das mag zum einen an den unterschiedlichen Anspruchsniveaus der Befragten liegen, zum anderen aber auch und nicht zuletzt an den spezifischen Zielgruppen, die die einzelnen Betriebe aufgrund ihr jeweiligen Ausbildungsbedingungen und -anforderungen anziehen. So heißt es z. B. in einem der Fragebögen, daß Gymnasiasten und – mit Einschränkung – Realschüler eher aufgeschlossen und interessiert seien, Hauptschüler und schwächere Realschüler dagegen eher frustriert und desinteressiert.

	+4	+3	+2	+1	0	-1	-2	-3	-4	
flexibel						X				unflexibel
realistisch				X						unrealistisch
kooperativ			X							egoistisch
gewissenhaft				X						oberflächlich
gut vorbereitet								X		schlecht vorbereitet
selbstsicher							X			unsicher/ängstlich
aufgeschlossen			X							desinteressiert
anpassungsbereit						X				selbstgefällig/lässig
redegewandt							X			sprachlich schwach
sachkundig								X		uninformiert
zielstrebig							X			phlegmatisch
belastbar				X						nicht belastbar

Abb. 1: Bewerbungsverhalten der Schüler aus der Sicht der Betriebe

Eindeutig negativ fällt das Urteil der Betriebsvertreter hingegen in anderen Punkten aus: Die Lehrstellenbewerber werden im großen und ganzen als relativ schlecht vorbereitet (−1,1), als uninformiert (−1,4), sprachlich schwach (−0,9) und unsicher/ängstlich (−0,4) charakterisiert. Bemerkenswert ist dabei, daß der Informationsgrad und die Vorbereitung der Schüler insgesamt sechsmal mit (−3) und siebenmal mit (−2) bewertet wurden. Auch die sprachlichen Fähigkeiten und Fertigkeiten erhalten zweimal die „Note" (−3) und viermal die „Note" (−2). Auch wenn sich im Durchschnitt aller Betriebe eine deutliche Abschwächung dieser Kritik ergibt, so liegen hier doch offenbar neuralgische Punkte vor, die unter anderem den Berufswahl-Unterricht berühren. Denn die Vorbereitung der Schüler auf die Berufswahl, ihr Informationsgrad, ihre Sprachgewandtheit in Vorstellungsgesprächen und ihre allgemeine Selbstsicherheit im Berufswahlprozeß sind nicht zuletzt von der Art und Intensität ihrer Berufswahlvorbereitung abhängig (die skizzierten Defizite werden im Grunde genommen sogar noch unterzeichnet, da die wirklich schwachen Schüler häufig gar nicht erst ins Blickfeld/Erlebnisfeld der betreffenden Betriebvertreter gelangen).

b) *Sind die Schüler auf die Berufswahl und die damit verbundenen „Bewährungsproben" (Bewerbung, Vorstellung, Test) ausreichend vorbereitet?*

Im Gegensatz zu den Antworten auf Frage 1, die nur indirekte Rückschlüsse auf die Qualität des Berufswahl-Unterrichts zulassen, wird mit dieser Frage die direkte Einschätzung der Berufswahlvorbereitung abgerufen. Im Rahmen der vorgegebenen Fünfer-Skala (sehr gut – gut – befriedigend – eher unbefriedigend – sehr dürftig) beurteilten die achtzehn Betriebsvertreter die Berufswahlvorbereitung ganz überwiegend als „befriedigend", zweimal gab es die Note „gut" und immerhin viermal das Urteil „eher unbefriedigend". Ob dieses Befragungsergebnis nun mehr positiv oder mehr negativ zu werten ist, muß dem Betrachter überlassen bleiben. Vieles spricht jedoch dafür, daß es gewisse Vorbehalte und eine eher vorsichtige Kritik signalisiert. In den konkreten Stellungnahmen zu den Bewerbungen und Vorstellungsgesprächen der Schüler kommt dieses noch stärker zum Ausdruck (s. unten). Angemerkt wird von den Befragten allerdings auch, daß die Berufswahlvorbereitung in den Hauptschulen relativ gut sei, da dort durch die Arbeitslehre und die Schülerpraktika gute Möglichkeiten bestünden. In den Realschulen und Gymnasien würde dagegen auf diesen Gebieten zu wenig getan, obwohl die Zahl der Lehrstellenbewerber aus diesen Schulen stark zunehme.

Ein weiteres Indiz für gewisse Versäumnisse des Berufswahl-Unterrichts ist die Einschätzung der meisten Betriebsvertreter, daß viele Lehrstellenbewerber nicht so recht wüßten, was sie eigentlich wollten. Auf die entsprechende Frage antworteten imerhin 10 Betriebe, das komme „häufig" vor, 7 meinten „gelegentlich" und einer fand sogar, daß dies „sehr häufig" der Fall sei. Mit „selten" oder „nie" votierte keiner. Auch dies ist – mit aller Vorsicht – als ein gewisses Alarmzeichen zu werten, da die Berufswahlvorbereitung doch eigentlich dazu beitragen sollte, die Schüler zu einer bewußten und durchdachten Berufs- und Lehrstellensuche zu befähigen. Offenbar ist aber noch einiges zu tun, obwohl andererseits natürlich auch zuzugeben ist, daß das unausgegorene Berufswahlverhalten der betreffenden Jugendlichen zum Teil auch eine Folge der bestehenden Lehrstellenknappheit und der oftmals ziemlich willkürlichen Vielfachbewerbung ist. Wenn nach dem Motto „so viele Bewerbungen wie nötig, so wenig Arbeit und Vorbereitung wie möglich" verfahren wird, dann gelangt die Wirksamkeit des Berufswahl-Unterrichts sehr schnell an ihre Grenzen.

c) Was stört Sie/vermissen Sie bei den Bewerbungsunterlagen der Schüler bzw. bei Ihren Vorstellungsgesprächen?

Mit dieser offen zu beantwortenden Frage wurde eine weitergehende Konkretion der betrieblichen Problemanzeigen angestrebt – nicht um Lehrer oder Berufsberater „in die Pfanne zu hauen", sondern um Anregungen daraus abzuleiten, was im Rahmen des Berufswahl-Unterrichts möglicherweise besser und/oder intensiver gemacht werden muß.

Bezüglich der *Bewerbungsunterlagen* wird ziemlich durchgängig bemängelt, daß die Bewerbungstexte zu sehr standardisiert seien. „Sie gleichen in ihren Formulierungen wie ein Ei dem anderen." Vermißt wird, wo der Bewerber bezüglich des angestrebten Berufs seine Stärken sieht, welche zusätzlichen Qualifikationen er hat – z. B. im Umgang mit EDV – etc. In einer anderen Stellungnahme heißt es: „Die Angaben bezüglich des Interesses am ausgewählten Ausbildungsberuf sind oft nicht realistisch und ehrlich. Die Bewerbungstexte, meist von der Schule oder vom Arbeitsamt vorgegeben, spiegeln kaum noch etwas von der Persönlichkeit des Bewerbers wider und lassen keine Schlüsse zu." Beklagt wird ferner, daß die Bewerbungsunterlagen gelegentlich unvollständig seien und die Aufmachung manchmal sehr zu wünschen übrig lasse. Nicht verschwiegen werden soll allerdings auch, daß zwei der achtzehn Betriebsvertreter die Bewerbungsunterlagen „ganz in Ordnung" fanden.

Noch gravierender sind die Defizite, die im Rahmen von *Vorstellungsgesprächen* beobachtet werden. Die Bewerber seien gehemmt, passiv, stellten keine Fragen, zeigten wenig Initiative. Sie hätten Schwierigkeiten, sich klar und verständlich auszudrücken, flexibel zu reagieren und mit anderen Leuten zu diskutieren, wobei es weniger auf die Inhalte des Gesprächs als auf das aufeinander Eingehen und das miteinander Umgehen ankomme. „Die Bewerber glauben", so heißt es in einer Stellungnahme, „mit komplexen Problemen konfrontiert zu werden. Dies führt zu Barrieren beim Gespräch. Sie haben sich zu wenig über die Inhalte und Anforderungen des gewünschten Ausbildungsberufs informiert und sind oft nicht bereit, im Vorfeld über Alternativen nachzudenken bzw. sich zu informieren. Auch haben sie sich bis dahin wenig mit ihren Stärken und Schwächen auseinandergesetzt. Die Bedeutung der Allgemeinbildung ist ihnen nicht bewußt (aktuelles Zeitgeschehen, Staatskunde)." Das meiste von dem, was hier beklagt bzw. gefordert wird, läßt sich durchaus vorbereiten – im Unterricht, im Kontakt mit der Berufsberatung oder durch individuelles Lernen und Üben zu Hause!

Zur Verminderung bzw. Behebung der skizzierten Unzulänglichkeiten wird unter anderem für eine gezieltere und intensivere Berufsinformation plädiert, für eine bessere Vorbereitung auf Bewerbungen, Tests und Vorstellungsgespräche (z. B. Vermittlung sozialer Kompetenz für Gruppengespräche), für vermehrte Berufs- und Betriebspraktika, für selbständige Informationsbeschaffung (z. B. über einzelne Betriebe), für den Aufbau eines differenzierten Problembewußtseins sowie last but not least für die nachhaltige Motivierung der Schüler, damit „sie sich auch bei

---

PROBLEMANZEIGEN ZUM VORSTELLUNGSGESPRÄCH

■ Die Lehrstellenbewerber sind zu wenig über die beruflichen Anforderungen und die betrieblichen Gegebenheiten informiert;

■ Viele sind in den Gesprächen nervös und gehemmt und können deshalb auch nicht überzeugen;

■ Sie haben sich zu wenig mit ihren Stärken und Schwächen auseinandergesetzt;

■ Sie sind zu passiv und abwartend; häufig wird nur der freie Ausbildungsplatz gesehen;

■ Die Bewerber stellen kaum Fragen, zeigen wenig Initiative, so daß die Vorstellungsgespräche oft sehr einseitig ablaufen;

■ Viele sind unsicher, haben keine Vorstellung, was sie erwartet; der "Berufswunsch" ist von den Eltern diktiert;

■ Die Bewerber haben häufig nicht die richtige Vorstellung vom Beruf und den Dingen, die sie tatsächlich machen müssen;

■ Viele sind sprachlich schwach und unflexibel; die Bedeutung der Allgemeinbildung ist ihnen nicht bewußt.

Abb. 2: Stellungnahmen zum Schülerverhalten in Vorstellungsgesprächen

Absagen nicht entmutigen lassen". Gewiß, viele der vorgestellten Anregungen und Kritikpunkte werden nur von einzelnen oder wenigen Betriebsvertretern vorgebracht, gleichwohl ergeben sie in der Summe ein wichtiges und hilfreiches Bündel an Denkanstößen.

1.5 Wie Berufsberater ihre Schulbesuche sehen

Aus der Sicht der Berufsberater stellt sich die schulische Berufsorientierung als ein chancenreiches Unterfangen dar, das in der Praxis nur nicht immer befriedigend ausgestaltet ist. Da gibt es offenbar manche Unzulänglichkeiten, die die Wirksamkeit der Unterrichtsarbeit (Schulbesuche) beeinträchtigen, aber sie sind ganz überwiegend zu beheben, sofern die Koordination zwischen Lehrern und Berufsberatern verbessert und die Unterrichtsarbeit möglichst praxis-, schüler- und handlungsorientiert gestaltet wird. Dies ist zumindest der Tenor einer Befragung, die im Dezember 1986 im Bereich des Landesarbeitsamtes Rheinland-Pfalz–Saarland durchgeführt wurde. Die Befragung war an die Berufsberatungs-Abteilungen von insgesamt 9 regionalen Arbeitsämtern gerichtet, von denen 17 ausgefüllte Fragebögen zurückkamen. Die Befragung war anonym und konnte sowohl von einzelnen als auch von mehreren Berufsberatern zusammen bearbeitet werden. Ziel der Umfrage war es, in eher pragmatischer Absicht gewisse Aufschlüsse über die Erfahrungen und Probleme der Berufsberater im Rahmen ihrer Schulbesuche an Haupt- und Realschulen zu gewinnen. Diese Schulbesuche umfassen in der Regel drei bis vier zeitlich auseinander liegende Doppelstunden sowie weitere Sprechstunden und sind fester Bestandteil des Berufswahl-Unterrichts in diesen Schularten. Von daher lassen sie gewisse Rückschlüsse auf die Attraktivität und Wirksamkeit dieses Unterrichts zu. Die wichtigsten Ergebnisse und Anregungen werden im folgenden zusammengefaßt:

a) Wie beurteilen Sie die Wirksamkeit Ihrer Schulbesuche/
   den Lernerfolg auf Schülerseite?

Im Rahmen der vorgegebenen Fünfer-Skala (sehr wirksam – wirksam – es geht so – unbefriedigend – sehr dürftig) votierten die befragten Berufsberater ganz überwiegend für „es geht so". Zwölfmal wurde dieses halb skeptische, halb gelassene Urteil abgegeben, zweimal wurde die schulische Arbeit als „unbefriedigend", dreimal als „wirksam" gewertet. Stellt man in Rechnung, daß einige Male ausdrücklich erwähnt wurde, man dürfe von den Schulbesuchen halt auch nicht zu viel erwarten („wenn die Schüler den Berufsberater als Gesprächspartner akzeptieren, ist das schon toll"), dann muß die skizzierte Bilanz wohl eher als verhalten-kritische Einschätzung interpretiert werden. Zwar wird in einigen Stellungnahmen zu Recht darauf hingewiesen, daß die Wirksamkeit der Schulbesuche von Schüler zu Schüler, von Klasse zu Klasse und von Lehrer zu Lehrer recht unterschiedlich sein könne, je nach Interesse, Aufnahmekapazität, Unterrichtsvorbereitung und persönlicher Einstellung des Lehrers. Diese Relativierung ändert jedoch nichts an der eher kritischen Gesamteinschätzung der Berufsberater. Kurzfristig, so heißt es in einer Stellungnahme, seien die Schulbesuche zwar wirksam, weil sie den Schülern – vor allem in den Abschlußklassen – Anstöße gäben, sich mit der Berufswahl näher auseinanderzusetzen, aber mittelfristig sei die Wirksamkeit recht unbefriedigend (von Einzelfällen abgesehen), da die „Aktivierung der Schüler zum eigenen Handeln" als Lernerfolg häufig fehle.

Zur Erklärung der eingeschränkten Wirksamkeit der schulischen Berufsorientierung werden diverse Faktoren und Überlegungen angeführt (offen formulierte Antworten). Ein oder mehrere Male werden genannt:

● Zu viel Stoff, der in zu geringer Zeit an die Schüler vermittelt werden muß;

● die unzureichende Abstimmung der Unterrichtseinheiten und Methoden zwischen den Lehrern und Berufsberatern;

● zu wenig Zeit, um ein gutes Verhältnis zu den Schülern aufzubauen (Unterricht häufig in der 5./6. Stunde),

● die besonderen Voraussetzungen der einzelnen Schüler sind nicht bekannt, deshalb ist ein individuelles Eingehen kaum möglich;

● unzureichende pädagogische Aus- und Weiterbildung der Berufsberater sowie fehlende Hospitationsmöglichkeiten;

● den Berufsberatern fehlen vielfach geeignete Medien (im Unterschied zu den Lehrern); teilweise verfügen sie nur über „stümperhafte Eigenproduktionen";

● das schlechte Image der Schulbesuche aufgrund früherer Defizite und Versäumnisse (theoretische Belehrung etc.);

● die geringe Betroffenheit der Schüler in der Frühphase der Berufsorientierung (1,5 bis 2 Jahre vor der Entlassung);

● der „Druck" in anderen Unterrichtsstunden, der dazu führt, daß der Unterricht des Beraters als Ventil benutzt wird;

● Disziplinlosigkeit mancher Klassen, besonders wenn kein Lehrer während des Unterrichts anwesend ist;

● mangelndes Interesse der Lehrer an der Berufsorientierung und dadurch oft fehlende Motivation der Schüler;

● Resignation und Desinteresse von Schülern, besonders in der Hauptschule und im Berufsgrundschuljahr.

Die beiden letztgenannten Einschätzungen zum Lehrer- und Schülerinteresse bedürfen allerdings der Korrektur. Das zeigen die Antworten auf gezielte Einzelfragen zur Haltung der Lehrer und Schüler.

Rund 90 Prozent der Befragten bewerten die Einstellung der Lehrer gegenüber den berufsorientierenden Maßnahmen der Berufsberatung als ziemlich „aufgeschlossen", nur in zwei Stellungnahmen wird Klage darüber geführt, daß die Lehrer „weniger interessiert" seien. Allerdings wird auch und zugleich betont, daß es zum Teil erhebliche Unterschiede zwischen den Schulen gebe, je nachdem, welchen Stellenwert und welche konzeptionelle „Reife" der Berufswahl-Unterricht dort

habe und welches Image die Schulbesuche der Berufsberatung hätten. „Die
Einstellung der Lehrer reicht von sehr interessiert bis eher ablehnend", heißt es in
einer der Stellungnahmen. Dementsprechend falle die Wirksamkeit der schulischen
Berufsorientierung aus, denn die positive oder negative Einstellung der Lehrer
werde von den Schülern stark angenommen. Ob sich allerdings die eingeräumte
Aufgeschlossenheit der Lehrer gegenüber der Arbeit der Berufsberater immer auch
in einem engagierten Unterricht niederschlägt, läßt sich nur unter Vorbehalt sagen.
Die in Abschnitt 1.3 skizzierten Befragungsergebnisse sprechen jedoch dafür, daß
die desinteressierten Lehrer eher die Ausnahme sind.

Die Einstellung der Schüler zu den Schulbesuchen und dem darüber hinausreichen-
den Berufswahl-Unterricht scheint demhingegen eher problematisch. Zwar werden
die Schüler in 6 von 17 Stellungnahmen als im großen und ganzen „interessiert"
bezeichnet, in den übrigen 11 Stellungnahmen heißt es jedoch einschränkend, daß
wirkliches Interesse nur bei einem Teil der Schüler vorhanden sei, ein anderer Teil
stehe der Berufsorientierung „eher gleichgültig" gegenüber. Letzteres betrifft nach
den Bekundungen der Berufsberater vor allem die Hauptschüler und die Schüler des
Berufsgrundschuljahres (die Sonderschüler gewiß nicht weniger). Hervorgehoben
wird allerdings auch, daß das Interesse dann, wenn es mit den Bewerbungen ernst
werde, in der Regel erheblich ansteige.

Dieser Motivationseffekt wird offenbar jedoch konterkariert durch die wachsende
Resignation derer, die sich mehr und mehr ihrer geringen Chancen auf dem
Ausbildungsmarkt bewußt werden. Auf die entsprechende Frage wird in 15 von 17
Stellungnahmen eingeräumt, daß Resignation „gelegentlich" zu beobachten sei, in
zwei Fällen ist sogar von „häufig" die Rede. In schulartspezifischer Hinsicht wird das
bestätigt, was oben bereits gesagt wurde: Hauptschüler, Schüler des Berufsgrundschuljahres sowie – als spezifische Problemgruppe – Mädchen sind besonders
prädestiniert, in die Resignation abzugleiten, obwohl dieses – wie es in zwei anderen
Stellungnahmen heißt – von der objektiven Lehrstellensituation her oftmals gar
nicht plausibel sei. Gleichwohl wird in 6 der 17 Stellungnahmen die Lehrstellenknappheit als eines der Hauptprobleme der Unterrichtsarbeit angeführt (s. Abb. 3).
Alles in allem wird also das Problem der Resignation und des damit verbundenen
Desinteresses recht offen eingestanden. Damit bestätigen die befragten Berufsberater – mit gewissen Differenzierungen – die Einschätzungen und Befragungsergebnisse aus Abschnitt 1.2. Allerdings bleiben sie keineswegs dabei stehen, sondern
benennen an anderer Stelle der Befragung durchaus erfolgversprechende Perspektiven, wie die beklagten Motivationsprobleme zu verringern sind (s. Abb. 4).

b) *Was stört/belastet sie bei Ihren Schulbesuchen am meisten/*
   welches sind Ihre Hauptprobleme?

Die Antworten auf diese Frage (s. Abb. 3) bestätigen und präzisieren das, was unter
Punkt (a) zur Erklärung der begrenzten Wirksamkeit der Schulbesuche angeführt
wurde. Zugleich unterstreichen sie die in Abschnitt 1.3 bereits angedeuteten
Defizite eines abstrakt-rezeptiven Informationsunterrichts, der sehr stark in der

Gefahr steht, die Schüler zu überfordern und ihre Motivation zu blockieren. In 15 von 17 Stellungnahmen nennen die befragten Berufsberater als eines ihrer Hauptprobleme die übermäßig vielen Informationen, in 9 Fällen überdies die gravierende Zeitknappheit. Beide Faktoren hängen aufs engste zusammen und führen beinahe zwangsläufig zu dem, was als drittes Hauptproblem beklagt wird, nämlich die „Überforderung der Schüler" (9 Nennungen). Dieses „Problem-Dreieck" markiert die Wurzel der skizzierten Motivations- und Wirksamkeitsprobleme, denen sich der Berufswahl-Unterricht (und nicht nur dieser!) gegenübersieht. Die „unzureichende pädagogische Vorbildung" (4 Nennungen) ist innerhalb dieses Rahmens eigentlich nur ein Verstärker, der die didaktisch-methodischen Defizite der Unterrichtsarbeit vermehren mag, der sie aber sicher nicht entscheidend bedingt. Ansonsten müßten ja die Schwierigkeiten der pädagogisch geschulten Lehrer sehr gering sein – und das sind sie nach aller Erfahrung nicht!

ZENTRALE PROBLEMANZEIGEN VON BERUFSBERATERN	
Als besonders problematisch/belastend werden genannt ...	Zahl der Nennungen
○ Zu viele Informationen	XXXXXXXXXXXXX (13)
○ Zu wenig Zeit	XXXXXXXXX (9)
○ Überforderung vieler Schüler	XXXXXXXXX (9)
○ Mangel an Ausbildungsstellen	XXXXXX (6)
○ Desinteresse der Schüler	XXXX (4)
○ Unzureichende pädagogische Vorbildung	XXXX (4)
○ Gleichgültigkeit der Lehrer	XXX (3)

Abb. 3: Was Berufsberater besonders problematisch bzw. belastend finden

c) Was kommt bei den Schülern besonders gut an/bringt Erfolg? (zu nennen waren maximal 5 erfolgversprechende Maßnahmen/Methoden)

Trotz der beklagten „unzureichenden pädagogischen Vorbildung" haben die befragten Berufsberater eine ganze Reihe wichtiger und interessanter Ansatzpunkte benannt, wie der Motivation der Schüler und der Wirksamkeit des Berufswahl-Unterrichts nachzuhelfen ist. Diese Ansatzpunkte sind im Prinzip zwar alle bekannt, werden in der Praxis allerdings nur teilweise und/oder halbherzig genutzt und verwirklicht. Zugleich unterstreichen die Berufsberater mit ihren Voten das konzeptionelle Anliegen dieses Buches, nämlich Handlungs-, Praxis-, Problem- und Schülerorientierung zum Grundkonzept der Unterrichtsarbeit auszubauen und auf diese Weise der „abstrakten Informationsflut" so weit wie möglich entgegenzuwirken.

Wie die in Abb. 4 zusammengefaßten Befragungsergebnisse zeigen, werden die Chancen für eine motivierende und erfolgreiche Unterrichtsarbeit dann als günstig eingeschätzt, wenn Themen und Methoden gewählt werden, die „mit dem konkreten Bewerbungsgeschehen zu tun haben" (so der Wortlaut in einer der Stellungnahmen). Dabei werden zwei zentrale Akzente hervorgehoben: Plädiert wird zum einen für ein praxisnahes Arbeiten und Unterrichten, das sich an den Fragen der Schüler sowie an den konkreten Gegebenheiten des Ausbildungsstellenmarktes orientiert, zum anderen für ein aktives, handlungsorientiertes Lehren und Lernen. „Man muß die Schüler selbst etwas tun lassen", heißt es in einer der Stellungnahmen. Dieses Selbst-Tun kann in der Durchführung von Rollen- und sonstigen Simulationsspielen bestehen, es kann aber auch aktive Medienarbeit heißen, Bearbeitung von Einstellungstests oder Arbeitsbögen, forschendes Lernen im Berufsinformationszentrum (BIZ) etc. Diese Methoden markieren einen wichtigen methodischen Anspruch, der in den weiteren Kapiteln dieses Buches noch ausgiebig gewürdigt und entfaltet werden wird.

ANREGUNGEN FÜR EINEN WIRKSAMEREN UNTERRICHT

■ *Rollenspiele/Simulationsspiele durchführen (zum Vorstellungsgespräch, Beratungsgespräch oder zu bestimmten Problemfällen) --► 9 NENNUNGEN*

■ *Aktives Arbeiten im Berufsinformationszentrum (BIZ) --► 8 NENNUNGEN*

■ *Fallbeispiele aus der Praxis vorstellen und durchsprechen --► 6 NENNUNGEN*

■ *Motivierender und aktivierender Medieneinsatz (Arbeitsbögen, Rätsel, praktisches Arbeiten mit Beruf Aktuell, Video-Filme, gute Folien etc.) --► 6 NENNUNGEN*

■ *Konkrete Informationen und Gespräche über den Ausbildungsstellenmarkt (lokal - regional - bundesweit) --► 6 NENNUNGEN*

■ *Eingehen auf Fragen und Beratungsanliegen der Schüler (in Einzel- oder Gruppenberatung) --► 6 NENNUNGEN*

■ *Lehrer müssen interessiert und engagiert sein, damit die Schüler "angesteckt" werden --► 3 NENNUNGEN*

■ *Konkrete Vorbereitung auf Einstellungstests (Bearbeitung von "echten" Übungstests) --► 1 NENNUNG*

■ *Stärkere Einbindung der Schulbesuche in das unterrichtliche Gesamtkonzept --► 1 NENNUNG*

Abb. 4: Erfolgversprechende Methoden und Arbeitsweisen aus der Sicht der Berufsberatung

2. Plädoyer für einen handlungsorientierten Unterricht

Die Erfahrungen und Problemanzeigen der befragten Schüler, Lehrer, Berufsberater und Betriebsvertreter machen deutlich, daß die didaktisch-methodische Konzeption des Berufswahlunterrichts nach wie vor entwicklungsbedürftig und entwicklungsfähig ist. Trotz aller ökonomischen und schulorganisatorischen Restriktionen, die keinesfalls geringgeschätzt werden sollen, sind viele Möglichkeiten und Chancen des Berufswahl-Unterrichts noch gar nicht ausgeschöpft. Die Wahl der Themen, die Aktivierung der Schüler und die Praxis- und Realitätsnähe der Unterrichtsarbeit sind sicher in mancher Hinsicht zu verbessern und müssen auch verbessert werden, wenn die beklagten Motivations- und Wirksamkeitsprobleme abgebaut werden sollen. In didaktischer Hinsicht spricht nach den bisherigen Ausführungen vieles für eine stärkere Problemorientierung (Thematisierung praktischer Berufswahlprobleme und -fragen), in methodischer Hinsicht für eine entschiedenere Handlungsorientierung (Rollenspiele, aktive Medienarbeit etc.). Handlungsorientierung ist dabei – wie bereits in der Einleitung zu diesem Buch erwähnt – in einem doppelten Sinne zu verstehen: einmal als aktives, handlungsbetontes Lernen im Unterricht selbst, zum anderen als Vorbereitung der Schüler auf mögliche Ernst- und Bewährungssituationen im Prozeß der Berufssuche (reale Handlungssituationen). Diese konzeptionelle Linie wird im folgenden näher hergeleitet und begründet.

2.1 Was soll/kann der Berufswahl-Unterricht leisten?

Seit Ende der 60er Jahre sind zum Teil recht unterschiedliche Vorschläge und Vorstellungen zur didaktischen Ausrichtung der schulischen Berufswahlvorbereitung entwickelt und publiziert worden. Sie basieren zum einen auf diversen Modellversuchen, die in verschiedenen Bundesländern konzipiert, erprobt und evaluiert wurden (vgl. Dibbern, 1983, S. 66ff. sowic Lange/Neuser, 1985, S. 344ff.), zum anderen auf mehr theoretischen Überlegungen von Fachwissenschaftlern und Didaktikern. Ausgangspunkt der ganzen Zieldiskussion war die Funktionsbeschreibung im Arbeitsförderungegesetz von 1969. Danach zielt die Berufsorientierung ganz allgemein darauf, „... über Fragen der Berufswahl (§ 25), über Berufe, deren Anforderungen und Aussichten, über Wege und Förderung der beruflichen Bildung sowie über beruflich bedeutsame Entwicklungen in den Betrieben, Verwaltungen und auf dem Arbeitsmarkt umfassend (zu) unterrichten." (§ 31 des AFG). Diese Zielbestimmung gilt bis heute, wenn auch vorrangig für die Berufsberatung. Allerdings hat sie auch einen beträchtlichen Einfluß auf die konzeptionelle Diskussion und Ausrichtung des schulischen Berufswahl-Unterrichts gehabt.

Ebenso kennzeichnend wie problematisch an diesem Konzept ist das Kardinalziel der „Berufsaufklärung". Die Schüler sollen aufgeklärt, informiert und instruiert werden, nicht mehr aber auch nicht weniger! Dieses Plädoyer für eine „umfassende Unterrichtung" hat in der Praxis seither so manche Frustrationen und Mißerfolge auf Schüler-, Lehrer- und Berufsberaterseite mitbedingt. Dieser Anspruch ist ganz offensichtlich von den Ambitionen der Berufsforschung und der Arbeitsverwaltung hergeleitet, weniger hingegen von den Lerninteressen und -möglichkeiten der Schuler. Eine Folge davon war und ist bis heute die vielfach stark überzogene „Stoffhuberei", die maßgeblich dazu beigetragen hat, daß die Attraktivität und Wirksamkeit des Berufswahl-Unterrichts erheblich zu wünschen übrig läßt (vgl. Abschn. 2.2).

Obwohl derartige Bedenken von pädagogischer Seite bereits sehr früh erhoben wurden, hat die „Berufsaufklärung" die didaktische Diskussion und Konzeptionsbildung noch eine ganze Weile prägend beeinflußt. In Meyas Konzeption aus dem Jahre 1972, die zu den ersten grundlegenden Entwürfen für eine allgemeine Berufswahlvorbereitung gehörte, wird dieses beispielhaft sichtbar: Meya expliziert als zentrales Ziel der Berufswahlvorereitung, daß die Schüler über alle Möglichkeiten, die sich ihnen mit der beruflichen Entscheidung böten, zu informieren seien. Dazu gehöre, so meint er, daß sie am Ende der schulischen Berufswahlvorbereitung eine Übersicht über die für sie in Frage kommenden Berufe/Berufsfelder haben sollten, um damit über die informationellen Voraussetzungen zu verfügen, um eine „rationale" Berufswahl treffen zu können (vgl. Meya, 1972, S. 56ff.). Nur am Rande spricht Meya die Handlungskompetenz der Schüler an, indem er erwähnt, daß sie sich Informationen über Berufe und Berufsfelder selbst verschaffen sowie Strategien erwerben sollten, um Widerstände und Enttäuschungen bei der Berufswahl zu überwinden (vgl. ebenda, S. 57f.). Insgesamt geht es ihm jedoch ganz vorrangig um die möglichst umfassende Information und Belehrung (Aufklärung) der Schüler. Das „Wissen" rangiert weit vor dem „Können"; die praktische Handlungskompetenz spielt noch kaum eine Rolle.

Das ändert sich auch nur in begrenztem Maße durch das Gutachten von Dibbern/ Kaiser/Kell aus dem Jahre 1974, das im Auftrag der Bundesanstalt für Arbeit erstellt wurde und als curriculare Grundlegung des Berufswahl-Unterrichts gedacht war. Die Verfasser interessieren sich ebenfalls weniger für die Handlungskompetenz der Schüler, wohl aber für eine stärkere Realitätsnähe der Berufswahlvorbereitung. Ins Zentrum ihres didaktischen Votums stellen sie die „individuelle Berufswegplanung" unter besonderer Berücksichtigung der verschiedenen realen sozial-ökonomischen Situationsfelder (Betriebe, Berufe, Ausbildungsstellenmarkt etc.) sowie der dafür kennzeichnenden Gegebenheiten, Restriktionen und Möglichkeiten (vgl. die entsprechende didaktische Matrix in: Dibbern u.a., 1974, S. 77). Die Berufswahlvorbereitung wird also nicht länger auf die Vermittlung umfassender beruflicher Grundinformationen reduziert, sondern erstreckt sich vorrangig auf die Durchdringung der konkreten individuellen und gesellschaftlichen Bedingungen und Belange der Berufswahl (Realitäts- und Schülerbezug). Diese Eingrenzung auf das „Machbare" und „Erforderliche„ ist auf der einen Seite durchaus plausibel, hat den drei Gutachtern auf der anderen Seite aber sehr bald den Vorwurf eingetragen, sie hätten primär die Ausrichtung der Schüler auf die jeweiligen Arbeitsmarkterfordernisse im Auge (vgl. Hoppe, 1980, S. 79; Bönsch, 1977; Steffens 1975; Büchner u. a. 1979). Wenn diese Ausrichtung allerdings heißt, daß die Schüler in pragmatischer – nicht affirmativer! – Absicht auf die konkreten Bedingungen, Anforderungen und Möglichkeiten ihrer Berufssuche hier und heute vorbereitet werden sollen (vgl. Dibbern, 1983, S. 49), dann ist daran gewiß nichts auszusetzen!

Dibbern/Kaiser/Kell plädieren denn auch keineswegs für eine vordergründige Anpassung der Schüler, sondern für einen Lernprozeß, der in gewisser Weise „Hilfe zur Selbsthilfe" sein soll (vgl. ebenda, S. 60). Ein derartiger Lernprozeß hat, wie es im Gutachten heißt, „... alle wesentlichen Daten und Kriterien zu vermitteln, die den einzelnen befähigen, beruflich bedeutsame objektive und subjektive Gegebenheiten und Entwicklungstendenzen sowie die Möglichkeiten ihrer Beeinflussung zu erkennen, damit er die eigene berufliche Entwicklung so weit wie irgend möglich selbst bestimmen kann" (Dibbern u. a., 1974, S. 133). Dieser letztgenannte Anspruch der „Selbstbestimmung" ist allerdings nur ein recht vages Fernziel, dessen unterrichtliche Konkretion und Vermittlung völlig offen bleibt. Im Grundsatz geht es den Gutachtern vor allem um die Vermittlung „wesentlicher Daten und Kriterien", die zwar die subjektiven und objektiven Belange der Berufswahl sichtbar machen sollen, die aber letztlich doch auf einen recht ausgeprägten „Informationsunterricht" hinauslaufen, der den Schülern die bekannt passive Rezipientenrolle zuweist (vgl. auch Hoppe, 1980, S. 80 sowie Steffens, 1975, S. 115). Die Vermittlung praktischer Handlungs- und Bewerbungskompetenz, die ein Mehr an Selbstbestimmung bringen könnte, ist demgegenüber nicht vorgesehen. Sie läßt sich mit dem anvisierten Informationsunterricht auch nur schwer bewerkstelligen.

In der weiteren fachdidaktischen Diskussion wird die von Dibbern/Kaiser/Kell eingeführte Kategorie der „individuellen Berufswegplanung" mehr und mehr ersetzt durch die Zielbestimmung „Berufswahlreife" (vgl. Dibbern, 1983, S. 62; Nieder, 1981, S. 22), deren Vermittlung allerdings nicht nur Sache des Berufswahl-Unterrichts ist, sondern auch und zugleich Aufgabe der Berufsberatung und sonstiger berufsorientierender Angebote (Expertengespräche, Besuch im Berufsinformationszentrum/BIZ etc.). Dieser Anspruch geht letztlich jedoch kaum über die zuletzt skizzierte Option hinaus und bleibt insgesamt sehr stark dem Informationsziel verhaftet. Anders bei Steffens, der in seiner „Didaktik des Berufswahlunterrichts" stärker auf die Entscheidungsfähigkeit der Schüler abstellt und das Ziel der Berufswahlreife damit deutlich erweitert. Entscheidungsfähigkeit umfaßt danach nicht nur die selbständige Informationsbeschaffung und -verarbeitung, sondern u. a. auch ein entsprechendes Entscheidungstraining mit den dazugehörigen Kooperations- und Konflikterfahrungen (vgl. Steffens, 1975, S. 144). Steffens geht es also neben der Wissensvermittlung zugleich um den Erwerb handlungsrelevanter Verhaltensdispositionen und Fähigkeiten (vgl. ebenda, S. 45). Der Impetus der Berufswahlreife wird damit um die Dimension des Handelns und der Handlungskompetenz angereichert, obwohl Steffens weiterführende Gedanken und Konkretionen dieser Art schuldig bleibt.

Mittlerweile ist die didaktische Aufschlüsselung des Kardinalzieles „Berufswahlreife" weitergeführt worden und hat unter anderem auch die Bedeutung handlungsorientierten Lehrens und Lernens unterstrichen. Nach dem Laufbahnentwicklungsmodell von Crites (vgl. Seiffert, 1984, S. 189 ff.) lassen sich drei Lernstränge unterscheiden, die zur Entwicklung der Berufswahlreife maßgeblich beitragen:

- die Hinführung der Schüler zu einem berufswahlbezogenen Problembewußtsein, zur Selbstreflexion und -erkenntnis sowie zur Eigenaktivität bei der Berufswahlvorbereitung;
- die Vermittlung angemessener Kenntnisse *und* Kompetenzen, die für eine subjektiv wie objektiv befriedigende Berufswahl und Laufbahnentscheidung erforderlich sind;
- die Hinführung zu einer realistischen Einschätzung der eigenen Fähigkeiten, Interessen, Möglichkeiten und Grenzen.

Diese Lernstränge markieren eine recht breit gefächerte Aufgabenstellung des Berufswahlunterrichts, die sich im Kern jedoch auf die Vermittlung berufsbezogener Entscheidungskompetenz verdichtet. Der Anspruch der Handlungskompetenz wird entsprechend verengt und zumindest um die Dimension des Bewerbungs-Handelns gekürzt.

Diese letztere Verengung ist größtenteils aufgehoben in der Zielbestimmung der „Berufswahlkompetenz", wie sie von Dibbern auf dem Hintergrund verschiedener Modellversuche in seinem 83er Gutachten für die Bundesanstalt für Arbeit zentral herausgestellt wird. Berufswahlkompetenz bezeichnet danach „... die Fähigkeit des Schulabgängers, eine weitgehend rationale begründete und möglichst selbständige Entscheidung für eine schulische oder betriebliche Ausbildung in einem bestimmten Berufsfeld zu treffen und in Handlung umzusetzen (Berufswahlkompetenz als Verwirklichung des beruflichen Selbstkonzeptes)" (Dibbern, 1983, S. 324). Wie Dibbern im Rahmen der näheren Ausdifferenzierung seines didaktsichen Ansatzes deutlich macht, liegt ihm auf der einen Seite zwar auch sehr stark an der Vermittlung berufswahlbezogener Kenntnisse und Entscheidungskompetenz, auf der anderen Seite geht er jedoch deutlich über diesen Entscheidungsprozeß i. e. S. hinaus und bezieht auch die Realisationsphase mit ein, d. h. jene Probleme und Bewährungsproben, die in der Bewerbungsphase auftreten bzw. auftreten können (vgl. ebenda, S. 328 ff.). Erwähnt werden diesbezüglich u. a. schriftliche und mündliche Bewerbungen, Abschluß eines Ausbildungsvertrages sowie die möglichen Realisierungsprobleme rechtlicher und sonstiger Art (vgl. ebenda, S. 330). Mit diesem recht differenzierten Konzept markiert Dibbern bislang wohl am weitreichendsten, was der Berufswahl-Unterricht – im Zusammenspiel mit Berufsberatung, BIZ und sonstigen Angeboten – so alles leisten müßte und leisten könnte. Nur ist die Unterrichtspraxis zumeist noch längst nicht soweit – vor allem nicht in der Frage der Methodisierung dieses didaktischen Anspruchs (vgl. dazu Abschnitt 2.4).

2.2 Die Aufklärung der Schüler alleine reicht nicht!

In der Unterrichtspraxis dominiert nach wie vor sehr stark die Aufklärung und Belehrung der Schüler über Berufe, Berufsfelder, berufliche Anforderungen, Beratungsmöglichkeiten, Entscheidungskriterien und -strategien und anderes mehr. Die Schüler bleiben eher passiv, hören zu, schreiben mit, lesen irgendwelche Informationsmaterialien, füllen etwas aus, stellen vielleicht noch Fragen, aber insgesamt sind sie in einen Unterricht eingebunden, in dem sie vorrangig orientiert werden und weniger sich selbst orientieren bzw. durch praktisches Lernen und Tun konkrete Handlungs- und Entscheidungskompetenz aufbauen.

Hage u. a. haben in einer neueren empirischen Untersuchung zum Methoden-Repertoire von Lehrern – wiedermal – nachgewiesen, daß der lehrerzentrierte Informationsunterricht unverändert dominiert. Mehr als 75 Prozent des Unterrichts sind „direktiver Unterricht" – nach dem Motto: „Schule soll unterrichten; Nichtwissende werden von Personen belehrt, die mehr und besseres wissen" (vgl. Hage u. a., 1985, S. 151). Die Vermittlung von Wissen steht dabei in fast zwei Dritteln der Unterrichtszeit im Mittelpunkt (vgl. S. 141). Der Lehrer definiert die Probleme und Fragestellungen, trägt vor, läßt lesen/vorlesen, weist an und belehrt, stellt richtig und hält fest. Selbst in Wiederholungs- und Anwendungsphasen ist die freie Schüleraktivität relativ selten. Offenbar werden also höherwertige Qualifikationsziele als der Kenntniserwerb kaum angestrebt, denn dann müßte viel stärker auf nicht-direktive Verhaltens- und Arbeitsweisen abgestellt werden, die vermehrt produktives und handlungsorientiertes Lernen ermöglichen (Methodenlernen,

Aus: Beilage zum Jahresheft „Schüler" des Friedrich Verlags, Seelze 1984

38

sozial-kommunikatives Lernen etc.). Wie Hage u. a. zeigen, sind besonders in der Hauptschule rezeptive und reproduktive Schüleraktivität und Kenntnisvermittlung verbreitet (vgl. S. 148). Der Anwendungsbezug ist ganz allgemein gering und nur selten wird an Erfahrungen der Schüler angeknüpft. „Gerade das letztere Ergebnis zeigt, daß der in den letzten Jahren wieder verstärkt diskutierte Erfahrungsbezug (Stichwort: Handlungsoriengierung) im staatlichen Schulsystem kaum einen Niederschlag gefunden hat" (S. 46).

Dieses kritische Resümee gilt auch und nicht zuletzt für den Berufswahl-Unterricht, der – sieht man einmal von den relativ verbreiteten Berufserkundungen und -praktika ab – im großen und ganzen ähnlich abläuft, wie das in den skizzierten Untersuchungsergebnissen zum Ausdruck kommt. Das liegt zum einen an den vielfach mit inhaltlichen Lernzielen und Stoffvorgaben überfrachteten Lehrplänen und Richtlinien (vgl. Abb. 5), zum anderen am eingespielten methodischen Selbstverständnis und Repertoire vieler Lehrer. Der lehrerzentrierte Informationsunterricht gilt allgemein als die effektivste und ökonomischste Form des Unterrichtens, vermittelt den Lehrern das Gefühl von Autorität und subjektiver Befriedigung und erlaubt nicht zuletzt eine wirksame Disziplinierung und Lernkontrolle (vgl. Fichten/ Meyer, 1986, S. 149). Mindestens ebenso wichtig wie diese subjektive Affinität der Lehrer ist jedoch die objektive Stoffüberfrachtung der Berufswahl-Curricula. Beispielhaft ablesbar ist das an der Themenübersicht in Abb. 5, die den Richtlinien für den Berufswahlunterricht an Realschulen in Rheinland-Pfalz entnommen ist (Erprobungsfassung von 1982). Danach sollen die betreffenden Realschüler das gesamte Themenspektrum in nur 15 Unterichtsstunden behandeln und dabei „zu einer möglichst sachkundigen und eigenverantwortlichen Ausbildungs- und Berufsentscheidung befähigt werden (vgl. Richtlinien, 1982, S. 1): Das ist natürlich eine ziemliche Überforderung und führt beinahe zwangsläufig zu einem straffen, direktiven Informationsunterricht. Mittlerweile ist dieses Dilemma erkannt worden. Der Themenkatalog der neuen Richtlinien, die 1987 veröffentlicht werden sollen, ist erheblich reduziert worden (von 14 auf 9 Teilthemen).

Trotzdem wird vielerorts die berufskundliche Belehrung noch immer ganz obenan gestellt. Die Folge davon: Die Einübung praktischer Handlungs- und Entscheidungskompetenz wird vernachlässigt und selbst auf dem Gebiet der Wissensvermittlung sind die Ergebnisse recht unbefriedigend. Letzteres läßt sich aus verschiedenen Studien zur Effizienz berufsorientierender Maßnahmen und Informationsveranstaltungen der Berufsberatung ableiten. Wie Lange/Becher im Blick auf die relativ stark „Aufklärung" betreibenden Schulbesprechungen und sonstigen Orientierungsveranstaltungen resümieren, ist deren Lernwirksamkeit eher unbefriedigend. Der Kenntnisstand der Schüler werde durch diese Veranstaltungen – vor allem bei mehrfachem Besuch – zwar durchweg verbessert; gleichwohl sei das absolute Kenntnisniveau sowohl vor als auch nach den Orientierungsveranstaltungen in der Regel derart unzureichend, daß von einer befriedigenden Aufarbeitung nicht die Rede sein könne (vgl. Lange/Becher, 1985, S. 240). Zu einer eher noch skeptischeren Einschätzung gelangen die Autoren in ihrem Evaluationsbericht zur 1. Schulbesprechung. Darin heißt es in einer Zusammenfassung der Ergebnisse: „Die Analyse zeigt, daß die bewirkten Veränderungen bezüglich des Problembewußtseins, der

THEMENKATALOG FÜR DEN BERUFSWAHLUNTERRICHT *(Realschulen: Rheinland-Pfalz)*
"Der nachfolgende Themenkatalog ist verbindlich. Der Lehrer hat allerdings die Möglichkeit, Themen unterschiedlich zu gewichten ... Für die Bearbeitung der Themen sind im Lehrplan für das Pflichtfach Sozialkunde insgesamt 15 Unterrichtsstunden in den Klassenstufen 8 und 9 vorgesehen."
■ Einführung in den Berufswahlunterricht - Aspekte der Berufswahl ■ Einflußfaktoren bei Schullaufbahnentscheidungen und Berufswahl ■ Anforderungen der Arbeitswelt und persönliche Fähigkeiten ■ Helfer und Hilfen auf dem Weg zur Berufswahl (Informationsquellen und ihre Nutzung) ■ Berufswahl im Spannungsfeld zwischen Berufswunsch und Arbeitswelt (auch:traditionelles Berufswahlverhalten) ■ Bedeutung schulischer und beruflicher Qualifizierung ■ schulische Ausbildungswege nach dem qualifizierten Sekundarabschluß I (auch: duales System) ■ Berufsfelder und Tätigkeitsbereiche ■ Berufswegplanung ■ Rationales Abwägen von persönlichen und beruflichen Gegebenheiten ■ Simulation von Vor- und Einstellungsgesprächen ■ Rechte und Pflichten des Auszubildenden ■ Wandel in der Berufswelt und berufliche Mobilität ■ Arbeitsplatz- und Berufsanalyse zur Vorbereitung einer Betriebserkundung

Abb. 5: Curricularer Rahmen des Berufswahlunterrichts an rheinland-pfälzischen Realschulen; Quelle: Richtlinien zum Berufswahlunterricht an Realschulen, Mainz 1982 (Erprobungsfassung)

Kenntnisse, der Einstellungen gegenüber den berufswahlrelevanten Interaktionspartnern sowie hinsichtlich des faktischen Entscheidungsverhaltens im Durchschnitt recht schwach ausfallen“ (Lange/Becher, 1981, S. 212). Auch wenn man von einer einzelnen Schulbesprechung nicht allzu viel erwarten kann, so ist das obige Fazit doch ein Indiz für die eher dürftige Wirkung berufskundlicher Aufklärung.
Im „normalen“ Berufswahl-Unterricht der Lehrer sieht es nicht viel besser aus. Wie Kahsnitz/Brand in einem noch laufenden Forschungsprojekt zur Wirksamkeit des Berufswahl-Unterrichts an Frankfurter Haupt- und Realschulen ermittelt haben, sind die Ergebnisse ein halbes Jahr vor der Schulentlassung „betrüblich“. „Die Kenntnisse der Schüler über Berufsinhalte, -anforderungen, -aussichten, Arbeitsbedingungen und Ausbildungsvoraussetzungen ihrer Wunschberufe und erst recht ihre Kenntnisse über das Beschäftigungs- und berufliche Ausbildungssystem im allge-

meinen waren sehr dürftig... Die Kenntnisse der Realschüler übertrafen kaum die der Hauptschüler" (Kahsnitz, 1987, S. 2). Diese Defizite sind trotz oder gerade wegen des ausgeprägten Informationsunterrichts zustande gekommen, der gewiß auch in den untersuchten Schulen nicht gefehlt hat.

Allerdings machen andere Untersuchungen zu Recht darauf aufmerksam, daß die Wirksamkeit der berufskundlichen Aufklärung und Information zumindest im Bereich der gymnasialen Oberstufe besser ausfällt (vgl. Becher u. a., 1983, S. 181). Das ist auch durchaus verständlich, wenn man bedenkt, daß ältere (und intelligentere) Schüler in aller Regel eine höhere Fähigkeit und Bereitschaft besitzen, abstrakt-verbale Informationen aufzunehmen und im Gedächtnis abzuspeichern. So gesehen muß die faktische Wirksamkeit des abstrakten Informationsunterrichts gewiß differenziert betrachtet und beurteilt werden. Diese Differenzierungsnotwendigkeit unterstreicht u. a. auch Seiffert, der im Hinblick auf die Wirkung schriftlicher und audiovisueller Informationsmittel feststellt, „...daß die Nützlichkeit dieser Mittel von den Hauptschülern ziemlich schlecht, von den Gymnasiasten dagegen erheblich besser beurteilt wird" (Seiffert, 1984, S. 196). Ähnliches gelte, wie Seiffert meint, für Vorträge und Unterrichtsgespräche durch Lehrer und Berufsberater, die ebenfalls fast ausschließlich der Förderung des beruflichen Wissens dienten. Auch sie würden von den meisten Schülern nur als partiell oder wenig nützlich eingeschätzt (vgl. S. 196).

Diese Einwände gegen eine überzogene berufskundliche Aufklärung und Belehrung müssen ernst genommen werden, da der Berufswahl-Unterricht überwiegend in der Sekundarstufe I erteilt wird und dort wiederum schwergewichtig in der Hauptschule. Daß gerade in dieser Stufe der abstrakt-direktive Informationsunterricht zunehmende Schwierigkeiten bereitet, wird neuerdings durch einige Studien der Lern- und Medienforschung unterstrichen. Blümle/Mupp konstatieren z. B. in Anlehnung an andere Untersuchungen, daß nur etwa 5–10 Prozent aller Schüler zum „verbal-abstrakten Lerntyp" gehören, während die übrigen 90–95 Prozent „anschaulich-praktische Lerner" seien (vgl. Blümle/Mupp, 1981, S. 44). Wenn dieses stimmt, dann sind die Wirksamkeitsprobleme des abstrakt-rezeptiven Informationsunterrichts geradezu programmiert.

Bei alledem ist zu berücksichtigen, daß sich die Lerndispositionen der jüngeren Schülergeneration aus verschiedenen Gründen erheblich verändert haben. Der wohl wichtigste Grund dabei ist der extensive Einfluß der AV-Medien (Fernsehen, Video). Medienkritiker wie Postman (1985) und Mander (1979) haben recht eindrucksvoll nachgewiesen, daß diese in erster Linie auf Zerstreuung und Unterhaltung ausgerichtet sind und die Kinder für die Schule entsprechend konditionieren. Im Klartext heißt dieses: In der heutigen Medienwelt wird ganz überwiegend das Vergessen trainiert und nicht das Lernen und Behalten von Informationen! Wie anders sollten die Schüler mit dem Wust von Fernsehbildern und -informationen fertigwerden? Oberflächlichkeit und Halbwissen sind die allenthalben zu beobachtenden Folgen. Wenn somit der Lehrer auch noch auf vergleichbaren Frequenzen sendet – sei es durch Medienpräsentationen oder durch Vorträge –, dann muß das beinahe zwangsläufig zu Motivations- und Wirksamkeitsproblemen führen.

Für die Schule ergibt sich daraus die fatale Situation, daß vielen Kindern das konzentrierte Aufnehmen dargebotener Informationen, Texte, Schaubilder, Filme etc. beträchtliche Schwierigkeiten bereitet – vor allem in der Hauptschule. Sie sind es einfach kaum noch gewöhnt, optische, schriftliche oder akustische Signale und Belehrungen mit Neugierde, Akribie und Zähigkeit zu verinnerlichen. Abstrakt-rezeptives Lernen wird von daher mehr und mehr zum Problem (vgl. Klippert, 1987, S. 8f.). Indizien dafür sind unter anderem die sich häufenden Klagen von Lehrer-seite über die Unkonzentriertheit, Interesselosigkeit, Faulheit und Ungenauigkeit vieler Schüler. Derartige Defizite werden nach einer Repräsentativuntersuchung für Rheinland-Pfalz bei durchschnittlich etwa 20–25 Prozent aller Haupt-, Real- und Gymnasialschüler beobachtet und kritisiert (vgl. Kultusministerium, 1984, S. 97ff.). So gesehen ist die berufskundliche Aufklärung sicherlich kein hinreichen-des Konzept, um einen wirksamen Beitrag zur Verbesserung der Berufswahlkompe-tenz der Schüler zu leisten!

2.3 Auch die Entscheidungslogik greift zu kurz

Eine didaktisch-methodische Konsequenz aus dem skizzierten Motivations- und Wirksamkeits-Dilemma war und ist die Konzentration des Berufswahl-Unterrichts auf den Entscheidungsprozeß der Schüler. Die Frage ist nur, wie dieser Entschei-dungsprozeß aufgefaßt wird. Weitgehende Übereinstimmung besteht bislang darin, daß die Schüler im Rahmen ihrer Berufswahlvorbereitung zu einem möglichst rationalen Entscheidungsverhalten befähigt werden sollen, also nicht nur umfassend über alle möglichen berufskundlichen Aspekte zu informieren sind. Der Entschei-dungsprozeß wird somit zum strukturierenden didaktischen Ansatzpunkt, die Entscheidungsfähigkeit der Schüler zum herausragenden Ziel des Berufswahl-Unterrichts. Damit wird im Grunde zweierlei erreicht: Erstens eine beträchtliche didaktische Reduktion, die der überzogenen „Stoffhuberei" entgegenwirkt, zum zweiten eine verstärkte Ausrichtung des Unterrichts auf das Entscheidungshandeln der Schüler. Von daher ist es mittlerweile ebenso selbstverständlich geworden, die Berufsberatung als „Entscheidungshilfe" zu charakterisieren, wie auf der anderen Seite das Entscheidungstraining als wesentlichen Bestandteil der schulischen Berufswahlvorbereitung zu befürworten (vgl. Bußhoff, 1984, S. 177).

Der entscheidungsorientierte Ansatz steht in Theorie und Praxis allerdings deutlich in der Gefahr, zur reinen Entscheidungslogik zu werden. Richtschnur des Entschei-dungshandelns und der damit korrespondierenden Unterrichtsarbeit ist nämlich in aller Regel ein recht idealtypisch aufgefaßter Entscheidungsprozeß, dessen einzelne Phasen in Abb. 6 dargestellt sind. Diese Phasen können zum einen als Lern- und Unterrichtsphasen gesehen werden, die dem Unterricht gezielte Akzente geben; zum anderen – im ganzen – als Verhaltens- und Ablaufmodell, dessen Grundstruktur den Jugendlichen zu vermitteln ist (in welcher Form auch immer). Beide Interpre-tationen sind möglich und im Prinzip auch durchaus sinnvoll, denn sie helfen, die Unterrichtsarbeit auf wesentliche Berufswahlprobleme, Informationshilfen und Entscheidungstrategien hin zu verdichten.

Problematisch wird diese didaktisch-methodische Strukturierung allerdings dann, wenn die darin aufgehobenen Prämissen und Folgerungen näher betrachtet werden. Ausgegangen wird nämlich recht häufig von einem stark idealisierten Entscheidungsprozeß, in dessen Mittelpunkt das Kriterium der „absoluten Reationalität" steht (entscheidungslogischer Ansatz). Kennzeichnend für eine rationale Entscheidungssituation ist danach die Differenziertheit der Entscheidungskriterien, die Kenntnis einer größeren Zahl von Alternativen, ein möglichst umfängliches Wissen über die beruflichen Alternativen sowie die Verfügung über differenzierte Entscheidungsregeln (vgl. Bußhoff, 1984a, S. 291). Die unterrichtlichen Konsequenzen dieses Ansatzes sind in mehrfacher Hinsicht problematisch: Zum ersten hat er in der Vergangenheit immer wieder dazu geführt, daß die umfassende Kenntnisvermittlung (Aufklärung) über alles andere gestellt wurde, um möglichst vielfältige berufskundliche Informationen und Entscheidungskriterien an die Schüler heranzutragen. Der entscheidungslogische Anspruch ist aber auch aus anderen Gründen fragwürdig. Wie jedermann weiß und in Abschnitt 1.2 bereits ausgeführt wurde, sind die beruflichen Alternativen für viele Schüler recht begrenzt. Das liegt auf der einen Seite am aktuellen Lehrstellenmangel, auf der anderen Seite aber auch und zugleich an den vielfältigen Einflüssen und Restriktionen, denen die Schüler in ihren Familien, ihren Freundeskreisen und ihrer regionalen bzw. lokalen Umgebung ausgesetzt sind. Von daher haben sich zahlreiche Fachdidaktiker durchaus zu Recht vom angeführten Rationalitätspostulat distanziert (vgl. u. a. Steffens, 1975; Dibbern, 1983, S. 46f.; Allehoff, 1985, S. 46; Bußhoff, 1984a, S. 293; derselbe, 1975,

PHASEN DES ENTSCHEIDUNGSPROZESSES

PROBLEMWAHRNEHMUNG

Der Berufswähler wird für das Problem der Berufswahl sensibilisiert und möglichst unverkürzt und präzise darauf vorbereitet, die vielfältigen Problemlösungsaufgaben zu sehen, die eigenen Voraussetzungen zu reflektieren sowie die Berufsorientierung gezielt in Angriff zu nehmen (ANREGUNGSPHASE)

INFORMATIONSSUCHE UND -VERARBEITUNG

Zur näheren Bearbeitung und Lösung des Berufswahlproblems werden möglichst umfassende Informationen eingeholt und verarbeitet, die eine rationale Berufswahl gewährleisten. Die Informationssuche bezieht sich dabei zum einen auf den Berufswähler selbst, auf seine Fähigkeiten, Interessen, Motive und Werthaltungen, zum anderen auf die Berufsalternativen, ihre Art, ihre Realisierbarkeit und ihre Realisierungskonsequenzen.

BERUFSENTSCHEIDUNG

Die gefundenen Alternativen werden unter planmäßiger Anwendung der gewonnenen Entscheidungskriterien sowie unter Einbeziehung und Abwägung des gesamten Für und Wider zu einem optimalen Ergebnis verdichtet (OPTIMIERUNGSPHASE). Am Ende dieser Optimierungsbemühungen steht die (vorläufige) Festlegung auf einen bestimmten Beruf.

Abb. 6: Systematisierter Ablauf der Berufswahl-Entscheidung (vgl. auch: Bußhoff, 1984, S. 177f.)

S. 71). Stellvertretend für andere konzediert Dibbern, daß die Kritik gegenüber dem absoluten Rationalitätspostulat im Berufswahl-Unterricht berechtigt sei, denn es könnten natürlich nicht alle für einen Lern- und Entscheidungsprozeß notwendigen Informationen eingeholt und verarbeitet werden (Gefahr der Stoffhuberei). Lernen in der Schule sei von daher immer ausschnitthafte Begegnung mit der Welt und als solches mehr vom Vergessen als vom Behalten begleitet – nicht zuletzt im Berufswahl-Unterricht (vgl. Dibbern, 1983, S. 46).

Gegen das entscheidungslogische Konzept spricht aber auch und besonders, daß die Berufssuche der meisten Schüler wesentlich anders abläuft: pragmatisch, situationsbezogen, spontan, zufallsbedingt. Das ist zwar nicht unbedingt gut so, aber ein schülerorientierter Berufswahl-Unterricht kann an diesen Realitäten und „Unvollkommenheiten" nicht vorbeigehen: weder bei der Definition des didaktischen Anspruchs noch bei der Planung und Gestaltung der konkreten Unterrichtsarbeit. Die Schüler müssen dort abgeholt werden, so sie stehen, und sie müssen auf das vorbereitet werden, was ihnen an konkreten Problemen und Handlungsmöglichkeiten bevorsteht (eingeschränkte Rationalität). Von der rational durchstrukturierten Berufswahl profitieren nämlich erwiesenermaßen nur die „rationalen Entscheider", die umfänglich interessiert sind und Spaß daran haben, die potentiellen Möglichkeiten voll auszuloten (vgl. Bußhoff, 1984a, S. 293). Diese Schüler sind in der Praxis aber eher die Ausnahme als die Regel. „Langes und Johnsons Untersuchungsergebnisse kann man als Hinweis darauf nehmen, daß die faktische Rationalität des Entscheidungsverhaltens in vielen Fällen weit entfernt ist von der in berufswahlvorbereitenden Programmen zugemuteten Rationalität. Es erscheint deshalb auch fraglich, ob eine Berufswahlvorbereitung, die auf eine logische Ordnung von Entscheidungssequenzen fixiert ist, alle Schüler erreicht. Daß man sich erst über Berufe und sich selbst informiert, dann nach dem Grad der Entsprechung Präferenzen bildet und sich schließlich unter Berücksichtigung von Realisierungsgesichtspunkten entscheidet, ist zwar vernünftig, verlangt aber offensichtlich von vielen Berufswählern ein Verhalten, das ihren gelernten Verhaltenstendenzen fremd ist" (Bußhoff, 1984a, S. 293).

Dennoch kann und soll dieser Einwand nicht bedeuten, daß der entscheidungsorientierte Ansatz des Berufswahl-Unterrichts keine Tragfähigkeit mehr besitzt. Er ist für die Unterrichtspraxis sehr wohl wichtig, nur nicht in der idealtypischen (entscheidungslogischen) Fassung, wie sie oben skizziert wurde. Ausgangspunkt und Richtschnur der entscheidungsorientierten Berufswahlvorbereitung muß vielmehr das real mögliche Informations- und Entscheidungsverhalten der Schüler sein. Unter Berücksichtigung der im letzten Abschnitt genannten Gründe heißt dieses, daß der Unterricht auf exemplarische und problemorientierte Informationsvermittlung und Entscheidungstrainings zielen muß und nicht so sehr auf eine allumfassende berufskundliche Aufklärung. Dabei kann die Strukturierung des Unterrichts nach Maßgabe der einzelnen Phasen des Entscheidungsprozesses durchaus sinvoll und hilfreich sein; ebenso die Durchführung übergreifender Plan- und Entscheidungsspiele, die aus mindestens zwei Gründen wichtig sind: Zum einen vermitteln sie den Schülern einen prozessualen Überblick über den gesamten Berufswahlvorgang, zum anderen gewährleisten sie auch und zugleich die konkrete Entwicklung und

Erprobung praktischer Informations- und Entscheidungsstrategien (vgl. Klippert, 1984). Erziehung zur Entscheidungsfähigkeit heißt in diesem Sinne also, „... daß die Schule die Möglichkeiten für ein Entscheidungstraining entwickeln muß, durch das die Schüler in Entscheidungsprozesse eingeführt werden und die Fähigkeiten und Fertigkeiten erwerben, die für die Entscheidungsfindung unerläßliche Voraussetzung sind. Bei einem solchen Vorhaben gewinnen die Verfahren an Bedeutung, durch die man lernt, wie man lernt, Probleme sieht, Probleme löst, Entscheidungen trifft und Innovationen einleitet" (Hoppe, 1980, S. 184f.; vgl. auch Kaiser, 1973, S. 5f.).

Derartige Fähigkeiten und Fertigkeiten sind für den konkreten Berufswahlprozeß der Schüler insofern von zentraler Bedeutung, als die meisten von ihnen in der Schule zwar gelernt haben, sich aus irgendwelchen Quellen zu informieren, nicht aber „echte" individuelle Entscheidungen von größerer Tragweite vorzubereiten und zu treffen. „Auf ‚echte' Entscheidungen, in denen etwa für bestimmte Ziele bestimmte Wege gefunden werden müssen..., sind die Menschen und insbesondere junge Menschen in der Regel nicht vorbereitet, weil der größte Teil des Alltagslebens nach bestimmten Regeln, Normen, Selbstverständlichkeiten und Gesetzen verläuft, die im wesentlichen Normkonformität in engen Spielräumen... verlangen. ‚Echte' Entscheidungen werden meist nur an Systemgrenzen verlangt, etwa beim Übertritt von einer Schule in die nächste, von der Schule in die Berufsausbildung oder von der Berufsausbildung in den Beruf. Sie stellen Weichen für das zukünftige Leben und sind in der Regel nur mit Verlust revidierbar" (Lange/Neuser, 1985, S. 235).

Diese Überlegungen unterstreichen den Stellenwert des entscheidungsorientierten Ansatzes – wenn und sofern er sich auf die realitätsnahe und schülerorientierte Grundlegung und Einübung berufswahlbezogener Entscheidungskompetenz konzentriert. In dieser Ausrichtung ist er zugleich ein zentraler Pfeiler des handlungsorientierten Berufswahl-Unterrichts, wie er im folgenden näher umrissen wird.

2.4 Aktives Lernen als methodischer Grundsatz

Handlungsorientierter Berufswahl-Unterricht – wie er hier verstanden wird – zielt in methodischer Hinsicht auf eine möglichst ausgeprägte Schüleraktivität: auf forschendes, entdeckendes, erfahrungsbetontes, selbsttätiges Lernen und Arbeiten. Auf diese Weise lassen sich die skizzierten Motivations- und Wirksamkeitsprobleme der tradierten Unterrichtsarbeit erheblich reduzieren, wie zahlreiche Untersuchungen und aktuelle Unterrichtserfahrungen gezeigt haben. „Lernen durch eigenes Tun ist wirksamer, als wenn der Schüler passiv aufnehmen muß. Selbst-tätig-Sein regt ihn an, weiter zu überlegen, nachzudenken, selbständig ein Problem zu lösen. Es macht ihn problemorientierter, selbstkritischer und selbstbewußter. (...) Durch das Selbsttätig-Sein trägt der Schüler den Lernprozeß mit: durch eigenes Denken, eigenes Versuchen, durch Mitsprechen und Mitüberlegen" (Singer, 1981, S. 136). Diese Erkenntnis ist zwar nicht neu, aber in der Unterrichtspraxis ist sie bisher nur sehr unzureichend umgesetzt worden. Der lehrerzentrierte Unterricht dominiert nach wie vor und läßt den Schülern vergleichsweise wenig Gelegenheit zu aktiv-produktivem Lernen. Was unter diesem Lernanspruch zu verstehen ist, wird überblickshaft in Abb. 7 verdeutlicht. Die in dieser Übersicht skizzierten Ansatzpunkte unterstreichen zweierlei: Erstens die grundsätzliche Bedeutung der Realitätserkundung und Realitätssimulation (Erkundungen, Praktika, Simulationsspiele), und zum zweiten die Notwendigkeit des „produktiven Tuns" der Schüler. Diese Akzentsetzung durchzieht sämtliche Anregungen und Arbeitshilfen, die in den Kapiteln 3 und 4 zum handlungsorientierten Berufswahl-Unterricht vorgestellt bzw. dokumentiert werden. Zugleich korrespondiert sie deutlich mit den Erfahrungen, Einschätzungen und Verbesserungsvorschlägen der befragten Lehrer und Berufsberater (vgl. 1.3 und 1.5).

Pädagogen und Lernpsychologen haben bereits seit langem nachgewiesen, daß aktiv-produktives Lernen erheblich motivierender und wirksamer ist als das passiv-rezeptive Lernen – zumindest in der Sekundarstufe I. Wie aus der Kommunikationsforschung bekannt ist, behält der Mensch im Durchschnitt nur etwa 10 Prozent von dem, was er liest bzw. 30 Prozent von dem, was er sieht, aber 90 Prozent dessen, was er selbst tut und sagt (vgl. Jost, o.J., S. 16/4). Das spricht eindeutig für aktive

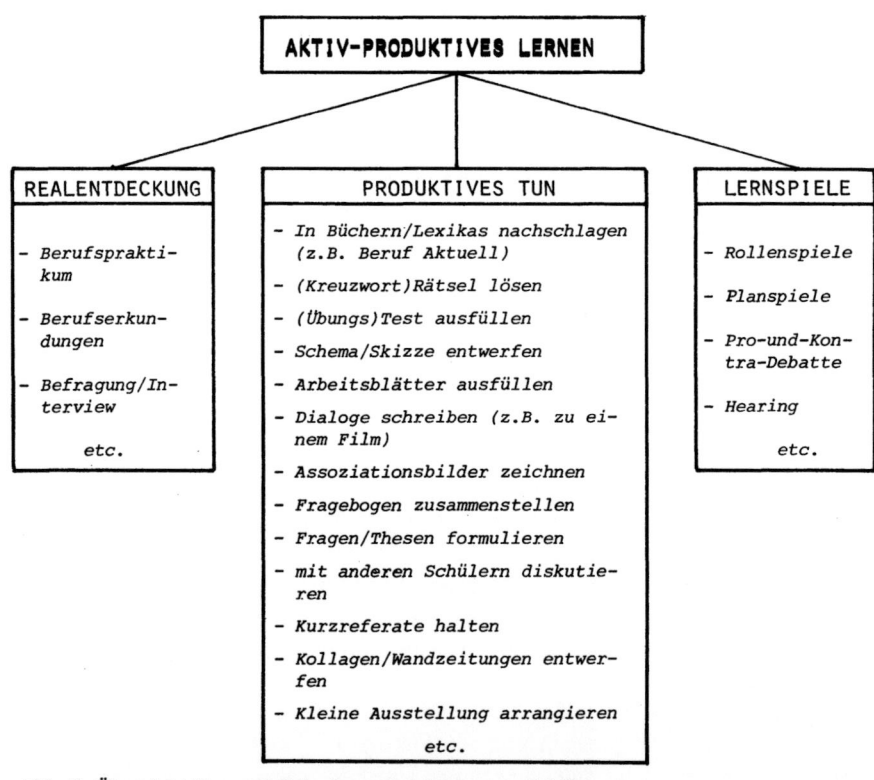

Abb. 7: Übersicht über mögliche Lernaktivitäten von Schülern

Lernmethoden, die den Schülern möglichst häufig Gelegenheit geben, sich berufs-wahlbezogene Informationen, Einsichten und Strategien in selbsttätiger Weise anzueignen. Voraussetzung ist allerdings, daß im Unterricht stärker exemplarisch gelehrt und gelernt wird, damit die Schüler die nötige Zeit haben, um sich in die entsprechenden Themen, Probleme, Materialien oder Fragestellungen mit der nötigen Intensität einarbeiten zu können. Selbständiges Lernen und Arbeiten ist den meisten Schülern nämlich gar nicht so geläufig, wie das gemeinhin unterstellt wird, und muß deshalb immer wieder geübt und gefestigt werden. Aber es lohnt sich, motiviert die Schüler und schafft Erfolgserlebnisse, die sich die Schüler selbst zuschreiben können.

J. S. Bruner, einer der führenden Lernpsychologen, spricht diesbezüglich vom „kumulativen Konstruktivismus" der Schüler und meint damit das schrittweise Entdecken und Strukturieren von Fragestellungen, Lernstoff und Lernstrategien (vgl. Bruner, 1981, S. 19). „... wenn man das Entdecken beim Lernen betont", so schreibt er, „so wirkt sich das auf den Lernenden gerade so aus, daß aus ihm ein Konstrukteur wird. Was er antrifft wird... so organisiert, daß er Ordnungen und Beziehungen entdeckt" (ebenda, S. 21). Diese Art des aktiven, problemlösenden Lernens ermöglicht Selbsterprobung, Selbsterfahrung und – wie erwähnt – Erfolgs-erlebnisse! Je mehr sich die Schüler in dieser Hinsicht üben und trainieren, um so eher werden sie „... das Gelernte zu einem Problemlösungs- und Fragestil verallge-meinern können, der sich auf jede oder fast jede angetroffene Aufgabenart anwenden läßt." (ebenda, S. 26). Die dabei gewonnenen Fähigkeiten und Fertigkei-ten können die Schüler zu einer Art „Kompetenzmotivation" (Bruner) führen, die aus ihrer praktischen Erfahrung resultiert, daß sie Aufgaben und Probleme zu lösen verstehen.

Das aktiv-produktive Lernen ist also zum einen wegen der Lerntätigkeit selbst motivierend, zum anderen aber auch und zugleich wegen der dadurch bedingten Erfolgserlebnisse und Kompetenzzugewinne. Dieser positive Motivationseffekt wird ergänzt und angereichert durch eine offenbar größere Lernwirksamkeit dieses Lernkonzepts. Wie Singer schreibt, könnten Schüler mehr und wirksamer lernen, „... wenn sie weniger Stoff in sich reinstopfen müßten, wenn sie in entspannter Situation arbeiten dürften, wenn sie Zeit bekämen, ihre individuellen Fähigkeiten zu entwickeln" (Singer, 1981, S. 169). Dieser Einschätzung kann hier nur zuge-stimmt werden. Der intensive und abwechslungsreiche Erarbeitungsprozeß trägt wesentlich dazu bei, daß die Schüler die selektiv aufgenommenen und angewandten Informationen und Arbeitstechniken relativ stark im Gedächtnis verankern. Im Gegensatz zum darbietenden Lehren haben sie nämlich Zeit, sich sukzessive in einen Lerngegenstand bzw. Lernprozeß hineinzudenken, Fragen zu entdecken, praktisch und/oder gedanklich zu experimentieren (trial and error), Erfahrungen zu sammeln, bei anderen um Hilfe nachzusuchen und auf diese Weise zunehmend Klarheit und Sicherheit zu gewinnen. Dieser Prozeß des sukzessiven Entdeckens und Erarbeitens ist vor allem deshalb wirksam, weil er im Gedächtnis der Schüler die dringend notwendigen „Speicherplätze" entstehen läßt (kognitive Kategorien), die eine nachhaltige kognitive Verankerung des Gelernten ermöglichen. Bei Planspie-len oder Praktika bestehen diese „Speicherplätze" zum Beispiel aus komplexeren

Situations- und Arbeitserlebnissen, die mit den verschiedensten sinnlichen und emotionalen Eindrücken und Erlebnissen gekoppelt sind und sich von daher recht nachhaltig einprägen lassen (vgl. Abschn. 3.5). Darüber hinaus hat das aktiv-produktive Lehren und Lernen den weiteren Vorteil, daß sich das gespeicherte „Material" relativ leicht und zuverlässig abrufen läßt. Das bestätigt u. a. Bruner im Rekurs auf empirische Untersuchungen, die nach seiner Auffassung den Schluß erlauben: „Dieselben Einstellungen und Aktivitäten, die das ,selbständige Herausfinden' oder ,Entdecken' von Tatbeständen charakterisieren, haben insgesamt offenbar auch den Effekt, daß sie Material im Gedächtnis schneller zugänglich machen" (Bruner, 1981, S. 28).

Aber auch andere renommierte Pädagogen wie Kerschensteiner, Freinet oder Piaget haben in der Vergangenheit immer wieder für aktives, exemplarisches und erfahrungsbetontes Lehren und Lernen plädiert. Kerschensteiners „Arbeitsschule" hat zwar noch einige andere Facetten, aber sie unterstreicht in methodischer Hinsicht ganz gewiß das hier vertretene handlungsorientierte Lehr-/Lernkonzept (vgl. Wehle, 1986, S. 43ff.). Kerschensteiner hat stets gegen den „Enzyklopädismus" der Schule gekämpft und den Vorrang des „praktischen Interesses" der Schüler vor dem theoretischen betont. Dieser Grundanschauung kann hier nur beigepflichtet werden. Der in Abschnitt 2.1 zitierte Befund, daß etwa 90 Prozent der Schüler als „anschaulich-praktische Lerner" zu bezeichnen seien, unterstreicht nurmehr die Aktualität der Kerschensteinerschen Einschätzung. Die Lern-Bedürfnise der heutigen Schülergeneration gehen eindeutig in die in Abb. 8 angedeutete Richtung. Die Schüler wollen und müssen ganz überwiegend aktiv, erfahrungsbetont und lebens-/realitätsorientiert lernen, damit sie von der Schule das profitieren, worauf es ihnen ankommt: Lebenshilfe und Lernfreude. Das gilt auch und nicht zuletzt für den Berufswahl-Unterricht.

Wie Piaget jedoch zu Recht betont hat, sind die „aktiven Methoden" zwar die besten, zugleich aber auch die schwierigsten (vgl. Piaget, 1980, S. 62). Schwierig vor allem deshalb, weil die Lehrer den Unterricht nicht länger an ihrem Stoff, ihren unzulänglichen Lehrmitteln oder ihren sonstigen persönlichen Lehr-Bedürfnissen orientieren können, sondern die vorhandenen Möglichkeiten zur aktiv-produktiven Unterrichtsarbeit der Schüler konsequent genutzt werden müssen. Das erfordert

ZENTRALE LERN-BEDÜRFNISSE DER SCHÜLER

■ *Das Bedürfnis nach lebensnaher Auseinandersetzung mit "existentiell bedeutsamen Themen/Problemkreisen (hierzu gehört ganz sicher die Berufswahl)*

■ *Das Bedürfnis nach aktivem, produktivem, erfahrungsbetontem Lernen, das Spaß macht und Erfolgserlebnisse vermittelt (Rollenspiele, Planspiele, Erkundungen, Praktika, Projektlernen, praktisches Lernen)*

■ *Das Bedürfnis nach Kommunikation und sonstigen sozialen Kontakten, die u.a. soziale Anerkennung und Annahme als Chance implizieren (schülerzentrierte Gespräche, Gruppenarbeit, Lernspiele etc.)*

Abb. 8: Zentrale Lern-Bedürfnisse der Schüler (vgl. Klippert, 1985, S. 11)

eine gewisse Neuorientierung der Unterrichtsarbeit, die aber durchaus leistbar ist, wie in den Kapiteln 3 und 4 noch näher zu zeigen sein wird. Aktiv-produktives Lernen ist dabei allerdings nicht mit bloßem Tätigsein der Schüler im Sinne eines vordergründigen „Aktionismus" zu verwechseln (vgl. Kaminski, 1986, S. 9f.). Die Schüler sollen nach dem hier vertretenen Verständnis sehr wohl Kenntnisse, Einsichten, Fähigkeiten und Fertigkeiten erwerben, die sie im Rahmen des bevorstehenden Berufswahlprozesses brauchen. Insofern ist aktiv-produktives Lernen – wie es hier gesehen wird - nie Zweck an sich, sondern immer Mittel zu dem Zweck, eine möglichst motivierende und wirksame Berufswahlvorbereitung zu erreichen.

2.5 Handlungskompetenz als zentrales Lernziel

Die zweite Dimension des handlungsorientierten Berufswahl-Unterrichts betrifft seine didaktische Ausrichtung, d. h. seine zentralen Zielsetzungen und Themenbereiche. Grundsätzlich läßt sich sagen, daß der hier in Rede stehende Unterricht den Schülern möglichst handlungs- und entscheidungsrelevante Fähigkeiten und Fertigkeiten vermitteln soll, die ihnen helfen, den Berufswahlprozeß problembewußt und erfolgreich zu gestalten. Diese noch sehr grobe Zielbestimmung zeigt bereits an, daß der Vermittlung von Kenntnissen und Wissen eher nachrangige Bedeutung beigemessen wird. Sie ist zwar keineswegs unwichtig, aber entscheidend sind letztlich die methodisch-strategischen Fähigkeiten und Fertigkeiten der Schüler. Sie bestimmen das konkrete Entscheidungs- und Bewerbungshandeln und sind von daher konstitutiv für das Ziel der Handlungskompetenz.

Dieser Grundgedanke wird weiter unten näher ausdifferenziert (vgl. Abb. 9 und 10). Zunächst jedoch zu einigen wichtigen Voraussetzungen und Implikationen der Zielkategorie „Handlungskompetenz". Zentraler Ausgangspunkt und Leitgedanke der hier vorgetragenen didaktischen Überlegungen ist eine eher pragmatische Version der Berufswahlvorbereitung. Wie im Vorwort zu diesem Buch bereits angedeutet, steht und fällt die Motivationskraft und Wirksamkeit des Berufswahl-Unterrichts mit der Berücksichtigung oder Nichtberücksichtigung der Schülererwartungen und -interessen (Schülerorientierung). Diese sind aber maßgeblich dadurch charakterisiert, daß die Schüler in erster Linie Hilfen für ihre individuelle Berufswahl erwarten – möglichst praktisch und handlungsorientiert (vgl. Vohland, 1980, S. 178ff.). Von daher ist es wichtig und legitim, den Berufswahl-Unterricht in eher pragmatischer Weise an der individuellen Betroffenheit der Schüler auszurichten, an ihren aktuellen oder potentiellen Fragen, Problemen und Handlungserfordernissen. Das ist letztlich nichts anderes als „pädagogischer Realismus"! Auch wenn sich die Lehrstellensituation in den nächsten Jahren entspannen wird, so ändert das letztlich doch nichts daran, daß der Berufswahl-Unterricht auch in Zukunft wesentlich darauf ausgerichtet sein muß, den Schülern möglichst praktische Hilfen und Anregungen für ihren Berufswahlprozeß zu vermitteln. Ein Unterricht, der auf spätere Lebenssituationen vorbereiten will, kommt an dieser pragmatischen Aufgabenstellung nicht vorbei!

Allerdings gilt es zu differenzieren zwischen angemessenen und naiv-unrealistischen Erwartungen und Interessen der Schüler. Wie Lange/Becher in einer empirischen Untersuchung zum Erwartungshorizont der Schüler gegenüber der Berufsberatung nachgewiesen haben, besitzen die naiv-unrealistischen Erwartungen offenbar erhebliches Gewicht. Mehr als zwei Drittel der Schüler waren unter anderem daran interessiert, ganz konkrete Instruktionen zu erhalten, welche Berufe und Betriebe für sie in Frage kommen bzw. zu empfehlen sind (vgl. Lange/Becher, 1981, S. 69). Derartige Instruktions-Interessen stehen dem hier vertretenen handlungsorientierten Ansatz natürlich diametral entgegen und können von daher auch keine sinnvolle didaktische Orientierung sein. Allerdings bilden diese naiv-unrealistischen Interessen der Schüler nur einen mehr oder weniger schmalen Ausschnitt aus dem gesamten Erwartungshorizont, so daß das Kriterium der „Betroffenheit" sehr wohl wichtig und praktikabel ist. Nur wird die Betroffenheit der Schüler nicht zu eng interpretiert werden dürfen. Neben der unmittelbaren subjektiven Betroffenheit gibt es nämlich zugleich die objektive potentielle Betroffenheit. Diese ist hier der eigentlich zentrale Ansatzpunkt. Entscheidend ist dabei lediglich, wie die Schüler zur Auseinandersetzung mit ihren potentiellen Interessen geführt werden: Mit Appellen, Anweisungen oder Überredungen im Sinne des „Aufklärungs-Unterrichts" ist es gewiß nicht getan (vgl. Hoppe, S. 148); nötig sind vielmehr Methoden und Arbeitsweisen, die den Schülern einen möglichst anschaulich-praktischen Zugang zu ihren potentiellen Handlungs- und Entscheidungsinteressen verschaffen. Dazu wurden im vorangehenden Abschnitt einige Anregungen gegeben.

Dieses Konzept schließt die Thematisierung potentieller Berufswahlprobleme und -konflikte der Schüler durchaus mit ein, verbietet also keineswegs eine kritische, problematisierende Vorgehensweise. Im Gegenteil: Die Vorbereitung auf die Bewältigung des bevorstehenden Berufswahlprozesses soll und darf keineswegs nur affirmativ sein. Zwar kann es aus den genannten Gründen nicht darum gehen, die Berufs- und Arbeitswelt ganz generell zu problematisieren; eine problemorientierte Themenwahl und Arbeitsweise im Rahmen des Berufswahl-Unterichts ist aber durchaus sinnvoll und wichtig. *Problemorientierung* meint dabei sowohl die unterrichtliche Behandlung realer Teilprobleme/Mikroprobleme (Lehrstellensituation, Vorbereitung von Berufserkundungen und -praktika, Arbeit mit den Berufswahlhilfen des Arbeitsamtes, Bewerbungsschreiben, Tests, Vorstellungsgespräche etc.) als auch die gelegentliche Simulation des gesamten Berufswahlprozesses als eines komplexen Problemlösungsprozesses (Makroproblem). Problemlösendes Lernen in diesem Sinne ist aus mehreren Gründen bedeutsam: Erstens aus motivationalen Gründen (Kompetenzmotivation), zweitens wegen seiner höheren Lernwirksamkeit (kumulativer Konstruktivismus) sowie drittens – und das ist unter didaktischem Gesichtspunkt entscheidend –, weil es von grundlegender Relevanz für die Lebensbewältigung der Schüler ist: sowohl im Hinblick auf ihre zukünftigen Berufe und Rollen als auch – und besonders – für ihren aktuell anstehenden Berufswahlprozeß. Problemlösendes Lernen ist aber zugleich auch *exemplarisches Lernen,* denn die Konzentration des Unterrichts auf die angedeuteten Berufswahl-Probleme bedingt stets eine beträchtliche Reduktion der individuellen und gesellschaftlichen Wirklichkeit der Schüler. Die Bedingungen und Belange der Berufswahl werden also nicht umfassend thematisiert, wie das den Verfechtern der berufskundlichen Aufklärung vorschwebt, sondern sie werden lediglich ausschnitthaft (problembezogen) behandelt und bearbeitet. Dabei wird ein möglichst ausgeprägter *Realitäts- und Praxisbezug* der Unterrichtsarbeit angestrebt. Das schließt praktische Fragen der Schüler ebenso ein, wie praktische Problemfälle oder praktisches Entscheidungs- und Bewerbungstraining. Unterstrichen wird diese didaktische Akzentsetzung zum einen durch die Erfahrungen und Anregungen der befragten Berufsberater (vgl. Abschnitt 1.5), zum anderen durch das faktische Entscheidungsverhalten der Schüler, das in den meisten Fällen durch ein mehr oder weniger mühsames „Durchwursteln" gekennzeichnet ist. Realitätsbezug heißt von daher also, daß sich der Berufswahl-Unterricht an den konkreten Restriktionen, Problemen und Möglichkeiten der Schüler orientieren muß und nicht an den idealtypischen Bedingungen und Kriterien eines rationalen Entscheidungsprozesses (vgl. Abschnitt 2.3). Nur so können die Schüler auf die tatsächlichen Herausforderungen und Klippen ihres Berufswahlprozesses angemessen vorbereitet werden.

Damit sind die wichtigsten didaktischen Eckpfeiler des hier vertretenen handlungsorientierten Ansatzes umrissen: Schülerorientierung, Problemorientierung, exemplarisches Lernen sowie Realitäts- und Praxisbezug. Die eingehende Berücksichtigung dieser Kriterien sowohl bei der Themenwahl wie bei der Unterrichtsgestaltung ist eine unverzichtbare Voraussetzung dafür, daß die Schüler zu der hier angestrebten „Handlungskompetenz" gelangen können.

Das Ziel der *Handlungskompetenz* selbst bedarf dabei allerdings noch einer näheren Konkretion. Handlungskompetenz – wie sie hier verstanden wird – ist mehr als Entscheidungskompetenz! Sie umfaßt im erweiterten Sinne nicht nur die Berufswahl i.e.S., sondern auch und zugleich das praktische Bewerbungshandeln der Schüler (Bewerbung, Tests, Vorstellungsgespräche etc.). Auf dies alles muß problemorientiert, exemplarisch, realitäts- und schülerbezogen vorbereitet werden. Dabei geht es, wie bereits erwähnt, nicht nur um die Vermittlung von Handlungswissen (Kenntnissen), sondern vorrangig um das Sammeln von Handlungs*erfahrungen*. Erkundungen, Praktika, Befragungen, Rollenspiele, Planspiele, Übungstests u.a.m. ermöglichen derartige Handlungserfahrungen und bereiten die Schüler damit auf etwaige Ernst- und Bewährungssituationen vor.

So gesehen umfaßt das Kardinalziel „Handlungskompetenz" mehrere Lernebenen gleichzeitig: (a) das inhaltlich-fachliche Lernen, (b) das methodisch-strategische Lernen, (c) das interaktive Lernen, sowie (d) das affektive Lernen (vgl. Abb. 9). Vergleicht man diese breit gefächerte Zielsetzung mit der tradierten Unterrichtspraxis, so wird deutlich, daß nicht nur für kleinere Akzentverschiebungen plädiert wird, sondern für die Erweiterung des didaktischen Anspruchs schlechthin. Das inhaltlich-fachliche Lernen (Erwerb berufswahlrelevanter Kenntnisse) ist zwar weiterhin eine relevante Komponente der anvisierten Handlungskompetenz, aber keineswegs die entscheidende und schon gar nicht die einzige. Handlungskompetenz ist vor allem methodisch-strategische und interaktive Kompetenz: sowohl im Hinblick auf die Berufswahlvorbereitung (Entscheidung i..e.S.) als auch in bezug auf die Realisationsphase (Bewerbungshandeln). Dabei sind die verschiedenen Lernzielebenen keineswegs streng voneinander abzugrenzen. Interaktive Kompetenz impli-

HANDLUNGSKOMPETENZ

INHALTLICH-FACHLICHES LERNEN

- Wissen und Kenntnisse
- Faktenwissen
- Regelwissen
- Definitionen
- Kriterien etc.
- Einsichten und Verständnis
- Erfahrungen

METHODISCH-STRATEGISCHES LERNEN

- Informationen selbständig beschaffen und verarbeiten
- Fragen erkennen und formulieren
- Texte auswerten (unterstreichen, zusammenfassen etc.)
- Schaubilder und Tabellen interpretieren
- Nachschlagewerke benutzen (z.B. Beruf Aktuell)
- Übungstest bearbeiten und problematisieren
- Eigene Schwächen und Stärken reflektieren
- Erkundungsbogen/Fragebogen entwickeln
- Lern- und Arbeitsschritte gezielt planen
- Die Angebote im Berufsinformationszentrum (BIZ) nutzen
- Denken in Alternativen üben
- Kritik- und Problematisierungsfähigkeit entwickeln
- Bewerbungsschreiben/Lebenslauf abfassen
- Gesprächsleitfaden entwerfen

INTERAKTIVES LERNEN

- Gesprächsfähigkeit und Gesprächsführung ...
  - mit Eltern und sonstigen Bezugspersonen
  - mit dem Berufsberater
- Gesprächsregeln beachten
  - auf andere eingehen
  - Fragestellungen beachten
  - sachlich und tolerant sein
- Vorstellungsgespräche vorbereiten und problematisieren
- Kooperations- und Interaktionsfähigkeit erwerben (z.B. im Hinblick auf Gruppengespräche)
- Telefonieren können

AFFEKTIVES LERNEN

- Sich auf Absagen und sonstige Enttäuschungen vorbereiten
- Motivation für den Berufswahlprozeß aufbauen und erhalten
- Bereitschaft zur Selbstkritik entwickeln
- Bereitschaft zur Mehrfachbewerbung ausbilden
- Bereitschaft, ggf. vom "Wunschberuf" Abstand zu nehmen
- Angst vor Testsituationen abbauen
- Selbstbewußtsein und Gelassenheit entwickeln

Abb. 9: Zielfelder und Teilziele zur Vermittlung von Handlungskompetenz

ziert zum Beispiel immer auch gewisse methodisch-strategische Fähigkeiten; und Einsichten, Erfahrungen und Kenntnisse überlagern letztlich das gesamte Lernzielspektrum. Dennoch ist eine gewisse Differenzierung und Akzentuierung der Zielebenen wichtig, damit sie bei der konkreten Unterrichtsplanung und -gestaltung nicht aus dem Blick geraten. Das betrifft auch und nicht zuletzt die interaktiven und die affektiven Lernziele. „Wenngleich… Berufsentscheidungen von den individuellen Berufswählenden getroffen werden", schreibt Lange, „muß der Berufswahlprozeß als ein interaktionaler Prozeß betrachtet werden, der zwischen dem Berufswählenden und den Mitgliedern seiner Familie, seinen Freunden und Bekannten sowie Lehrern und evtl. Berufsberatern… abläuft" (Lange, 1974, S. 333). Die Lernrelevanz dieses Interaktionsprozesses steht ebenso außer Frage wie die Notwendigkeit einer gewissen Vorbereitung der Schüler im affektiven Bereich. Mit der gesonderten Herausstellung affektiver Lernziele soll unterstrichen werden, daß der Prozeß der Berufswahl und Lehrstellensuche nicht nur ein kognitiver Akt ist, sondern auch und zugleich psychische Belastungen und Verunsicherungen mit sich bringt, auf die der Berufswahl-Unterricht ebenfalls vorbereiten muß: sei es durch Fallstudien, durch Berichte ehemaliger Schüler, durch erste Ernsterfahrungen der Berufswähler selbst oder durch entsprechende Simulationsspiele. Die in Abschnitt 1.1 skizzierten Erfahrungen und Schwierigkeiten der Anja B. unterstreichen diese Zielsetzung. Auch wenn die tatsächlichen Ernstsituationen in aller Regel nicht wirklich erfahrbar zu machen sind, so hat das „Als-ob-Lernen" im skizzierten Sinne doch einen herausragenden Stellenwert. Es vermittelt jene praktische und problemorientierte Handlungskompetenz, auf die die Schüler in ihrem konkreten Berufswahlprozeß so sehr angewiesen sind.

Diese erweiterte Sicht von Handlungsorientierung und Handlungskompetenz findet in der neueren fachdidaktischen Literatur eine gewisse Entsprechung in der Forderung nach „Handlungs- und Entscheidungskompetenz". Damit verbindet z. B. Hoppe vor allem zwei Forderungen: Erstens die Forderung nach einem Berufswahl-Unterricht, der den Schülern „persönliche Erfahrungen" in der Praxis und/oder durch Simulation im Unterricht ermöglicht, sowie zweitens die Befürwortung eines möglichst intensiven Trainings von Handlungs- und Entscheidungsvorgängen (vgl. Hoppe, 1980, S. 185). Der Entscheidungsprozeß umfaßt hierbei i. w. S. immer auch die Ralisationsphase (Bewerbungsphase) und unterstützt damit das konzeptionelle Anliegen dieses Buches. Dazu heißt es zum Beispiel in den Erläuterungen zum Berufswahl-Curriculum für Schleswig-Holstein: „Bei der Realisierung von Berufsentscheidungen sind bestimmte generelle Handlungsweisen erforderlich, z. B. die inhaltlich und formal richtige schriftliche Bewerbung um einen Ausbildungsplatz, Verhalten im Einstellungsgespräch, Durchhalten von Einstellungstests, Abschluß eines Berufsausbildungsvertrages, Inanspruchnahme des Beratungs- und Vermittlungsdienstes des Arbeitsamtes. Entsprechende Verhaltensweisen können durch Lehrgänge und Rollenspiele eingeübt werden und die Schwellenangst des Schülers vor dem Eintritt in eine ihm weitgehend unbekannte Berufswelt, die ihn zum Handeln zwingt, mindern" (zitiert nach Dibbern, 1983, S. 269f.).

Obgleich Lehrgänge in der Regel nicht die geeignete Methode sind, um diesem

Anspruch gerecht zu werden, so ist der Hinweis auf die „Schwellenangst" der Schüler doch bemerkenswert. Er unterstreicht in gewisser Weise die affektive Zielkomponente dieses Buches. Ähnliches gilt im übrigen für Allehoff, der die „Frustrationsprophylaxe" als ein Ziel anspricht, das durch verhaltenstherapeutisch beeinflußte Methoden und Lernhilfen möglicherweise zu erreichen sei (vgl. Allehoff, 1985, S. 45). Weniger methodisiert, aber mit ähnlicher Ausrichtung plädiert Dibbern dafür, daß der Berufswahlunterricht unter anderem auch „Mißerfolgserlebnisse bei der Suche nach Ausbildungsplätzen, Versagungserlebnisse bei der Wahl eines ‚sicheren Berufes' zu Lasten eines Wunschberufes und nicht zuletzt die Situation der Arbeitslosigkeit" thematisieren und dementsprechende Hilfen anbieten sollte (vgl. Dibbern, 1983, S. 52).

Dies alles zusammengenommen ergeben sich die in Abb. 10 ausgewiesenen Themen- und Aktionsfelder, die als zentrale Bausteine des hier anvisierten handlungsorientierten Berufswahl-Unterrichts zu verstehen sind. In den Mittelpunkt gestellt werden dabei die absehbaren Probleme und Herausforderungen der Schüler, die sich im Zuge des anstehenden Berufswahlprozesses i. w. S. ergeben (können). Die in Abb. 7 umrissene Entscheidungssystematik (Rationalverhalten) ist von daher deutlich zugunsten partieller Handlungs- und Entscheidungsprobleme zurückgenommen worden.

Angestrebt wird – wie bereits erwähnt – ein kritisch-konstruktiver Unterricht, der sich auf das „Wesentliche" konzentriert und sich nicht unnötig lange bei idealtypisch-theoretischen Überlegungen oder bei bereits erschöpfend verstandenen Themen aufhält. Das zeigt sich in Abb. 10 unter anderem darin, daß die von seiten der Entscheidungstheoretiker in aller Regel zentral herausgestellte Anregungsphase (Schaffung von Problembewußtsein) weitgehend ausgeblendet ist, da die Berufswähler – wie durch Untersuchungen nachgewiesen wurde – zumeist schon von vornherein über ein recht ausgeprägtes Problembewußtsein hinsichtlich der möglichen Schwierigkeiten und Anforderungen ihrer Berufswahl verfügen (vgl. Lange/ Neuser, 1985, S. 240). Darüber hinaus wird das Problembewußtsein der Schüler bei nahezu allen Einzelthemen mehr oder weniger stark tangiert und gefördert.

Dieser Befund bestätigt einmal mehr, daß es wenig sinnvoll ist, die Phasen-Systematik des „rationalen Entscheidungsprozesses" zum Dreh- und Angelpunkt der Unterrichtsarbeit zu machen. Eine gewisse Ausnahme bilden lediglich jene übergreifenden Simulations- und Planspiele, die einen exemplarischen Einblick in den Gesamtprozeß der Berufs- und Lehrstellensuche vermitteln sollen (vgl. Abschnitt 4.8). Allerdings zielen auch diese Spiele nicht auf strenge Rationalität, sondern auf das Einüben eher pragmatischer Entscheidungs- und Handlungsweisen (Prinzip des „Durchwurstelns"). Trotz all dieser Einschränkungen ist und bleibt der erweiterte Entscheidungsprozeß eine wesentliche Orientierungshilfe für die Themenbestimmung – auch in Abb. 10. Die angeführten Unterrichtsbausteine (Themen) sind dabei als offenes Angebot zu verstehen, das Lehrern wie Berufsberatern Anregungen und Hilfen geben soll, ohne sie jedoch auf ein bestimmtes Pensum oder eine bestimmte Systematik festzulegen.

■ **ÄNGSTE UND BEFÜRCHTUNGEN DER SCHÜLER** (Voreinstellungen zur Berufswahl)

■ **BERUFSERKUNDUNGEN UND BERUFSPRAKTIKA** (Vorbereitung und Auswertung)

■ **BERUFSWAHLHILFEN DES ARBEITSAMTES** (ausfüllen, besprechen, Übungen zur praktischen Handhabung: nachschlagen, gezielt exzerpieren, unterstreichen etc.)

■ **DER BERUFSBERATER IN DER SCHULE** (Besprechen von Fragen und sonstigen Lerninteressen, Fallbeispiele, Simulation von Beratungsgesprächen etc.)

■ **IM BERUFSINFORMATIONSZENTRUM (BIZ)** (Vorbereitung und Auswertung der Schüleraktivitäten)

■ **SCHULISCHE BILDUNGSWEGE** (gezielte Arbeit mit Beruf Aktuell, Fallbeispiele, Rollenspiele, Beratung durch den Berufsberater etc.)

■ **BEWERBUNGSSCHREIBEN** (Praktische Übungen, problematische Fallbeispiele, keine standardisierten Bewerbungsschreiben!)

■ **EIGNUNGSTESTS** (Ausfüllen und Besprechen von Übungstests, Problematisierung von Testsituationen und -anforderungen)

■ **BERUFSWAHL VON A BIS Z** (Durchführung eines übergreifenden Simulations- und Planspiels: s. Abschnitt 4.8)

■ **VORSTELLUNGSGESPRÄCH** (Vorbereitungsstrategien abklären, Simulation von Vorstellungsgesprächen)

■ **ABSAGE - WAS NUN?** (Fallbeispiele, Rollenspiele, strategische Überlegungen)

■ **RECHTE UND PFLICHTEN DES AUSZUBILDENDEN** (Fallstudien, Ausbildungsvertrag)

Anmerkung: Die Themenbereiche lassen sich unter Umständen durchaus zusammenfassen: z.B. die Themen 3 und 4 oder 7,8 und 9 (s. Abschn. 4.8). In Klammern sind jeweils einige methodische Andeutungen gemacht, die mögliche Schüleraktivitäten angeben.

Abb. 10: Zentrale Themenbereiche eines handlungsorientierten Berufswahlunterrichts

3. Methodische Ansatzpunkte für die schulische Arbeit

In diesem Kapitel wird die bereits umrissene methodische Grundlinie weitergehend konkretisiert. Dabei werden zentrale handlungs- und erfahrungsbetonte Lern- und Arbeitsweisen für den Berufswahl-Unterricht vorgestellt und exemplarisch veranschaulicht. Dazu wird auf eigene oder in der Literatur dokumentierte Unterrichtserfahrungen zurückgegriffen; es werden praktische Anregungen gegeben, neuralgische Punkte benannt sowie hier und dort auch einzelne Arbeitshilfen dokumentiert (letzteres geschieht allerdings vorrangig in Kapitel 4). Der methodische Leitgedanke bei alledem: Soviel Aufklärung und Information wie unbedingt nötig – soviel aktiv-produktives Lernen der Schüler wie irgend möglich!

3.1 Die Informationsflut sinnvoll reduzieren

Wie in Kapitel 1 gezeigt, klagen Lehrer und Berufsberater ziemlich einmütig darüber, daß im Berufswahl-Unterricht (bislang) zu viele Informationen in zu kurzer Zeit zu vermitteln sind und viele Schüler von daher deutlich überfordert werden. Man braucht sich nur die gängigen Lehrpläne und/oder die breite Palette der Berufswahlhilfen des Arbeitsamtes sowie der Unternehmen und Verbände anzuschauen, um den beklagten Informations- und Stoffdruck nachvollziehen zu können. Allein die breit gefächerten „Hilfen der Berufsberatung" werfen bereits die Frage auf, ob sie noch alle sinnvoll sind. Beruf Aktuell, Step-Plus, „Mach's richtig", die Blätter zur Berufskunde oder die regelmäßig erscheinende Informationszeitung der Berufsberatung (IZ) – sie allesamt sind „Schriften zur Berufsaufklärung" für Haupt- und Realschüler. Hinzu kommt eine Vielzahl von berufskundlichen Filmen und Dias, die ebenfalls reine Informationsmedien sind. Eingedenk des skizzierten Befundes, daß das Gros der Schüler ein nur sehr eingeschränkt rationales Berufswahlverhalten an den Tag legt (Stichwort „Durchwursteln"), muß von daher die Frage erlaubt sein, ob das umfängliche Informationsangebot des Guten nicht längst zuviel ist. Nicht daß die angebotenen Medien unwichtig wären; sie geben durchaus interessante Detailinformationen für jene Schüler, die bereit und in der Lage sind, sich mit Akribie in die Details zu vertiefen (rationale Berufswähler). Doch diese sind nicht sehr zahlreich. Wenn es stimmt, daß die Suche eines Ausbildungsberufs für die meisten Schüler nicht „Berufswahl" heißt, sondern „Wahl des Arbeitgebers" (vgl. Allehoff, 1985, S. 26), dann ist anzunehmen, daß der Bedarf an berufskundlichen Detailinformationen in aller Regel nicht allzu groß ist und – falls doch vorhanden –

zumeist in den persönlichen Gesprächen mit dem Berufsberater abgedeckt wird. In der Unterrichtspraxis zeigt sich auf jeden Fall, daß der Nutzungsgrad der angebotenen Informationsmedien in der Sekundarstufe I im allgemeinen recht gering ist. Das ist lediglich dann anders, wenn mit diesen Informationsmedien in einem ganz konkreten Arbeitszusammenhang praktisch umgegangen wird. Solches gilt z. B. für das Berufsinformationszentrum (BIZ), aber auch für entsprechend angelegte Planspiele, Rollenspiele oder sonstige Lernsituationen, in denen die Informationsaufnahme in aktiv-produktive Lern- und Arbeitsschritte eingebettet ist (Kreuzworträtsel lösen, Wissensfragen in einem Würfelspiel beantworten, Fragebogen für eine Berufserkundung vorbereiten etc.).

In diese Kategorie der „Arbeitsmittel" ist auch und besonders das von der Berufsberatung an alle Schüler gegebene Arbeitsheft „Step Plus" einzuordnen. Es aktiviert und motiviert die Schüler auf verschiedenen Ebenen: Erstens durch den individualisierenden Zuschnitt (Betroffenheit), zweitens durch die Bezugnahme auf den aktuellen Ausbildungsstellenmarkt (Beiheft), drittens durch die „Rätselform" des Arbeitsheftes sowie viertens durch die in Aussicht gestellte Computerdiagnose. So gesehen trägt „Step Plus" sicherlich zu einer gezielten und sinnvollen Reduktion der Berufswahlproblematik bei. Schade ist eigentlich nur, daß in dieses Arbeitsheft keine gezielten Such- und Nachschlageaufgaben in bezug auf andere Informationsmedien mit eingebaut worden sind. Ansonsten hätte die immanente Motivationskraft von „Step Plus" auch in dieser Hinsicht als Stimulanz genutzt werden können.

Diese knappen Anmerkungen deuten bereits an, in welche Richtung eine „sinnvolle Reduktion der gegebenen Informationsfülle" gehen sollte. Vorrangiges Ziel des Berufswahl-Unterrichts müßte es sein, den Medieneinsatz auf solche Lernhilfen zu konzentrieren, die (a) den Schüler persönlich ansprechen, (b) aktiv-produktives Lernen ermöglichen, (c) gewisse „Rätsel" (Probleme) aufgeben sowie (d) gezielte Informations- und Nachschlageaktivitäten induzieren. Mißt man die „Hilfen der Berufsberatung" an diesen Kriterien, so ist festzustellen, daß „Step Plus" immerhin die ersten drei erfüllt, während bei „Mach's richtig" doch einige gravierende Vorbehalte bleiben. Der erste Vorbehalt ergibt sich daraus, daß der persönliche Zuschnitt auf den einzelnen Schüler zugunsten „konstruierter" Situations- und Verhaltensbeispiele zurückgenommen wurde. Der zweite betrifft die berufskundliche Belehrung. Sie ist ebenso überzogen wie die ausgeprägte Orientierung am Modell des rationalen Entscheidungsverhaltens. Zwar ist bei „Mach's richtig" positiv zu vermerken, daß ein gewisser Grundstock an berufskundlichen Basisinformationen in das Arbeitsheft aufgenommen wurde. Sie sind letztlich jedoch nicht wirklich integriert, sondern als ziemlich unverbindliches Leseangebot beigegeben worden.

Trotz dieser kritischen Anmerkungen zu den beiden „Standard-Hilfen" der Berufsberatung sind sie alles in allem doch recht sinnvolle und hilfreiche Arbeitsmittel, wenn auch methodische Verbesserungen gewiß möglich und notwendig sind. Letzteres gilt vor allem für „Mach's richtig". Wenn diese Berufswahlhilfe die Schüler wirklich zum motivierten Durcharbeiten veranlassen soll, dann müssen die ziemlich trockenen und belehrenden Berufswahl-Informationen anders aufbereitet werden. Mit einigen Fotos, Zeichnungen, Fragebögen oder sonstigen graphischen Verzierungen allein ist es nun einmal nicht getan, sofern diese die Schüler nicht wirklich inspirieren, verunsichern und fragend zurücklassen. Letzteres aber ist in „Mach's richtig" nur sehr selten der Fall. Den Schülern werden – in der erwähnt belehrenden Form – über weite Strecken Fragen beantwortet, die sie weder gestellt haben noch in der Regel als besonders bedrückend empfinden dürften. Zu sehr wird offenbar der allumfassend interessierte Berufswähler vorausgesetzt, den es faktisch jedoch kaum gibt. Daraus erklärt sich wohl auch der relativ große Umfang von „Mach's richtig" (110 Seiten in der 86er Ausgabe). Hier ließe sich gewiß einiges kürzer, problemorientierter und anregender fassen, als dies im vorliegenden Heft der Fall ist.

Die übrigen Informationsmedien (Beruf Aktuell, Blätter zur Berufskunde, IZ etc.) sollten als das betrachtet werden, was sie im Grunde genommen sind: nämlich offene Angebote für diejenigen Schüler, die sich intensiver informieren und orientieren wollen. Der allgemeine Appell, diese Informationsangebote zu nutzen und durchzuarbeiten, bringt allerdings solange nichts, solange die Schüler keine konkrete „intrinsische" Veranlassung haben, darin auch zu blättern, die Gliederung durchzusehen, bestimmte Informationen zu suchen etc. Ihr prinzipielles Informationsinteresse reicht nämlich im allgemeinen nicht sehr weit; wohl aber sind sie „intrinsisch" entsprechend zu motivieren, wenn mit diesen Informationsangeboten im Unterricht konkret gearbeitet wird. Ein Kreuzworträtsel oder ein Rollenspiel, zu dessen Bearbeitung/Lösung Beruf Aktuell durchforstet werden muß; ein Planspiel, in dessen Rahmen sowohl mit Beruf Aktuell wie mit ausgewählten Blättern zur Berufskunde gearbeitet wird – das sind Beispiele dafür, wie komplexere (theoretischere) Informationsmedien gezielt und wirksam einbezogen und genutzt werden können. Ähnliches gilt für Filme: Berufskundliche Filme vorzuführen, nur um allgemein zu informieren, bleibt in der Regel recht wirkungslos. Die Schüler fallen zumeist sehr schnell in die Seh- und Vergessengewohnheiten zurück, wie sie für den üblichen Fernsehalltag gelten. Nur wenn ein gerichtetes Interesse da ist, d.h. bestimmte Fragen an einen Film vorliegen, oder wenn mit einem Film in aktiv-produktiver Weise umgegangen wird (Dialoge schreiben, Filmszenen im Rollenspiel reproduzieren etc.), dann steigt auch die Chance, daß das angebotene Informationsmedium sinnvoll und wirksam genutzt wird. (vgl. Abschnitt 3.4).

So gesehen ergeben sich für die „sinnvolle Reduktion der bestehenden Informationsflut" vier zentrale Ansatzpunkte:

● Die zu behandelnden Themen müssen so reduziert und akzentuiert werden, daß sie den Blick der Schüler auf die praktisch relevanten Ausschnitte des Berufswahlhandelns richten (vgl. Abschn. 2.5). Nicht umfassende Aufklärung heißt das Gebot, sondern praktische Handlungskompetenz. Letztere aber verlangt vorrangig „Handeln – Üben – und Erfahrungen sammeln", bedarf also weniger der „theoretischen" Information und Aufklärung der Schüler!

● Vorrang gebührt jenen Informationsmedien, die primär *Arbeits*-Mittel (Arbeitshefte) sind und den angeführten Kriterien „Schülerbezug", „Praxisbezug" und „Rätselhaftigkeit" (Problembezug) möglichst weitgehend genügen. Die darin integrierten Sachinformationen sind lebendig, kontrovers und gelegentlich auch provokativ zu gestalten, damit die Schüler kognitive Dissonanzen erleben, irritiert werden, Fragen entwickeln, Antworten suchen etc.

● Jene Informationsmedien, die dem unverbindlichen Zusatzangebot zuzurechnen sind (Blätter zur Berufskunde, IZ etc.) müssen fallweise und exemplarisch zum Arbeitsgegenstand gemacht werden: im Rahmen von „Step Plus" und „Mach's richtig" ebenso wie im Vollzug von Kreuzworträtseln, Planspielen oder Rollenspielen. (vgl. die entsprechenden Unterrichtsbausteine in Kapitel 4).

● Das gleiche Prinzip gilt für Filme, Dias, Schaubilder und sonstige aktuelle Medien der Lehrer und Berufsberater. Sie sollten grundsätzlich nur spärlich eingesetzt werden – und wenn, dann so, daß die Schüler gezielt und exemplarisch damit arbeiten (vgl. Absch. 3.4). Das „Sich-Informieren" als Zweck an sich ist für die Mehrzahl der Schüler nämlich weder motivierend noch besonders lernwirksam.

Fazit: Es gibt keine unwichtigen oder überflüssigen Informationsmedien; aber nicht alles, was als offenes Angebot vertretbar ist, muß den Schülern auch tatsächlich zugemutet werden. Die relativ geringe Informationsverarbeitungskapazität der Schüler (vgl. Abschn. 2.2) macht es vielmehr notwendig, die „Hilfen" der Berufsberatung und der Lehrer auf das zu reduzieren, was sie eigentlich sein sollten: nämlich „Arbeitsmittel". Kennzeichnend für diese Arbeitsmittel ist – wie erwähnt –, daß sie sehr dosiert und exemplarisch eingesetzt und in möglichst aktiv-produktive Lernprozesse eingebunden werden. Wenn dieser Grundsatz ernsthaft beherzigt würde, bekäme die bestehende „Informationsflut" sehr schnell den Charakter eines „Rinnsals", dessen Informationsabgabe von den Schülern wesentlich selbst gesteuert würde. Daß die Lehrer in dieser Hinsicht keineswegs chancenlos sind, zeigen die nachfolgenden methodischen Anregungen, Unterrichtserfahrungen und Unterrichtsbeispiele.

3.2 Voreinstellungen klären und reflektieren

Wie jedermann weiß, gehen die Schüler nicht ohne gewisse Voreinstellungen (Erwartungen, Ängste, Befürchtungen) an den Berufswahlprozeß heran. Vor allem die unentschiedenen Berufswähler – und das sind die meisten – weisen nach neueren Untersuchungen eine „stärker ausgeprägte Ängstlichkeit", „mangelndes Selbstvertrauen" und ein insgesamt „unklares Selbstbild" auf (vgl. Bußhoff, 1984a, S. 294). Indem diese psychischen Dispositionen und Einstellungen in den Berufswahl-Unterricht hineingenommen werden, ergeben sich beträchtliche Chancen zur individuellen Ansprache und Motivation der Schüler. Sind die Erwartungen einzelner Schüler z.B. unrealistisch, so ist es gewiß wichtig, ihnen die „abgeklärten" Erwartungen anderer Schüler gegenüberzustellen; sind Ängste und Befürchtungen vorhanden, so kann es unter Umständen sehr hilfreich sein, andere Schüler zu hören und zu erleben, die ähnliche Vorstellungen haben oder aber durch ihr Selbstvertrauen und ihre Gelassenheit zum Nachdenken anregen. In beiden Fällen ist es nicht der Lehrer, der die Schüler in eine bestimmte Richtung drängt, um *seine* Lernziele zu erfüllen, sondern die Schüler selbst sind es, die ihre individuellen Sichtweisen und Einstellungen klären, überdenken und gemeinsam besprechen. Dabei geht es insbesondere um drei Ziele: Erstens um die Individualisierung des Unterrichts (persönliche Betroffenheit), zweitens um die Selbstklärung und Vergewisserung der einzelnen Schüler (wo sonst findet solches „öffentlich" statt?) sowie drittens um die wechselseitigen Impulse, die sich die Schüler in der Gesamtgruppe geben (Bestätigung, Irritationen, Nachfragen, Kommentare etc.). Der einzelne Schüler wird somit zum Nachdenken veranlaßt, er muß individuell „Farbe bekennen", sich mit den Gedanken und Reaktionen anderer Schüler auseinandersetzen und bei alledem sein persönliches Problembewußtsein in bezug auf die Berufswahl schärfen.

Dieses „persönliche Problembewußtsein" hat allerdings reichlich wenig zu tun mit der ansonsten üblichen Vermittlung eines „sachrationalen Problembewußtseins", wie es u. a. in der Anregungsphase des Entscheidungsprozesses angestrebt wird (Kenntnis wesentlicher Informations- und Entscheidungsprobleme). Letzteres wird „gelehrt", während die hier anvisierte Auseinandersetzung mit den eigenen Erwartungen, Ängsten und Befürchtungen von den Assoziationen der Schüler selbst ausgeht (s. die nachfolgenden Beispiele). Der Lehrer arrangiert lediglich das methodische Vorgehen; die Inhalte und Lernergebnisse sind hingegen sehr stark vom persönlichen "Input" der Schüler und vom anschließenden Reflexions- und Diskussionsprozeß abhängig. Allerdings zeigen alle bisherigen Erfahrungen, daß die Thematisierung der Voreinstellungen eine eher klärende und aufbauende Wirkung auf die Schüler hat, also nichts mit den riskanten gruppendynamischen Spielereien zu tun hat, wie sie gelegentlich praktiziert werden. Schließlich geht es auch nicht um die Persönlichkeit der jeweiligen Schüler schlechthin, sondern einzig um ihre berufswahlbezogenen Assoziationen und Problemanzeigen.

Zur Aktivierung dieser Assoziationen bieten sich verschiedene Methoden an, die entweder beim Schüler direkt ansetzen (personenzentrierte Vorbefragung) oder aber ihn indirekt zum Nachdenken veranlassen – über Rollenspiele und Fallstudien vermittelt (Transferangebote). Eine solche Fallstudie ist z. B. in Abschnitt 1.1 dieses Buches dokumentiert. Der dort geschilderte Berufswahlprozeß der Anja B. ist durchaus geeignet, die Schüler auf potentielle Schwierigkeiten aufmerksam zu machen, ihren Realitätssinn zu stärken sowie auch – und besonders – Gesprächsanlässe zu schaffen, damit sie ihre versteckten oder bereits bewußten Befürchtungen daran aufhängen können. Ähnliches läßt sich u. a. auch mit fiktiven Rollenspielen erreichen, z. B. zu etwaigen Kontroversen/Konflikten in der Familie oder anderswo.

Das Hauptaugenmerk richtet sich im folgenden jedoch auf die direkten Schülerbefragungen zur Ermittlung ihrer latenten Einstellungen und Sichtweisen. Die nachfolgenden Anregungen und Beispiele beziehen sich dabei in erster Linie auf Schülerbefragungen zu Beginn des Berufswahlprozesses oder in Phasen, in denen sich eine gewisse Besinnung und Vergewisserung anbietet. Derartige Schülerbefragungen können zum einen mittels entsprechender Fragebögen durchgeführt werden, zum anderen in Gestalt sogenannter Assoziationsbefragungen.

(a) Einsatz eines Fragebogens: Der Fragebogen ist insofern ein eher problematisches Instrument, als er den Schülern üblicherweise nur als Test- und Bewertungsinstrument begegnet. Gerade das aber soll er hier nicht sein, denn es geht ja schließlich nicht darum, zwischen richtigen und falschen Antworten oder guten und schlechten Schülern zu unterscheiden. Sieht man von dieser Vorbelastetheit des Fragebogens jedoch ab, so kann er durchaus helfen, die Schüler zum individuellen Nachdenken und Assoziieren zu veranlassen und „Stoff" für die anschließende Auswertungs- und

Reflexionsphase zu liefern. Nur müssen die vorgegebenen Fragen und/oder Antwort-Items so formuliert sein, daß auch wirklich persönliche Einstellungen und Problemanzeigen der Schüler zur Berufswahl abgerufen werden (das Vorwissen steht dabei im Hintergrund). Damit der offene/assoziative Charakter der jeweiligen Befragung unterstrichen wird, sollte der Fragebogen anonym ausgefüllt werden. Die Fragen selbst können mehr oder weniger offen zu beantworten sein.

● Offene Fragen bestehen in der Regel aus irgendwelchen provozierenden Thesen oder Zitaten von Schülern oder sonstigen Betroffenen in Sachen Berufswahl. Dazu ist in offener/assoziativer Form Stellung zu nehmen. Gleiches gilt etwa für Karikaturen, Schaubilder oder sonstige optische Impulse, die ebenfalls in den Fragebogen aufgenommen werden können.

● Geschlossene Fragen sind solche, bei denen eine Reihe gängiger Einstellungen, Klischees und/oder Vorurteile zur Berufswahl als Antwortmöglichkeiten vorgegeben werden, unter denen die Schüler jene anzukreuzen haben, die ihrer jeweiligen Sichtweise entsprechen. Die Formulierung der Antwortmöglichkeiten setzt dabei voraus, daß der betreffende Lehrer das „Alltagsbewußtsein" der Schüler möglichst differenziert antizipieren muß (mehr optimistische und mehr kritische Einschätzungen mischen!).

● Halboffene Fragen geben ebenfalls mehrere Antwortmöglichkeiten vor, lassen allerdings Raum für ergänzende Anmerkungen und Stellungnahmen.

Die Auswertung der Befragungsergebnisse sollte von Schülergruppen vorgenommen werden, damit die Schüler aus ihrer eher passiven Rolle herauskommen und Gespräche untereinander aufnehmen. Die zusammengefaßten Ergebnisse können auf Plakate übertragen und für alle gut sichtbar im Klassenraum ausgehängt werden. Die wichtigsten Assoziations-Schwerpunkte und Problemanzeigen werden anschließend im Plenum vorgestellt und diskutiert. Der Nachteil dieses Verfahrens ist allerdings, daß die individuellen „Bekenntnisse" der Schüler in den aggregierten Befragungsergebnissen untergehen, so daß gerade die unsicheren und schweigsamen Schüler unter Umständen sehr im Hintergrund bleiben.

(b) Impulskärtchen als Befragungsinstrumente: Diese Variante stellt ausschließlich auf offene Frageimpulse ab, die auf kleine – verschiedenfarbige – Impulszettel übertragen werden (DIN-A-6). Solche Frageimpulse können z. B. sein:

■ WAS MIR BEIM GEDANKEN AN DIE BEVORSTEHENDE BERUFSWAHL UNBEHAGEN BEREITET ...

■ WIE ICH MIR MEINEN ZUKÜNFTIGEN BERUF VORSTELLE ...

■ ZUM SLOGAN "MÄDCHEN IN TECHNISCHE BERUFE" MEINE ICH ...

■ MEINE STÄRKEN UND VORZÜGE SEHE ICH VOR ALLEM DARIN ...

■ ZUM LEHRSTELLENANGEBOT IN UNSEREM RAUM DENKE ICH ...

■ MEINE ELTERN SIND DER AUFFASSUNG, DASS ICH ...

■ DIE "FREIHEIT DER BERUFSWAHL" IST FÜR MICH ...

Zum Verfahren im einzelnen: Jeder Schüler erhält die entsprechenden Fragezettel und füllt diese stichwortartig aus. Die schriftliche Fixierung der korrespondierenden Assoziationen dient dabei vorrangig dem Ziel der individuellen Besinnung und der konstruktiven Bearbeitung durch *alle* Schüler (was bei einem Ad-hoc-Gespräch in aller Regel nicht möglich ist). Die Auswertung der individuellen Assoziationen kann auf zweierlei Art erfolgen: einmal können die ausgefüllten Impulszettel mehrerer Schülergruppen zur Auswertung übergeben werden, was aber wiederum den Nachteil hat, daß der einzelne Schüler aus dem Blick gerät (s. oben). Die zweite Möglichkeit ist die, daß die Schüler ihre persönlichen Assoziationen reihum oder nach dem „Schneeballsystem" (ähnliche Assoziationen werden zusammengekoppelt) vortragen und damit in stärkerem Maße persönlich „Farbe bekennen" müssen. Dabei sind überdies gezieltere Rückfragen, Anmerkungen und Hilfen (z. B. durch den Lehrer) leichter möglich, was letztlich für diesen Modus spricht. Wichtig ist bei alledem allerdings, daß eine angstfreie, tolereante Lern- und Gesprächsatmosphäre vorherrscht.

In eine ähnliche Richtung wie die Impulsfragen geht die sogenannte „Metapher-Methode", deren unterrichtliche Durchführung Pook wie folgt beschreibt: „Der Lehrer klärt mit den Schülern, was eine Metapher ist (bildhafter Vergleich) und bittet sie, durch 15minütige Einzelbesinnung zu dem Satz ‚Die Entscheidung für einen Beruf ist für mich wie...' so viele Vergleiche wie ihnen einfallen aufzuschreiben. Für jeden Vergleich soll ein gesonderter Zettel verwendet werden. Wenn alle Schüler fertig sind, befestigen sie ihre Zettel mit Tesakrepp an einer Tafel oder einer freien Wand. Damit alle Vergleiche auch beachtet werden, werden sie zunächst vom Lehrer oder einem Schüler verlesen. Anschließend soll jeder Schüler sagen, welcher Vergleich ihn am meisten beeindruckt und welcher ihn am meisten befremdet. In der folgenden Diskussion wird dann darüber gesprochen, warum bestimmte Vergleiche Zustimmung oder Befremden ausgelöst haben" (Pook, 1986, S. 48). Wie Pook im entsprechenden Aufsatz dokumentiert, können dabei recht aufschlußreiche Gesprächs- und Reflexionsimpulse herauskommen. Die Berufsentscheidung erscheint z. B. als „Lotteriespiel", „ein großes Fragezeichen", „das Zerrinnen meiner Träume", „ein ständiges Suchen", „Sturz ins Ungewisse", „das Erlösen von der Schulzeit", „das Suchen im Nichts" etc. Daran läßt sich gewiß sinnvoll ansetzen! Die Bewußtmachung derartiger Voreinstellungen ist sowohl für die betreffenden Schüler als auch für den darauf aufbauenden Unterricht eine wichtige Lernchance.

(c) Assoziatives Zeichnen und Bilderdeuten: Die wohl kreativste, zugleich aber auch schwierigste Vorbefragungsmethode ist das assoziative Zeichnen. Dabei haben die Schüler die Aufgabe, ihre Vorstellungen und Erwartungen zum anstehenden Berufswahlprozeß aspekthaft zu skizzieren (vgl. die Schülerskizzen in Abschn. 4.1). Wie die bisherigen Erfahrungen zeigen, sind die Schüler in aller Regel sehr bereit und auch in der Lage, „symbolträchtige" Skizzen anzufertigen – eher als Erwachsene! Schließlich geht es ja auch nicht um schönes oder richtiges Zeichnen, sondern um die betont subjektive Skizzierung eigener Sichtweisen, die anschließend ja auch noch verbal erläutert werden. Der Verfahrensablauf im einzelnen: Der Lehrer stellt weiße Blätter (DIN-A-4, DIN-A-3) und dicke Farbstifte zur Verfügung – sofern die

Schüler diese nicht selbst haben – und erläutert vorab die Aufgabenstellung und das weitere Vorgehen. Für die Gestaltung der Skizzen sind sämtliche Stilrichtungen zugelassen. Abstraktere oder konkretere Darstellungsweisen sind ebenso möglich wie Pfeile, Kästchen oder sonstige Symbole – auch einzelne Beschriftungen. Zur Vorbereitung und zeichnerischen Fixierung wird den Schülern 10–15 Minuten Zeit gelassen. Anschließend zeigt jeder Schüler seine Skizze im Plenum und gibt die nötigen mündlichen Erläuterungen dazu (vorgeschaltet werden kann ein kurzes Vorgespräch in Kleingruppen). Die dabei zutage tretenden Aspekte und Problemanzeigen werden sodann gemeinsam besprochen. Da zumeist vieles verkürzt, widersprüchlich oder auch objektiv falsch gesehen wird, ist in aller Regel eine recht intensive Diskussion gesichert.

Eine gewisse Alternative zum Selbstanfertigen der Skizzen ist die Arbeit mit fertigen Assoziationsfotos (vgl. die Beispiele in Abschnitt 1.2). Das setzt voraus, daß sich der Lehrer nach und nach eine entsprechende Fotokartei zum Themenfeld „Berufswahl" anlegt. Der Begriff „Foto" darf dabei allerdings nicht zu eng interpretiert werden: Gemeint sind damit im weiteren Sinne Fotos, Karikaturen, Schaubilder und sonstige mehr oder weniger abstrakte Symbole, die großformatig reproduziert werden sollten, damit sie von den Schülern gut eingesehen werden können (Motive abfotografieren und entsprechend groß entwickeln: 20×30 cm). Die Fotos werden im Klassenraum ausgelegt bzw. ausgehängt und können von den Schülern in „lockerer Form" eingesehen werden. Diese lassen sich durch die Fotos anregen und nehmen nach einer gewissen Such- und Besinnungsphase die ihnen wichtig und aussagekräftig erscheinenden Fotos an sich. Die korrespondierenden Assoziationen können zunächst stichwortartig notiert und/oder in Partner- bzw. Kleingruppenarbeit vorbesprochen werden. Ansonsten jedoch werden sie im Plenum individuell vorgestellt, erläutert und in einer übergreifenden Feedback-Runde reflektiert. Der Vorteil dieses Verfahrens gegenüber den freien Assoziantionsskizzen: Während die Schüler bei den selbst anzufertigenden Skizzen ihre Assoziationen aus sich selbst heraus entwickeln müssen, helfen ihnen die vorgelegten Fotos eher auf die Sprünge und verringern damit die möglicherweise vorhandene Hemmschwelle. Allerdings verlangt das Arbeiten mit den fertigen Assoziationsfotos, daß auch wirklich genügend verschiedenartige Fotos vorgelegt werden, damit die Schüler „echte" Wahlmöglichkeiten haben und nicht von vornherein auf bestimmte Deutungsrichtungen festgelegt sind (Manipulationsgefahr).

3.3 Betroffene befragen und portraitieren

Eine weitere Möglichkeit der schülerbezogenen Unterrichtsarbeit besteht in der gezielten Auseinandersetzung mit den Erfahrungen und Problemanzeigen „gestandener" Berufswähler, die die Berufs- und Lehrstellensuche bereits ganz oder teilweise hinter sich haben. Die Besonderheit des hier anvisierten Verfahrens: Den Schülern werden nicht fertige Fallstudien vorgegeben – was durchaus auch eine sinnvolle Möglichkeit sein kann –, sondern sie selbst sollen durch gezielte Interviews und Gespräche mit berufswahlerfahrenen Jugendlichen erst zu solchen Fallstudien (Portraits) gelangen. Die Betroffenheit und Motivation der Schüler wird dabei durch mehrere Faktoren begünstigt: Erstens durch den persönlichen Kontakt mit dem/den betroffenen Berufswählern, zweitens durch die Authentizität der selbst erforschten Fallbeispiele sowie drittens durch die Nähe des jeweiligen Falles zur eigenen Situation und Berufswahlperspektive.

Die einfachste und am wenigsten zeitaufwendige Möglichkeit ist die, „erfahrene" Mitschüler aus der eigenen Klasse zu befragen und über bestimmte Erlebnisse berichten zu lassen (Erfahrungen mit dem Berufsberater, mit Einstellungstests, Vorstellungsgesprächen etc.). Dazu wären entsprechende Fragen in Gruppen vorzubereiten und in das Gespräch mit dem jeweiligen Mitschüler einzubringen. Eine nähere Dokumentation der Gesprächsergebnisse im Sinne eines „Portraits" wird unter diesen Umständen zumeist allerdings nicht erfolgen. Es werden Fragen an den Berichterstatter gestellt, eventuell Vergleiche zu eigenen Erlebnissen gezogen, Verallgemeinerungen vorgenommen, weitere Materialien zur Fundierung herangezogen, Handlungsmaximen formuliert und persönliche Schlüsse daraus abgeleitet. Die mehr oder weniger bruchstückhafte Erfahrung des einzelnen Schülers wird also exemplarisch aufgefaßt und zu einem differenzierteren Fallbeispiel ausgebaut. Auf diese Weise lassen sich Einzelaspekte wie Stellensuche, Beratungsgespräch, Bewerbungsschreiben, Einstellungstest, Vorstellungsgespräch u. a. m. individualisieren und exemplarisch veranschaulichen.

Zeitintensiver, aber auch produktiver ist dagegen das Erforschen und Dokumentieren der Berufswahlerfahrungen älterer Jugendlicher, die nicht zur eigenen Klasse gehören (ältere Schüler, Freunde oder Bekannte, die den Berufswahlprozeß bereits hinter sich haben). Die Erfahrungen und Erlebnisse dieser Berufswähler müssen nämlich erst näher erschlossen und in geeigneter Form aufgearbeitet werden. Die Schüler sind also primär Akteure und „Forscher" und erst in zweiter Linie Rezipienten der jeweiligen Erfahrungsberichte. Mit anderen Worten: Die Schüler müssen sich zunächst einmal über ihr „Erkenntnisinteresse" und ihre Fragestellungen klarwerden, müssen sich geeignete Interviewpartner suchen und diese gezielt befragen und portraitieren (Fallstudie erstellen). Dabei kann sowohl die gesamte Berufs- und Lehrstellensuche im Blickpunkt stehen, als auch die eine oder andere Etappe derselben. Das hängt sehr vom jeweiligen Lernstand und Lerninteresse der Schüler ab. Zum methodischen Vorgehen im einzelnen:

● Zu Beginn werden mehrere Schülergruppen gebildet, die zunächst einmal abklären, was sie von einem „erfahrenen Berufswähler" wissen möchten (Bewußtmachung des eigenen Erkenntnisinteresses); darauf aufbauend wird der eigentliche Interview-Leitfaden formuliert, der unter anderem folgende Leitfragen umfassen kann:

- *Wie ist bei Dir die Berufswahl abgelaufen? Wie bist Du vorgegangen bzw. was hast Du unternommen?*
- *Welche Probleme, Schwierigkeiten und Frustrationen hat es – vielleicht – gegeben? Was waren die Gründe dafür?*
- *Was hat Dich während Deiner Berufs- und Lehrstellensuche am meisten beeindruckt oder geärgert?*

- *Wie war's mit den Einstellungstests und/oder Vorstellungsgesprächen in den Betrieben? Wie hast Du Dich vorbereitet und welche Erfahrungen hast Du gesammelt?*
- *Hast Du Deinen „Wunschberuf" bekommen? Wenn nein, woran hat dieses vermutlich gelegen?*
- *Hast Du Absagen von den Betrieben erhalten? Wenn ja, wie hast Du selbst reagiert/wie haben Deine Eltern reagiert?*
- *Welche Erfahrungen hast Du mit der Berufsberatung gemacht? Inwieweit hat sie Dir helfen können? Wie hast Du Dich auf das Bewerbungsgespräch vorbereitet?*

● Jede Gruppe verständigt sich auf einen interesanten und erfahrenen Interviewpartner, der gut erreichbar ist und voraussichtlich auch die Bereitschaft besitzt, über seine Berufswahlerfahrungen, Probleme und Vorgehensweisen Auskunft zu geben (eventuell Ersatzkandidaten vorsehen).

● Die Interviews selbst werden in der Regel nachmittags bzw. am Wochenende durchgeführt werden müssen: einmal, um die Unterrichtszeit nicht übermäßig zu strapazieren, zum anderen, weil die anvisierten Gesprächspartner oft nur außerhalb der Schulzeit zu erreichen sind (bei Schülern der Abschlußklassen wären die Interviews unter Umständen auch am Schulvormittag zu arrangieren). Die Auskünfte der Interviewpartner werden stichwortartig protokolliert und/oder mit Tonband aufgenommen.

● Die Auswertung und Dokumentation der Ergebnisse kann von den Gruppen ebenfalls am nachmittag geleistet werden oder aber – falls der Zeitansatz dies zuläßt – auch während des Unterrichts erfolgen. Wichtig ist nur, daß die Gespräche nicht zu weitläufig geführt und in der Auswertung auf das Wesentliche konzentriert werden (was ist interessant? Was vermittelt Denk- und Handlungsanstöße?).

● Die Dokumentation selbst sollte möglichst anschaulich und abwechslungsreich gestaltet werden: Deutlich markierte Fragestellungen, wörtliche Zitate der Interviewpartner (verschiedenfarbig geschrieben), hervorgehobene Problemanzeigen und/oder Merksätze (in Kästen), authentische Absagen oder Zusagen von Betrieben (betriebsbezogene Daten evtl. löschen), ein Foto des Interviewpartners etc. – dies alles trägt dazu bei, die nötige „Farbe" in das jeweilige Berufswahl-Portrait zu bringen. Zur Dokumentation der Ergebnisse wird jeder Gruppe ein größeres Plakat (z.B. Teil einer Tapetenrolle) zur Verfügung gestellt; außerdem sind dicke Farbstifte, Scheren, Klebstoff u. a. m. bereitzuhalten.

● Die einzelnen „Berufswahl-Portraits" werden als Plakate im Klassenraum ausgehängt und von den verantwortlichen Schülergruppen erläutert. Anschließend werden sie von allen Schülern „besichtigt" sowie vergleichend und zusammenfassend diskutiert. Eine weitere reizvolle Möglichkeit: Das eine oder andere interessante Portrait kann in der Schülerzeitung veröffentlicht werden (eventuell überarbeitete Kurzfassung; auch als Artikelfolge denkbar) oder auch bei einem entsprechenden Elternabend als Impuls dienen.

Weitere Variationen und Ergänzungen dieses Ansatzes sind denkbar; unter anderem in der Art, daß zu einem bestimmten Problempunkt des Berufswahlprozesses (Bewerbungsschreiben, Vorstellungsgespräch etc.) auch die Meinungen und Erfahrungen anderer „Experten" eingeholt und in die betreffende Dokumentation aufgenommen werden (Berufsberater, Betriebsvertreter, Fachlehrer). Dies alles trägt dazu bei, daß sich die Schüler über ihre Fragen und Unsicherheiten klar werden, daß sie fallbezogene Informationen einholen und auswerten, Gespräche führen, sich in die Situation anderer Berufswähler hineinversetzen und dadurch auch für die eigene Berufs- und Lehrstellensuche sensibler und problembewußter werden. Nicht zuletzt führt die Erarbeitung der Fallstudie dazu, daß das Interesse an objektivierten Berufswahlhilfen und -informationen zunimmt.

3.4 Aktiv-produktive (kreative) Medienarbeit

Nach aller Erfahrung ist es ziemlich unrealistisch, von den Schülern zu erwarten, daß sie die berufskundlichen Lehr-/Lernmedien allein wegen ihrer allgemeinen Bedeutung für die Berufswahl interessieren. Die meisten von ihnen müssen durch jedes einzelne Medium neu motiviert werden: Gelernt wird in der Regel nicht aus der übergeordneten Einsicht in die Relevanz eines bestimmten Lerngegenstandes, sondern in erster Linie aufgrund der immanenten Motivationskraft dieses Lerngegenstandes bzw. des damit verbundenen Lernprozesses. Je aktiver und kreativer dieser Lernprozeß ist, um so größer ist im allgemeinen die Chance, daß die Schüler mit Engagement und Konzentration bei der Sache bleiben. Daß dabei auch und zugleich berufswahlrelevante Kenntnisse und Einsichten gewonnen werden, ist ein wichtiger Nebeneffekt, aber zumeist nicht die Primärmotivation der Schüler.

Diese pädagogische Grunderfahrung spricht sehr nachdrücklich dafür, solche Unterrichtsmedien einzusetzen, die die Schüler zu aktiv-produktivem Lernen animieren (zur näheren Begründung dieses Ansatzes vgl. Abschnitt 2.4). Bei Arbeitsheften wie „Step Plus" ist das kein größeres Problem, weil die Schüler durch die Art der individuellen Ansprache sukzessive vorangetrieben werden. Neugierde und individuelle Betroffenheit ergänzen sich hierbei zu einer recht tragfähigen „intrinsischen Motivation". Wie in Abschnitt 3.1 bereits erwähnt, ist diese innere Motivationskraft bei „Mach's richtig" schon nicht mehr so sehr gegeben; noch weniger freilich bei den gängigen Nachschlagewerken, Informationsbroschüren, Zeitungsartikeln, Tabellen, Schaubildern, Filmen u. a. m. Sie alle sind im Grunde abgeschlossene Informatiosnmedien ohne immanenten Aufforderungs- bzw. Rätselcharakter. Warum sollte z. B. ein Schüler in Beruf Aktuell nachschlagen oder ein Schaubild näher durchdringen, wenn er de fakto naiv-optimistische Berufswahlvorstellungen hat und/oder der Meinung ist, sein Vater werde ihm schon irgendeine Stelle besorgen? Die Auseinandersetzung mit den angebotenen Unterrichtsmedien muß also durch die Beschaffenheit dieser Medien bzw. durch den aktiv-produktiven Umgang mit ihnen vielfach erst angestoßen werden. Das gilt wohlgemerkt nicht immer und überall, ist häufig aber eine unverzichtbare Voraussetzung dafür, daß motiviertes und wirksames Lernen in Gang kommt. Dazu werden im folgenden einige konkrete Anregungen und Beispiele gegeben, die sich auf zahlreiche andere Unterrichtsmedien übertragen lassen. Der Grundgedanke dabei: Die Schüler müssen so oft es geht mit Medien und Lernsituationen konfrontiert werden, die ihnen Gelegenheit geben, ihre Neugierde zu befriedigen, Rätsel zu lösen, lernrelevante Informationen zu suchen und zu finden, etwas zu gestalten oder zu spielen – kurzum: kreativ und produktiv tätig zu sein und dabei begründete Aussicht auf unmittelbare Erfolgserlebnisse zu haben. Dann werden sie in aller Regel auch aus sich selbst heraus (intrinsisch) motiviert sein (vgl. dazu die entsprechende Übersicht in Abb. 11).

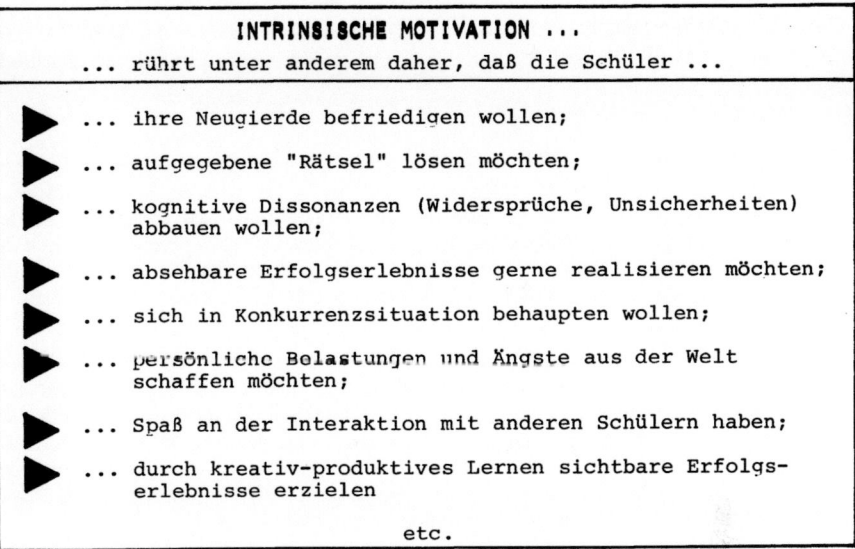

```
┌─────────────────────────────────────────────────────────┐
│            INTRINSISCHE MOTIVATION ...                   │
│    ... rührt unter anderem daher, daß die Schüler ...    │
├─────────────────────────────────────────────────────────┤
│                                                          │
│  ▶  ... ihre Neugierde befriedigen wollen;               │
│                                                          │
│  ▶  ... aufgegebene "Rätsel" lösen möchten;              │
│                                                          │
│  ▶  ... kognitive Dissonanzen (Widersprüche, Unsicher-   │
│         heiten) abbauen wollen;                          │
│                                                          │
│  ▶  ... absehbare Erfolgserlebnisse gerne realisieren    │
│         möchten;                                         │
│                                                          │
│  ▶  ... sich in Konkurrenzsituation behaupten wollen;    │
│                                                          │
│  ▶  ... persönliche Belastungen und Ängste aus der Welt  │
│         schaffen möchten;                                │
│                                                          │
│  ▶  ... Spaß an der Interaktion mit anderen Schülern     │
│         haben;                                           │
│                                                          │
│  ▶  ... durch kreativ-produktives Lernen sichtbare       │
│         Erfolgserlebnisse erzielen                       │
│                                                          │
│                        etc.                              │
└─────────────────────────────────────────────────────────┘
```

Abb. 11: Einige wichtige Aspekte der „intrinsischen Motivation" von Schülern

(a) In Büchern und Broschüren nachschlagen: Bücher und Informationsbroschüren wie Beruf Aktuell oder die Blätter zur Berufskunde sind – wie bereits erwähnt – von ihrer ganzen Aufmachung her keine Arbeitsmittel, sondern komprimierte Informationsmittel. Dennoch gibt es Möglichkeiten, sie zum Arbeitsmittel für die Schüler zu machen. Warum nicht z. B. gezielte Suchaufgaben geben oder Fragestellungen, die im Unterricht entstanden sind, durch gezieltes Nachschlagen beantworten lassen? Den Schülern muß nur entsprechend Zeit gelassen werden. Dann stellt sich in aller Regel der Effekt ein, daß sich die Schüler in die betreffenden Bücher und Broschüren „hineingraben", einzelne Fakten und Stellen finden, Inhaltsverzeichnisse gezielt durchschauen, selektiv lesen lernen und bei alledem immer wieder auch Erfolgserlebnisse haben. Das Blättern und Lesen in den jeweiligen Informationsmedien ist also nicht Zweck an sich, sondern vorrangig Mittel zu einem anderen Zweck: dem Zweck nämlich, Rätsel und Suchaufgaben zu lösen, ein anstehendes Rollen- oder Planspiel erfolgreich zu bestreiten u. a. m.

Gerade mit dem integrierten Einsatz von Beruf Aktuell und ausgewählten Blättern zur Berufskunde im Rahmen von Rollenspielen, Planspielen und Kreuzworträtseln wurden in der Vergangenheit recht gute Erfahrungen gesammelt. Da die entsprechenden Unterrichtsbeispiele in Kapitel 4 ausführlich dokumentiert werden, erübrigt sich hier ein näheres Eingehen darauf. Nur soviel sei gesagt: Die Schüler benötigen zum erfolgreichen Ausfüllen ihrer spezifischen Rollen – oder des Kreuzworträtsels – bestimmte Informationen, die sie nur durch gezieltes Nachschlagen in den entsprechenden Büchern und Heften finden können. Dabei orientieren sie sich, lernen die gezielte Handhabung dieser Informationsmedien und gewinnen nicht zuletzt Sicherheit und Routine im Umgang damit.

Ähnliches gilt für sonstige Such- und Nachschlageaufgaben, die der Lehrer im Blick auf bestimmte Medien und Lernaspekte erteilt. Einige Anregungen und Beispiele dazu in Kurzform:

– Den Schülern werden in einem Zwei-Spalten-Schema mehrere Ausbildungsberufe vorgegeben, zu denen sie in Beruf Aktuell die entsprechenden Nummern der jeweiligen Blätter zur Berufskunde suchen und in die rechte Spalte eintragen sollen. Die Ergebnisse werden anschließend ausgetauscht und wechselseitig kontrolliert. Das ganze dient zum einen der orientierenden Einarbeitung in Beruf Aktuell, zum anderen der Bewußtmachung des Angebots der „Blätter zur Berufskunde". Korrespondierende Erläuterungen des Lehrers können dies vertiefen.

– Die Schüler suchen in den betreffenden Berufsbeschreibungen in Beruf Aktuell bestimmte Daten und Berufsmerkmale, nach denen der Lehrer in Kenntnis der dort gegebenen Informationen auf einem entsprechenden Arbeitsblatt fragt (Dauer der Ausbildung beim Beruf X? Nenne 4 wichtige Tätigkeiten...! Nenne 3 wichtige Materialien, mit denen im Beruf X gearbeitet wird! Ist die Ausbildung zum Beruf X eine schulische oder eine betriebspraktische Ausbildung? etc.) Auch hier geht es um die Vermittlung eines gewissen Einblicks in den Aufbau und das Informationsangebot von Beruf Aktuell.

– Ähnlich gezielte Fragen lassen sich zu den „Blättern zur Berufskunde" oder zu anderen berufskundlichen Broschüren formulieren. Jeder Schüler erhält ein entsprechendes Heft und schlägt darin die gefragten Detailinformationen nach. Dabei ist es durchaus möglich, die Nachschlageergebnisse auch einmal als Test zu werten, der über die Methodenkompetenz der Schüler Aufschluß gibt.

Derartige Such- und Nachschlageaufgaben lassen sich auch in bezug auf andere Informationsmedien stellen. Man braucht nur in das Inhalts- oder Stichwortverzeichnis zu schauen und findet zumeist sehr schnell eine Reihe lernrelevanter Fragen. Die Suchtätigkeit selbst ist für die meisten Schüler – wie die Erfahrung zeigt – eine recht kurzweilige und motivierende Angelegenheit, weil das Ziel klar vor Augen steht und viele kleine Erfolgserlebnisse winken.

(b) Produktive Arbeit mit Schaubildern und Tabellen: Die Crux der hier angesprochenen Medien ist, daß sie in aller Regel fertig sind. Es gibt nichts „Anstößiges", nicht Rätselhaftes, nichts, was einen zur intensiven gedanklichen Auseinandersetzung herausfordern würde. Gewiß, wenn die Schüler bereits über klare Fragestellungen verfügen, auf die ihnen die besagten Schaubilder und Tabellen Auskunft geben, dann kann die bewußte Aneignung dieser Lernmittel relativ wirksam geleistet werden; aber dieses dezidierte Interesse ist bei den wenigsten Schülern von vornherein vorhanden, so daß sie in anderer Weise an den Informationsgehalt dieser Medien herangeführt werden müssen.

Eine gute Möglichkeit besteht darin, die fertigen Schaubilder und Tabellen gelegentlich in den Zustand des Unfertigen zurückzuverwandeln, d.h. Rätsel, Lücken, Fehler oder sonstige Unvollkommenheiten einzubauen. Ein Beispiel dafür findet sich in Abb. 12. Danach müssen die Schüler verschiedene produktive Lernschritte vollziehen, um die vorgegebenen Fragmente des Arbeitsblattes zu ordnen und zu vervollständigen. Die Schüler reintegrieren also ein ursprünglich fertiges Schema und vollziehen damit einen relativ intensiven Lern- und Entdeckungsprozeß.

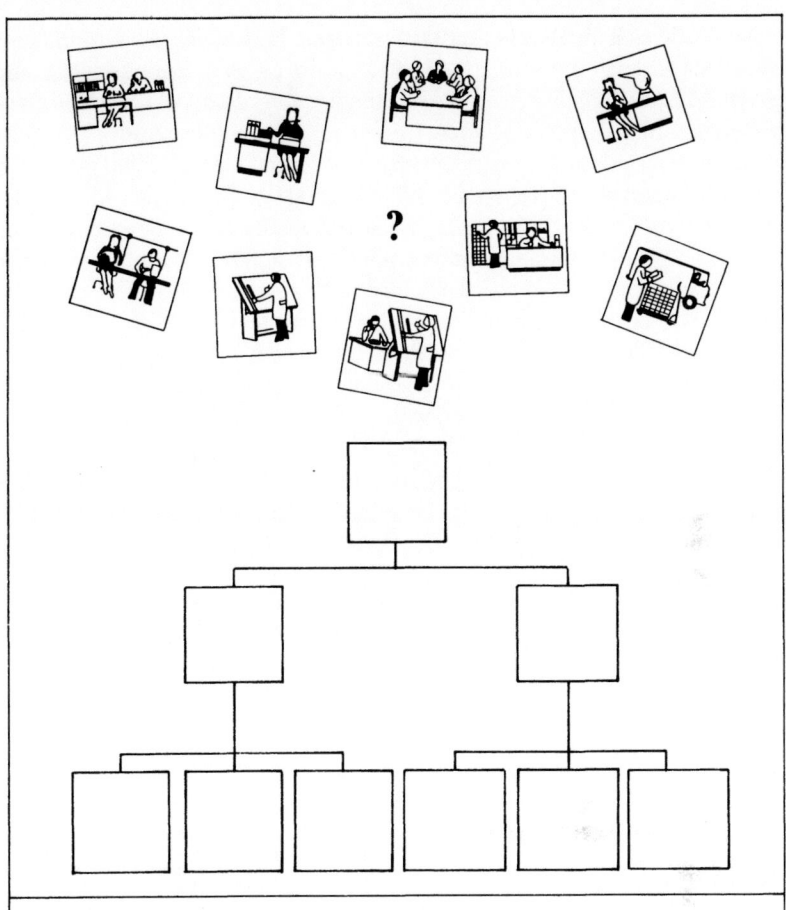

Arbeitshinweise

1. Ordnet den obigen Bildchen die folgenden Tätigkeitsbereiche zu!

— Kaufmännische Leitung   — Forschung und Entwicklung
— Verkauf   — Unternehmensleitung
— Konstruktion   — Verwaltung
— Einkauf und Lager   — Technische Leitung
— Produktion

2. Schneidet die Bildchen aus und klebt sie in das obige Organisationsschema so ein, daß sich ein sinnvoller Betriebsaufbau ergibt!

3. Sucht zu den 6 unteren Abteilungen jeweils 2-3 passende Ausbildungsberufe (nehmt eventuell "Beruf Aktuell" zu Hilfe)!

4. Stellt Euch vor, die Unternehmensleitung will in 1-2 Jahren ein neues Produkt auf den Markt bringen. Welche Auswirkungen hat das auf die einzelnen Abteilungen?

Abb. 12: Beispiel für ein produktiv zu bearbeitendes Ordnungsschema (Betriebsaufbau)

Ähnliches läßt sich auch mit anderen fertigen Schaubildern, Graphiken und Tabellen (Statistiken) machen. Das Motto dabei: „Aus Ordnung mache Unordnung; aus Vollständigkeit mache Unvollständigkeit – damit die Schüler etwas zu entdecken und zu produzieren haben!" Warum nicht z. B. die geordneten Angaben einer Tabelle/Statistik in Textform übersetzen oder auf einem Arbeitsblatt willkürlich durcheinanderwürfeln, damit die Schüler die fertige Tabelle erst entwickeln und zeichnen müssen? Warum nicht z. B. die schematische Darstellung der Bildungswege des jeweiligen Bundeslandes so manipulieren, daß Beschriftungen fehlen oder Kästchen vertauscht sind, so daß die Schüler unter Heranziehung des Originals die entsprechenden Ergänzungen und Korrekturen vornehmen müssen (Übersichten über die Bildungswege in Rheinland-Pfalz finden sich z. B. in dem Heft „Wo?").

Dies alles trägt dazu bei, daß die betreffenden Schaubilder oder Tabellen mit mehr Aufmerksamkeit und Konzentration wahrgenommen und durchdacht werden, als dies bei ihrer bloßen Präsentation der Fall ist.

Auch die in Zeitschriften und sonstigen Medien immer wieder zu findenden (Globus) Graphiken zur Berufswahl lassen sich ansatzweise in Rätselform kleiden und/oder produktiv bearbeiten (vgl. die abgebildete Graphik).

– So kann die abgebildete Globus-Graphik z. B. in anderer Form (als Säulendiagramm) und/ oder mit anderer Fragestellung (z. B. wieviel Mädchen werden übernommen) neu gezeichnet werden;

– sie kann durch gezielte Fragen/Rätsel näher erschlossen werden (z. B. Was sagt das Schaubild zum Beruf der Verkäuferin aus? In welchen Berufen sind die Übernahmechancen am größten? etc.)

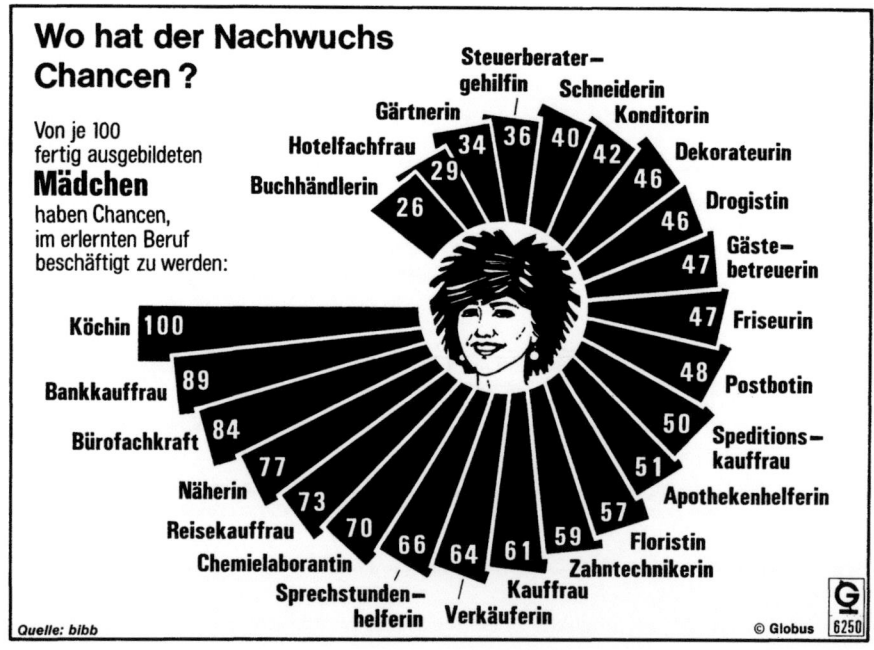

- die Schüler können zu der Graphik einen zusammenfassenden Kommentar oder Kurzbericht schreiben (z. B. für die Schülerzeitung oder eine Berufswahl-Wandzeitung);

- sie können eine prägnante Überschrift oder Kernfrage finden, auf die das Schaubild Antwort gibt (dazu müßte allerdings die Überschrift aus dem Schaubild getilgt werden);

- die Schüler können sich nach einer kurzen Bedenkphase z. B. dazu äußern, was sie beim Betrachten der Graphik überrascht hat, womit sie Schwierigkeiten hatten, was sie noch fragen möchten etc.;

- die Graphik kann insgesamt diskutiert und problematisiert werden (Übertragbarkeit auf den Einzelfall? Sind für die Abgänge nach der Lehre allein die Betriebe verantwortlich? etc.)

Je schwieriger und/oder bedeutsamer die Schaubilder sind, um so wichtiger ist es im allgemeinen, sie in möglichst aktiv-produktiver Weise zu erschließen. Das muß nicht jedesmal geschehen; jedoch sollte die bewußte Auseinandersetzung mit Schaubildern, Tabellen und sonstigen Medien immer mal wieder geübt und reflektiert werden (Methodenlernen!).

(c) Produktive Arbeit mit fertigen Texten und Fallstudien: Das aktiv-produktive Arbeiten an und mit Texten kann z. B. so aussehen, daß die Schüler zu bestimmten Zeitungsartikeln oder sonstigen Berufswahl-Texten (a) passende Überschriften finden, (b) Leitfragen formulieren, auf die der jeweilige Text Antwort gibt, (c) einen „zerstückelten" Text puzzleartig zusammensetzen, (d) eine thesenartige Zusammenfassung liefern, einen Kommentar schreiben oder ein korrespondierendes Kurzreferat vorbereiten. Dies alles soll das exemplarische Eindringen der Schüler in wichtige berufskundliche Sachtexte unterstützen. In Deutsch wird solches zwar obligatorisch eingeübt, aber das enthebt den Berufskunde-Lehrer keinesfalls der Aufgabe, im Interesse einer wirksamen und motivierenden Berufswahlvorbereitung gelegentlich auch mal ähnliches zu tun.

Bei Fallstudien ist das Materialangebot zwar etwas anders gelagert, aber die Notwendigkeit und Möglichkeit des produktiven Erschließens durch die Schüler ist auch hier vorhanden. Wie in Abschnitt 3.3 gezeigt, können die Schüler im Extremfall eine Fallstudie komplett selbst erarbeiten. Weniger anspruchsvoll, aber dennoch produktiv ist demhingegen das Fortschreiben ansatzweise vorgegebener Fallschilderungen oder Dialoge. Die Schüler stellen Vermutungen an, wie's wohl weitergeht, oder schreiben den Fall bzw. Dialog nach ihren eigenen Vorstellungen zu Ende (in Gruppenarbeit). Zur Überprüfung und Objektivierung wird der tatsächliche Fall anschließend gegenübergestellt und diskutiert.

(d) Aktiv-produktive Arbeit mit berufskundlichen Filmen: Wie bereits erwähnt, haben Filme in aller Regel den Nachteil, daß sie bei den meisten Schülern die Assoziation auslösen: „Jetzt wird geguckt und nicht gelernt". Filme sind im allgemeinen Unterhaltungsmedien und weniger Darbietungen, die man zu verstehen versucht, und mit denen man sich eingehender auseinandersetzt. Das führt in der Schule dazu, daß die Gesprächsbereitschaft im Anschluß an Unterrichtsfilme zumeist sehr gering ist. Eine Chance hat man als Lehrer jedoch dann, wenn kurze

Impulsfilme gezeigt werden, die keine glatten und belehrenden Antworten geben, sondern die Schüler zum Fragen, Widersprechen und Diskutieren herausfordern. Derartige Impulsfilme finden sich unter den gängigen berufskundlichen Filmen allerdings sehr selten. Im allgemeinen sind die angebotenen Filme vorrangig Lehrfilme mit einem recht breiten Informationsanspruch. Gleichwohl läßt sich auch mit diesen Medien aktiv-produktiv arbeiten. Dazu einige Anregungen:

– Filme kann man z.B. an geeigneter Stelle unterbrechen oder nur als Kurzimpulse einspielen, um die Schüler zu spontanen Vermutungen, Kommentaren und Fragen herauszufordern – nach dem Prinzip: „Was unfertig ist, regt an und auf!"

– Man kann ferner gezielte Beobachtungsaufgaben (und -bögen) verteilen, um die Schüler entgegen ihren sonstigen Sehgewohnheiten stärker analytisch an das Filmgeschehen herangehen zu lassen (Wie verhält sich Frau X? Mit welchen Maschinen und Werkzeugen arbeitet Herr Y? Was gefällt Herrn Z an seinem Beruf und was belastet ihn? etc.); dazu können anschließend Kurz-Referate gehalten werden.

– Ein Kurzfilm kann zunächst ohne Ton eingespielt und von den Schülern gedeutet und hinterfragt werden (Um was geht es wohl in dem Film? Was ist unverständlich geblieben? etc.). Auch hier werden die üblichen Sehgewohnheiten der Schüler kontrastiert. Anschließend wird der Film mit Ton gezeigt und vergleichend diskutiert.

– Schließlich kann ein Film auch im Rollenspiel aufgearbeitet werden: als Dialog oder Diskussion zwischen mehreren im Film aufgetretenen Personen. Dazu müssen die entsprechenden Dialoge und/oder Kontroversen rekapituliert und nötigenfalls schriftlich festgehalten werden. Das Ganze muß keinesfalls völlig authentisch sein, sondern kann von den Schülern in Vermutungsform rekonstruiert werden (entsprechende Rollen-Gruppen sind zu bilden!). Die anstehende Durchführung des Rollenspiels motiviert erfahrungsgemäß sowohl zum intensiven Betrachten des Films als auch zur vertiefenden Auseinandersetzung damit (vgl. Mattes, 1986).

Voraussetzung für eine derartige Filmbearbeitung und -anwendung ist allerdings, daß der Lehrer sich den jeweiligen Unterrichtsfilm vorher genau anschaut, um die immanenten Möglichkeiten zur aktiv-produktiven Auseinandersetzung festzustellen und die Unterrichtsplanung und Filmeinspielung darauf abzustimmen. Bei Filmen, die wiederholt eingesetzt werden, ist das kein größeres Problem, da das einmal erworbene „know-how" immer wieder zum Tragen kommt. Dennoch empfiehlt es sich in jedem Fall, die wichtigsten inhaltlichen und methodischen Aspekte des jeweiligen Films auf einer Karteikarte zu notieren, damit sie auch nach größerem zeitlichen Abstand noch schnell verfügbar sind.

3.5 Simulations- und Entscheidungsspiele

Die hier angesprochenen Lernspiele zum Berufswahl-Unterrricht werden in der Literatur mit den unterschiedlichsten Bezeichnungen belegt. Die einen reden von Planspielen, die anderen von Entscheidungsspielen, die nächsten vielleicht von Rollenspielen oder auch von Simulationsspielen. Genau genommen sind alle diese Bezeichnungen sehr stark miteinander verzahnt (vgl. Abb. 13). Den eigentlichen Oberbegriff bildet das „Simulationsspiel", denn es geht in allen diesen Lernspielen um die Simulation spezifischer Berufswahlaktivitäten und -prozesse. Das gilt für das übergreifende Plan- und Entscheidungsspiel „Berufswahl von A bis Z" ebenso wie für die interfamiliären Interaktionsspiele (vgl. 4.3 und 4.5) oder die Simulation von Einstellungstests (4.9) und Vorstellungsgesprächen (4.10).

Wie aus Abb. 13 hervorgeht, kann das Simulationsspiel einerseits als entscheidungs-orientiertes Planspiel konzipiert sein (am Ende sollte eine Entscheidung getroffen sein), andererseits als reine Prozeßsimulation, bei der die Entscheidungsfindung bestenfalls am Rande eine Rolle spielt. Bei der ersteren Variante geht es vorrangig darum, die Entscheidungsfähigkeit der Schüler zu trainieren (Informationen beschaffen und auswerten, Meinungsbildung, Alternativen abwägen, Entscheidun-gen treffen etc.); die zweite Variante stellt hingegen stärker darauf ab, potentielle Ernst- und Bewährungssituationen (Test, Vorstellungsgespräch, mögliche Absagen etc.) im Spiel ansatzweise erlebbar zu machen und damit dem Lernen der Schüler konkreten Nährboden und zusätzliche Impulse zu geben. Zur Konkretion einige Hinweise zum Plan- und Entscheidungsspiel „Berufswahl von A bis Z" (vgl. Abschn. 4.8):

Dieses Lernspiel sieht vor, daß die Schüler in die fiktive Stadt Lingen mit ihrer spezifischen Ausbildungsstellensituation versetzt werden, ansonsten aber sich selbst spielen. Das heißt: Sie versuchen ausgehend von ihren persönlichen Zeugnissen und Präferenzen aus dem begrenzten Ausbildungsstellenangebot in Lingen und Umge-bung die für sie interessanten Berufe auszuwählen. Nach Erhalt des Gesundheits-zeugnisses (ebenfalls fiktiv) und weiterer Detail-Informationen wird ein bestimmter „Wunschberuf" eingegrenzt und in der nachfolgenden Bewerbungsphase in eine konkrete Bewerbung bei einem entsprechenden Betrieb in Lingen umgesetzt. Die fiktiven Stellenangebote der ca. 30 Lingener Betriebe hängen aus und können von

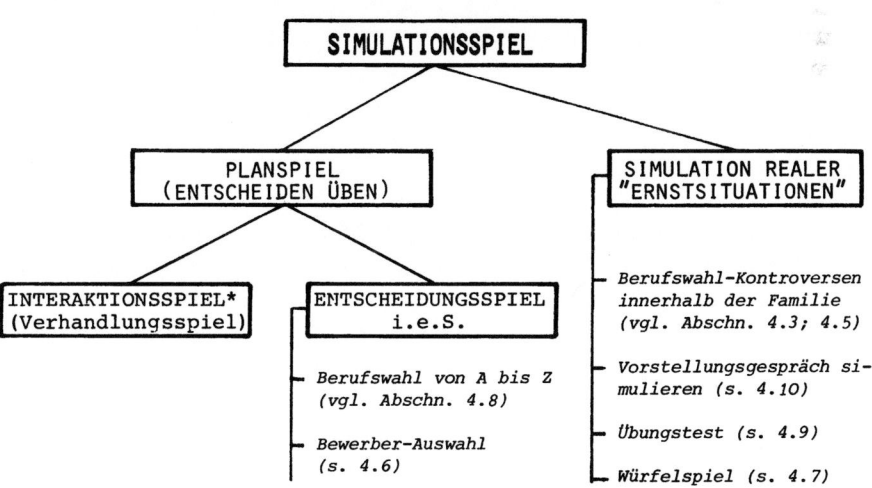

Abb. 13 Simulationsspiele im Überblick

  * Vgl. dazu die Planspiele in Klippert, 1984, S. 75–238 (insgesamt werden 10 komplette Planspiele zum Lernbereich Wirtschaft/Politik dokumentiert)

73

den Schülern eingesehen werden. Die Bewerbung selbst erfolgt mit den üblichen Unterlagen (Bewerbungsschreiben, Lebenslauf, Zeugnis) und wird vom Lehrer als „universalem Personalchef" entgegengenommen und kriteriumsbezogen gesichtet. Dieser wählt aufgrund der Aktenlage bis zur nächsten Stunde die jeweiligen „Wunschkandidaten" aus und überreicht diesen die schriftliche Zulassung zum Vorstellungsgespräch, den anderen hingegen eine Absage. Hieran schließt sich ein Auswertungsgespräch an sowie – unter Umständen – die Simulation exemplarischer Vorstellungsgespräche.

Insgesamt ermöglicht diese Art des Simulationsspiels das Kennenlernen der wichtigsten Etappen der bevorstehenden oder bereits angelaufenen Berufs- und Lehrstellensuche. Das geschieht im „Zeitraffer-Verfahren": Längerfristige Entscheidungs- und Bewerbungsaktivitäten werden auf wenige Spielsequenzen verdichtet und in überschaubares Probehandeln übersetzt. Dabei sind der Zeitbedarf und der Spielverlauf so konzipiert, daß sich der gesamte Simulationsvorgang in aller Regel in die normale Stundentafel der Schulen einpassen läßt. Bei den anderen Simulationsspielen (s. Abb. 13) ist die entsprechende Unterrichtsplanung insofern noch einfacher, als sie sich auf jeden Fall in Doppelstunden durchführen und besprechen lassen. Ein wichtiger Gesichtspunkt ist bei alledem, daß die Spielerfahrungen und Spielergebnisse der Schüler ausgewertet werden. Die angeführten Simulationsspiele beschränken sich nämlich keineswegs darauf, daß „gespielt" wird. Das Spielen ist im Prinzip nur ein methodischer Hebel, um realitätsbezogene Erfahrungen zu sammeln, Fragen und Probleme zu entdecken und auf diese Weise konkrete Gesprächs- und Lernanlässe für die Auswertungsphase zu schaffen. Die Besprechung und Nachbereitung der Spielerfahrungen ist somit ein zentraler Bestandteil der Simulations-Methode.

Charakteristisch für alle Simulationsspiele ist, daß komplexere Handlungs- und Entscheidungsabläufe in die Schule hineingeholt werden, deren prozessuale Dimension (Aktion – Reaktion – Kollision etc.) ansonsten nur schwer durchschaubar zu machen ist. Eine Fallstudie kann noch so gut und anschaulich sein, sie bleibt letztlich doch statisch und deskriptiv. Im Simulationsspiel dagegen werden potentielle Problem- und Bewährungssituationen „verlebendigt" und in prozessuales Aktionslernen überführt. Das unterstützt die bewußte und nachhaltige Auseinandersetzung damit.

Ein Beispiel dafür liefert die in Abschnitt 1.1 näher vorgestellte Anja B., die unter anderem mit dem Vorstellungsgespräch über lange Zeit größte Schwierigkeiten hatte, aber erst am Ende ihres beschwerlichen Weges durch die Teilnahme an einem simulierten Vorstellungsgespräch zu konstruktivem Lernen angeregt und befähigt wurde. Von ihren Lehrern und Berufsberatern hatte Anja – wie sie in späteren Interviews erzählte – durchaus eine Menge erfahren; auch darüber, daß es wichtig sei, sich auf Bewerbungen, Tests und Vorstellungsgespräche gut vorzubereiten. Ihr wurde geraten, sich über die Betriebe und angebotenen Berufe gründlich zu informieren, sich korrekt zu kleiden, ruhig und selbstbewußt zu antworten u. a. m. Derartige Verhaltensmaßregeln werden immer wieder ausgegeben und sind auch allenthalben in Illustrierten und sonstigen Ratgebern nachzulesen. Sie mögen grundsätzlich auch durchaus angebracht sein, nur bleiben Appelle und Maßregeln dieser Art – wenn sie bloß deklariert werden – bei vielen Schülern „außen vor", da ihnen eigene Erfahrungen fehlen, die ihre Einsicht in die Bedeutung derartiger Appelle unterstützen könnten. Das Verhalten der Anja B. ist ein typisches Beispiel dafür. Obwohl eine gute Schülerin, machte sie in mehreren Vorstellungsgesprächen erhebliche Fehler, wie sich im nachhinein rekonstruieren ließ, ohne daß sie diese in der streßbehafteten Gesprächssituation jedoch hätte erkennen und anschließend in konstruktives Lernen übersetzen können. Auf offene Gesprächimpulse (Was erwarten Sie...? Wie stellen Sie sich... vor? Was wissen Sie über...?) und gezieltere Nachfragen reagierte sie hilflos bis verlegen; über den angestrebten Beruf und Betrieb wußte sie zu wenig, um überzeugende und Sicherheit vermittelnde Ausführungen machen zu können; persönliche Fragen zum Betrieb oder zur Ausbildung hatte sie keine, obwohl derartige Fragen durchaus zu antizipieren und vorzubereiten sind. Von daher kam Anja B. ungemein in die Defensive (vgl. das Gesprächsprotokoll in Abschn. 4.10).

Dies alles offenbarte sich allerdings erst, als sie in einem simulierten Vorstellungsgespräch, das anläßlich der Vorbereitung einer Lehrerfortbildungstagung geführt und mit Video aufgenommen wurde, Rede und Antwort stehen mußte. Den Firmenchef spielte ein routinierter Berufsberater, der die ins Auge gefaßte Firma recht gut kannte. Anja selbst hatte gerade einen Tag vorher bei dieser Firma ein „reales" Vorstellungsgespräch gehabt. Die oben erwähnten Fehler und Schwächen, die sie in der Simulation offenbarte, waren von daher in der Ernstsituation des Vortages – wie sie selbst bestätigte – ähnlich zutage getreten (sie erhielt auch eine Absage). Erst jetzt, als Anja in der angstfreien Atmosphäre des Simulationsspiels ihr Verhalten und ihre Schwierigkeiten überdenken und kommentieren konnte, als sie befragt und mit kritsch-konstruktiven Anregungen konfrontiert wurde, erst jetzt setzte sich bei ihr etwas in Bewegung. Trotz massiver Enttäuschungen über sich selbst, sah sie doch erstmals konkrete Ansatzpunkte zur gezielten Vorbereitung zukünftiger Vorstellungsgespräche, um endlich aus der „Defensive" herauszukommen und neues Selbstbewußtsein aufzubauen. Das Simulationsspiel war dabei – wie Anja einräumte – der entscheidende Anstoß, der ihre durchaus vorhandene Lernbereitschaft in konkrete und konstruktive Bahnen lenkte. Der Erfolg folgte auf dem Fuß: Das nächste Vorstellungsgespräch war für Anja zugleich das letzte: Sie bekam die angebotene Stelle als Bürokauffrau.

Gewiß, Beispiele dieser Art sollen und dürfen natürlich nicht generalisiert werden. Anja hätte genausogut erneut scheitern und ihre gerade aufkeimende Selbstsicherheit sehr schnell wieder verlieren können. So gesehen sind Simulationsspiele natürlich keine Patentrezepte für eine erfolgreiche Berufs- und Lehrstellensuche. Wozu sie jedoch beitragen – und das wird hier für sehr wichtig gehalten –, das ist die konkrete Selbsterfahrung und Selbsterprobung der Schüler im Vorfeld wirklicher Ernstsituationen. Selbst wenn in manchen Simulationsspielen nur einige Schüler unmittelbar aktiv werden können, so ist das Modell-Lernen hierbei in der Regel doch erheblich intensiver, als wenn Gesprächsverläufe in Protokollform vorgelegt oder „fremde" Filme mit mehr oder weniger idealtypischem Zuschnitt gezeigt werden. Bei den meisten der in diesem Buch dokumentierten Simulationsspielen ist es ohnehin so, daß alle Schüler aktiv mitwirken und das „learning by doing" unmittelbar praktizieren können. Die Lehrer sollten dabei – wo immer das möglich ist – nicht nur Beobachter und Aufpasser sein, sondern in der einen oder anderen Weise auch mitspielen (als Personalchef, als Familienmitglied etc.). Ähnliches gilt im Prinzip für Berufsberater, sofern diese eine Teilnahme an einzelnen Simulationsspielen zeitlich arrangieren können.

Die Spielfreude und Spielbereitschaft der Schüler ist im allgemeinen recht ausgeprägt – auch in den oberen Klassen der Sekundarstufe I. Obwohl in den Lernspielen beträchtliche Lernanstrengungen erforderlich sind, bleiben die Schüler vor allem deshalb bei der Stange, weil neben der intellektuellen Anstrengung auch und zugleich spannendes, lebendiges und praxisnahes Lernen praktiziert wird. Diese Gesichtspunkte sind beim Konzipieren der in Kapitel 4 vorgestellten Simulationsspiele berücksichtigt worden, obwohl das Verschmelzen fachlich fundierten Lernens und spielerischer Vereinfachung und Stimulierung immer eine gewisse Gratwanderung ist. Die Reduktion des komplexen Berufswahlprozesses auf bestimmte „Standardsituationen" ist indes nicht nur legitim, sondern geradezu unerläßlich, wenn man den Schülern exemplarisches Handlungstraining ermöglichen will.

Die Lernchancen berufswahlbezogener Simulationsspiele sind breit gefächert. Als generelle Zielsetzung kann dabei gelten: Die Durchführung von Simulationsspielen soll wegführen vom punktuellen Ergebnis-Lernen (Lernen von Fakten, Regeln, Begriffen) und hinführen zum ausgeprägteren Prozeß- und Aktionslernen. Damit wird an die in Abschnitt 2.5 formulierte Option angeknüpft, derzufolge das praktische Einüben von Handlungs- und Entscheidungskompetenz das Wesentliche des Berufswahl-Unterrichts sein sollte. Im konkreten Vollzug von Simulationsspielen können die Schüler eine Reihe von Fähigkeiten und Fertigkeiten entwickeln, ausprobieren, verändern oder auch verwerfen, auf die sie später maßgeblich angewiesen sind. Der Grad der Identifikation und individuellen Betroffenheit ist dabei in aller Regel erheblich höher als im konventionellen Unterricht. Dafür sorgen gleich mehrere Besonderheiten des Simulationsspiels: (a) die spielerische Aktivität der Schüler, (b) der ernste Hintergrund bzw. Anlaß des jeweiligen Spiels, (c) das anschaulich-praktische Lernen sowie (d) die immanente Eigendynamik der Simulationsspiele.

Die wichtigsten Lerndimensionen des Simulationsspiels sind ähnlich denen, die für das handlungsorientierte Lernen ausgewiesen wurden (vgl. Abb. 9). Inhaltlich-fachliches, methodisch-strategisches, interaktives und affektives Lernen kommen gleichermaßen zum Tragen. Inhaltlich-fachliches Lernen wird dabei durch Fallstudien, Nachschlagewerke (Beruf Aktuell etc.), Wissenskarten und sonstige Informationsmedien gewährleistet, die in den Spielablauf integriert sind. In bezug auf die anderen Lernebenen läßt sich zusammenfassend sagen: Simulationsspiele helfen, den Mangel an realen Entscheidungsmöglichkeiten im herkömmlichen Unterricht zu verringern, Kreativität, Selbständigkeit und divergentes Denken (Denken in Alternativen) zu fördern, den Prinzipien „learning by doing" und „trial and error" zu folgen, den zielgerichteten Umgang mit Informationsmaterialien zu üben, verbale Interaktionstechniken wie Gespräch und Vortrag zu üben, Spontaneität, Aktivität und Kreativität zu entfalten u.a.m.

Dies alles trägt auch und nicht zuletzt dazu bei, daß die Behaltensleistung der

Schüler im Gefolge von Planspielen relativ hoch ist. Dafür gibt es insbesondere drei Gründe: Erstens reduziert das Simulationsspiel die Komplexität des jeweiligen Themas, so daß ein überschaubarer, realitätsnaher „Kern" entsteht, der sich leichter einprägen läßt. Zweitens trägt der intensive und abwechslungsreiche Spiel- und Erarbeitungsprozeß dazu bei, daß die angewandten Arbeits- und Gesprächstechniken relativ stark ins Gedächtnis einsickern. Und drittens schließlich schafft das Simulationsspiel gewisse „Erlebnissituationen", die bei den Schülern ein breites Spektrum an Eindrücken und Erfahrungen entstehen lassen, die ebenfalls zu einer verbesserten gedächtnismäßigen Verankerung – und späterer Reproduzierbarkeit – der Spielinhalte und -ergebnisse führen. Erste Versuche zur Überprüfung der Langzeitwirkung von Planspielen haben gezeigt, daß die meisten Schüler selbst ein bis zwei Jahre nach Durchführung eines Planspiels noch recht differenzierte Erinnerungen an den Spielgegenstand und -verlauf, aber auch an einzelne Lernergebnisse hatten. Die betreffenden Lehrer waren selbst überrascht, was die Schüler – in einem Fall in Testform, in den beiden anderen Fällen in offenen Gesprächsrunden – noch alles rekapitulieren konnten. Offensichtlich trägt das vielschichtige sinnliche und aktionsorientierte Lernen zu einer nachhaltigeren Verankerung des Gelernten bei.

3.6 Betriebserkundungen und Betriebspraktika

Die hiermit angesprochene Methode der Realbegegnung ist ein zentraler Ansatzpunkt für einen handlungs- und erfahrungsorientierten Berufswahl-Unterricht. Berufe ansatzweise zu erleben und/oder zu erkunden ist eine ebenso motivierende wie einprägsame Lerntätigkeit, sofern gewisse Voraussetzungen erfüllt sind, auf die im weiteren noch näher eingegangen wird. Zu diesen Voraussetzungen gehört ganz allgemein, daß die Schüler weder durch Betriebe nur hindurchgeschleust werden dürfen (Betriebstourismus) noch mit irgendwelchen Pseudobeschäftigungen abgefertigt werden sollten, die vielleicht über ihre Frustrationstoleranz Aufschluß geben, nicht aber über die betriebliche Berufs- und Arbeitswelt.
Betriebserkundungen und Betriebspraktika sollen aber gerade letzteres leisten, d. h. sie sollten erlebnis- und erfahrungsbetonte Einblicke in das betriebliche Geschehen ermöglichen und dadurch die praxisbezogene Vorstellungskraft der Schüler weiterentwickeln helfen. Dabei geht es gar nicht so sehr um den Betrieb als Ganzes, sondern mehr um bestimmte lernrelevante Ausschnitte daraus. In speziell berufskundlicher Hinsicht heißt dieses: Die Schüler sollen ausgewählte Berufs- und Ausbildungsbedingungen ansatzweise und exemplarisch kennenlernen und durch entsprechende Erfahrungen anreichern. Die Betriebserkundung wird von daher stärker zur Berufserkundung, das Betriebspraktikum zum Berufspraktikum – eine Akzentsetzung, die sich aus der Sicht des Berufswahl-Unterrichts anbietet und später auch noch näher begründet und erläutert wird.
Ein Blick auf die Praxis der bisher durchgeführten Betriebserkundungen und -praktika zeigt jedoch, daß die insgesamt recht hoch gesteckten Erwartungen der „Experten" bislang nur zum Teil erfüllt werden konnten. Am ehesten gilt dieses

noch für die *Betriebserkundungen,* vorausgesetzt, sie werden als gezielte, eng begrenzte „Erfahrungsinseln" in einen laufenden Lernprozeß eingefügt. Das heißt zum Beispiel: Wenn etwa im Unterricht bestimmte Berufsfelder behandelt werden, dann kann ein entsprechender Beruf in der näheren Umgebung der Schule „life" erkundet werden; oder wenn das Unterrichtsthema „Akkordarbeit" heißt, dann mag es durchaus sinnvoll sein, einen geeigneten Akkordarbeitsplatz gezielt unter die Lupe zu nehmen und durch ebenso gezieltes Befragen von Arbeitern und Refa-Fachleuten empirisch anzureichern. Auf jeden Fall verbietet sich der nur zu oft zu beobachtende „Betriebs-Tourismus", bei dem die Schüler mit unspezifischer Blickrichtung ganze Betriebe „besichtigen". Diese Art der Besichtigung kostet verhältnismäßig viel Zeit (oft wird ein ganzer Schulvormittag aufgewandt) und bringt in aller Regel recht wenig. Anders die themenzentrierte Erkundung, die einen kleinen, überschaubaren Bereich der intensiven Beobachtung und Befragung zugänglich macht und zumeist nicht mehr als eine Stunde braucht (mit Hin- und Rückweg eine Doppelstunde). Auch wenn der Zeitbedarf für den Hin- und Rückweg Lehrer immer wieder dazu verleitet, möglichst umfassende Gesamterkundungen anzustreben, so sind diese sowohl von ihrer unterrichtlichen Einbindung wie von ihrer Lernwirksamkeit her im ganzen gesehen doch recht fragwürdig. Indem man derartige „Rundum-Besichtigungen" meidet und stattdessen stärker auf themenzentrierte Segment-Erkundungen abstellt, umgeht man zugleich noch ein weiteres Manko: Das Manko nämlich, daß den „Rundum-Besichtigungen" zumeist recht ausführliche und abstrakte Einführungen betrieblicher Experten vorangehen, die viele Schüler schon „demoralisieren", bevor die Besichtigung überhaupt begonnen hat. Dennoch: diese Schwachstellen sind ohne weiteres zu beheben – und werden auch behoben –, so daß die Betriebserkundung unter dem Strich eine wichtige und ertragreiche Variante der Realbegegnung ist und bleibt – auch und nicht zuletzt im Hinblick auf den Berufswahl-Unterricht!

Umstrittener ist demhingegen die Lernrelevanz des *Betriebspraktikums.* Es gibt euphorische Befürworter, aber auch zahlreiche Zweifler und Kritiker. Interessant ist dabei, daß das Betriebspraktikum von seiten der unmittelbar Beteiligten ganz überwiegend begrüßt wird. Schüler, Eltern und Lehrer messen ihm große Bedeutung bei, ja sie halten vielfach sogar häufigere und längere Praktika für erforderlich (vgl. Platte, 1981; Beinke, 1985, S. 19). Der wichtigste Grund für diese positive Einschätzung, der auch von den Lehrern und Betriebsvertretern so genannt wird, ist die Erwartung, das Betriebspraktikum könne der Berufswahlentscheidung der Schüler eine realistischere Grundlage geben. Damit ist der ursprünglich sehr weit gesteckte Anspruch des Betriebspraktikums deutlich zurückgenommen. Im Mittelpunkt stehen nicht mehr so sehr die technischen, ökonomischen, sozialen und beruflichen Aspekte in ihrer Gesamtheit (eine völlige Überforderung der Schüler!), sondern in erster Linie die jeweils interessierenden Berufs- und Tätigkeitsbereiche der Praktikumsbetriebe. Von daher wird das Betriebspraktikum – wie oben schon angedeutet – in Richtung auf das „Berufspraktikum" akzentuiert.

Allerdings sind auch in dieser Hinsicht in den letzten Jahren viele kritische Stimmen laut geworden, die die Berufswahlrelevanz der Praktikumserfahrungen anzweifeln. Dazu einige Zitate und Stellungnahmen:

- „Nur jeder dritte Schüler (hatte) die Chance..., seinen konkreten Berufswunsch im Praktikum zu überprüfen. Auch die Neigung, im Praktikum angebotene Berufe, die nicht dem Berufswunsch entsprachen, dann zu ergreifen, ist sehr niedrig. Erschreckend jedoch ist die Tatsache, daß drei Viertel aller Schüler angeben, durch das Praktikum keinerlei Auswirkung auf ihre Berufswahl erfahren zu haben" (Beinke, 1985, S. 16f.).

- „Vor allem die Erwartung, das Betriebspraktikum könne der Berufswahl der Schüler eine realistischere Grundlage geben, kann, wie die angeführten Untersuchungen zeigen, kaum eingelöst werden" (Lange/Neuser, 1985, S. 381).

- „Die Erwartung, der Schüler könne die beruflichen Anforderungen kennenlernen, läßt sich nur begrenzt realisieren. Völlig unrealistisch ist die Erwartung, er könne als Praktikant in der eigenen Arbeit seine Neigung oder gar Eignung für einen Beruf feststellen" (Eckert/Stratmann, 1978, S. 40).

- „Das Schülerpraktikum führt vermutlich zu keiner höheren Rationalität bei der Berufswahlentscheidung, als sie auch schon vor dem Praktikum vorhanden war" (Gerbing, 1975).

- „Der Praktikant kann in einem qualifizierten und spezialisierten beruflichen Tätigkeitsfeld allenfalls ‚auf der Ebene manueller Anforderungen nur Hilfsarbeiten oder Arbeiten mit geringem Anforderungsniveau durchführen'; er lernt nicht Berufstätigkeiten, sondern allenfalls Tätigkeiten am Rande von Berufen kennen" (Lange/Neuser, 1985, S. 382).

- Die Schüler nutzen das Praktikum „...als Lehrstellensuche und gewissermaßen als Probelehre. Das ist zwar genau das Gegenteil von dem, was die Richtlinien sagen, aber so ist das nun mal im Leben" (Herzog, 1985).

Diese kritischen Hinweise markieren in der Tat neuralgische Punkte des Betriebspraktikums. Zugleich überzeichnen sie zum Teil aber auch deutlich. Zum einen deshalb, weil von recht hochgesteckten (idealistischen) Zielsetzungen des Praktikums ausgegangen wird, die in den Richtlinien gelegentlich zwar so formuliert sind, die aber letztlich dazu führen, daß die Kritik am Praktikumserfolg schon von vornherein programmiert ist. Zum zweiten wird durch die apodiktische Art der Kritik verkannt, daß die feststellbaren Defizite nicht dem Praktikumskonzept schlechthin anzulasten sind, sondern vorrangig durch Unzulänglichkeiten bei der Vorbereitung und Betreuung der Praktikanten verursacht werden. Indem man diese Ausgangsbedingungen verbessert, läßt sich erfahrungsgemäß auch die Lernwirksamkeit des Praktikums steigern. Freilich geht dieses nicht soweit, daß die Schüler generalisierbare Einblicke in die Berufswelt oder gar in ganze Berufsbilder bekommen. Sie werden in aller Regel auch ihre Berufswahlvorstellungen nicht auf den Kopf stellen – warum sollten sie auch? Wenn es jedoch gelingt, den Schülern ausschnitthafte Berufs-, Arbeits- und Praxiserfahrungen zu vermitteln und diese durch eine engagierte Betreuung mit zusätzlichen Sachinformationen anzureichern, dann ist das schon eine ganze Menge und dient gewiß auch der Berufsorientierung! Gleichwohl bleiben einige bedenkliche Fakten und Entwicklungen, die der Lernwirksamkeit des Praktikums abträglich sind. Das gilt vor allem für den anhaltenden Trend zur „Probelehre". Daß die berufliche Orientierung unter den Vorzeichen des Lehrstellenmangels mehr und mehr zugunsten punktueller „Probelehren" aufgegeben wurde, ist aus der Sicht der betreffenden Schüler, Eltern und Betriebe zwar verständlich, die berufsorientierende Funktion des Praktikums wird damit jedoch über Gebühr zurückgenommen. Dieser Trend ist bedauerlich, aber er ist keinesfalls das „Schicksal" der Schule! Durch eine engagierte und überzeugende Zusammenarbeit mit den Betrieben und Eltern ist es durchaus möglich, das Anliegen des Betriebs-/Berufspraktikums deutlich zu machen und den Schülern eine gewisse Vielfalt an Berufs- und Tätigkeitserfahrungen zu gewährleisten. Das ist bei kleinen Handwerksbetrieben naturgemäß schwerer als bei Mittel- und Großbetrieben, aber auch dort läßt sich durch entsprechende persönliche Kontakte und Einsatzbesprechungen zwischen Lehrern und Betriebsvertretern einiges erreichen, was den „Streß" mindert und ihre Praxiserfahrungen ausweitet. Nötigenfalls müssen ungeeignete Betriebe halt auch ausgeklammert werden (deshalb sollte die Wahl der Praktikumsbetriebe nicht allein ins Belieben der Schüler und Eltern gestellt sein!). Damit sollen nun keineswegs überzogene Ansprüche an die Betriebe gestellt werden. Die Schüler müssen sehr wohl den Berufsalltag mit seinen Licht- und Schattenseiten kennenlernen; aber sie sollen nicht über mehrere Wochen eine stupide Handlangertätigkeit ausüben, die mit beruflicher Orientierung wenig oder gar nichts zu tun hat! Daß dieses zu vermeiden ist und ein Mindestmaß an beruflicher Vielfalt sichergestellt werden kann, hat sich oft genug gezeigt. So gesehen ist der Erfolg oder Mißerfolg des Praktikums auch und insbesondere eine Frage der Sensibilisierung und Qualifizierung sowohl der Schüler und Eltern als auch der betrieblichen Betreuer. Zu leisten ist sie vor allem in der Vorbereitungsphase des Praktikums – nach dem Motto: „Jedes Praktikum ist nur so gut wie seine Vorbereitung und Organisation!" Das betrifft einerseits die Gesamtkonzeption des Praktikums, andererseits die unterrichtliche Vorbereitung der Schüler (und natürlich auch die erwähnte Kooperation und Abstimmung mit den Betrieben).

(a) Anregungen zur Gesamtkonzeption des Praktikums

Die Diskussion der letzten Jahre hat gezeigt, daß das Betriebspraktikum im allgemeinen um so wirksamer ist, je stärker es eingegrenzt und damit der gezielten unterrichtlichen Vorbereitung zugänglich gemacht wird. Ansonsten besteht für den betrieblichen Bereich die Gefahr, daß die Schüler durch die Komplexität und Abstraktheit des betrieblichen Geschehens überfordert werden und im einzelnen zwar viel sehen, aber wenig wahrnehmen und lernen. Feldhoff u. a. sprechen diesbezüglich zu Recht von der „illusionären Erwartung, ... Praktikanten könnten das ‚Wesentliche' der Betriebe, Arbeit, Berufe etc. dadurch erfassen, daß sie Betrieb, Arbeit, Beruf etc. ‚so wie sie sind' einfach auf sich ‚wirken' lassen." (Feldhoff u. a., 1985, S. 54). In derart naiv-ganzheitlicher Weise aber werden Praktikanten immer wieder auf die Betriebe losgelassen. Bei sehr kleinen, überschaubaren Betrieben ist das in der Durchführung zwar weniger ein Problem als bei größeren Unternehmen; aber auch hier stellt sich die Frage, ob eine klare Konzentration des Praktikums auf bestimmte (alternative) Segmente der Betriebe letztlich nicht sinnvoller und lernwirksamer ist als die Total-Perspektive. Natürlich wird sich der Schüler immer im Betrieb als solchem bewegen, aber sein „Forschungsfeld" kann und muß eingegrenzt werden!

Feldhoff u. a. plädieren dementsprechend für eine „thematische Zentrierung des Praktikums" (vgl. ebenda, S. 53 ff.) und meinen damit unter anderem, daß das Praktikum auf ganz spezifische Problemkreise konzentriert werden solle. Obwohl die Autoren eine solche Trennung nicht vollziehen, kann das etwa heißen, daß Problemkreise wie „Beruf/Ausbildung", „Humanisierung der Arbeitswelt" oder „Technischer Wandel und Rationalisierung" alternative Zentrierungspunkte des Praktikums bilden. Der Vorteil dabei: Die Komplexität der Betriebe wird reduziert, die unterrichtliche Vorbereitung erleichtert und der Einsatz der Schüler gezielter möglich. So plausibel dieser Gedanke jedoch auch ist, so wenig hat er sich in der Praxis bislang durchgesetzt. Das liegt allerdings nicht nur an den Lehrern, sondern auch und zugleich an den Betrieben, die sich zum Teil für einen thematisch zentrierten Einsatz der Schüler nicht eignen oder aber diese Option weder kennen noch auf ihre praktische Umsetzbarkeit hin durchdacht haben – auch dies ein Beleg mehr dafür, wie wichtig konzeptionelle Klärungen und Absprachen mit den Betrieben sind!

Unter dem Gesichtspunkt der Berufsorientierung bedeutet die thematische Zentrierung des Praktikums, daß der Problemkreis „Beruf/Ausbildung" in den Mittelpunkt gestellt wird – und zwar sowohl in der Vorbereitungs- wie in der Durchführungsphase. Das hat für die Durchführungsphase gewisse Konsequenzen:

– Die Praktikumsorganisation ist von vornherein so anzulegen, daß die Schüler nicht nur irgendwelche zufallsbedingten Hilfsarbeiten verrichten, sondern ganz bestimmten Berufstätigen und Arbeitsplätzen zugewiesen werden, die ein Mindestmaß an beruflicher Vielfalt gewährleisten (mindestens zwei verschiedene Berufs- und Arbeitsplätze).

– Da die angestrebte berufliche Orientierung durch das selbständige Arbeiten der Schüler nur sehr begrenzt möglich ist, müssen andere Aktivitäten hinzutreten, die in abgestufter Form lauten: Beobachten – Befragen – Mithelfen – eigenständig Arbeiten. In diesem Sinne wird das Praktikum durch einzelne Elemente der berufs- und arbeitsplatzbezogenen Erkundung angereichert.

– Für die konkrete Praktikumsorganisation kann das etwa heißen, daß in der 1. Woche im Berufsbereich A (z. B. Maschinenschlosser) beobachtet, mitgeholfen, gefragt und gegebenenfalls auch selbständig gearbeitet wird, in der 2. Woche im Berufsbereich B (z. B. Werkzeugmacher) und in der 3. Woche unter Umständen in der Ausbildungswerkstatt oder an sonstigen Ausbildungsplätzen. Zeitliche und berufliche Variationen sind hierbei natürlich möglich. Unter Umständen kann sogar ein „geplanter" Betriebswechsel während des Praktikums ins Auge gefaßt werden.

– Diese konzeptionellen Überlegungen lassen sich im Regelfall jedoch nur dann durchsetzen, wenn die Einsatzmöglichkeiten der Praktikanten vorab genau sondiert und abgestimmt worden sind. Das erfordert einige Mühe und Überzeugungsarbeit gegenüber den Betrieben (vor allem beim erstenmal), lohnt sich auf längere Sicht aber ganz gewiß!

(b) Die unterrichtliche Vorbereitung des Praktikums

Die unterrichtliche Vorbereitung des Praktikums ist gleichfalls ein ebenso heikler wie wichtiger Punkt. Das „Innenleben" der Betriebe ist für die meisten Schüler absolutes Neuland, so daß eine anschauliche Vorbereitung auf die Anforderungen,

Möglichkeiten, Probleme und Grenzen des Praktikums unerläßlich ist – auch gewisse berufskundliche Grundkenntnisse sollten vorhanden sein. Einen Überblick über mögliche Ansatzpunkte in der Vorbereitungsphase vermittelt Abb. 14. Danach geht es vor allem darum, ...

– die Erwartungen der Schüler in realistische Bahnen zu lenken und sie auf mögliche Schwierigkeiten und Belastungen während des Praktikums vorzubereiten,

– ihnen bewußt zu machen, daß die punktuellen Publikumserfahrungen nicht kurzschlüssig verallgemeinert werden dürfen,

– ihren berufskundlichen Fragehorizont aufzubauen und/oder auszudifferenzieren (Fragebogen, Beobachtungsleitfaden, Wahlpflichtthemen, Aufgabenstellungen),

– den Schülern gewisse methodisch-strategische Fähigkeiten und Fertigkeiten zu vermitteln, die für die intendierte „Forschungsarbeit" (Befragung, Gespräch, Protokollführung etc.) unerläßlich sind,

– organisatorische und sonstige formale Vorklärungen zu treffen (Zeitplan, Bezugspersonen in den Betrieben, Praktikantenbesuche des Lehrers etc.)

Die methodische Ausgestaltung der Vorbereitungsarbeit zielt vor allem auf das Besprechen von Fallbeispielen (Schülerberichte, ausgewählte Problem- und Konfliktfälle), auf vorbereitende Berufserkundungen und Rollenspiele, auf den Einsatz berufsorientierender Kurzfilme, auf das gemeinsame Entwickeln von Erkundungsbögen oder auf das gezielte Besprechen von Arbeitsaufgaben und sonstigen Informationsmaterialien. Die in Abb. 14 vorgestellten Anregungen müssen natürlich nicht alle „abgearbeitet" werden, aber die angeführten Vorbereitungsstufen sollten nach Möglichkeit doch berücksichtigt werden. Sofern all dieses mitbedacht und geleistet wird, sollte die deutliche Kritik von seiten der Betriebe an der schulischen Praktikums-Vorbereitung weitgehend verstummen. Nach der Untersuchung von Platte sehen nämlich die befragten Betriebsvertreter das größte Defizit des Praktikums in der unzureichenden Vorbereitung der Schüler. 74 % stellen das Fehlen konkreter Arbeitsaufträge bei den Schülern fest, 69 % bemängeln deren berufsbezogene Vorkenntnisse und 65 % vermissen Kenntnisse über die betrieblichen Sicherheitsbestimmungen. Von daher plädieren rund zwei Drittel der Betriebsvertreter für eine eigene Teilnahme an der schulischen Vorbereitung und 25 % schlagen eine bessere Vorbereitung der Lehrer durch intensivere Betriebskontakte vor (vgl. Platte, 1983, S. 210ff.). Auch wenn der Unterricht die gewünschten formalen Kenntnisse und Details nur recht begrenzt vermitteln kann (vgl. Abschn. 2.4 und 2.5), so bleibt eines doch nachdrücklich festzuhalten: die Forderung nämlich nach einer intensiveren Kooperation und Verständigung zwischen Lehrern und Betrieben.

DIE VORBEREITUNG DER SCHÜLER AUF DAS PRAKTIKUM

ORIENTIERUNGSPHASE

■ Was erwarten die Schüler vom Betriebspraktikum? Was macht sie möglicherweise unsicher? Was befürchten Sie? (kleinere Vorbefragung, Assoziationsskizzen oder ähnliches);

■ Vorstellen und Besprechen eines Praktikumsberichts oder eines Praktikumstagebuches ehemaliger Praktikanten;

■ Vergleich von Betriebserkundung und Betriebspraktikum

SENSIBILISIERUNGSPHASE

■ Bewußtmachung der Ausschnitthaftigkeit der Praktikumserfahrungen (z.B. Gegenüberstellung eines Ausbildungsberufsbildes und einer korrespondierenden Arbeitsplatzbeschreibung, die die Schüler auf der Basis eines entsprechenden berufskundlichen Films erstellen);

■ Erarbeitung eines Frage- und/oder Beobachtungsleitfadens für das Praktikum

■ Brainstorming und Diskussion zu möglichen "Wahlpflichtthemen" (Erstellen eines Themenkatalogs, aus dem sich jeder Schüler ein ihn interessierendes Thema zur näheren Bearbeitung auswählen kann)

QUALIFIZIERUNGSPHASE

■ Berufskundliche Qualifizierung (vorbereitende Berufserkundung/en, Beschreibung eines Arbeitsplatzes, Vorstellung ausgewählter Berufsbilder, Einsatz geeigneter Filme, Besprechung einer Ausbildungsordnung etc.)

■ Methodische Qualifizierung (Befragen von Arbeitskollegen, Protokollführung bei Interviews, wie stelle ich mich vor? Bearbeitung der Praktikumsberichte, Beschaffung von Dokumentationsmaterial wie Fotos, Broschüren, Werkstücke etc.)

PROBLEMATISIERUNGSPHASE

■ Rechtlich-formale Problemsituationen (Fallstudien, Rollenspiele etc.)

■ Pädagogisch-soziale Problemsituationen (Probleme mit dem Betreuer oder sonstigen Mitarbeitern; Leerlauf im Praktikum etc. --- Methoden s. oben)

INSTRUKTIONSPHASE

■ Organisatorische Hinweise und Klärungen (Zeitfragen, Bezugspersonen etc.)

■ Eventuell Merkblatt mit Verhaltensmaßregeln und sonstigen wichtigen Daten

■ Verdeutlichung der Arbeitsaufgaben und "Berichtspflichten" der Schüler

■ Hinweis auf die Vorbereitungsarbeiten für die Auswertungsphase

Abb. 14: Anregungen zur Praktikums-Vorbereitung in der Schule (vgl. dazu auch Behrens u. a., 1980)

(c) Anregungen zur Auswertung des Praktikums

Sollen die Erfahrungen, die die Schüler während des Praktikums gesammelt haben, wirklich zu bewußtem Lernen verdichtet werden, so bedarf es einer vielschichtigen Auswertung und Vertiefung dieser Erfahrungen. Sie müssen – so gut es geht – dokumentiert und auf diese Weise anschaulich in die Schule hineingeholt werden. Das setzt natürlich voraus, daß die Schüler von den betreffenden Betriebsvertretern beim Sammeln interessanter Dokumentationsmaterialien unterstützt werden (Fotos, Werkstücke, Broschüren, Rohmaterialien, Stellenbeschreibungen etc.). Der Vorteil einer solchen „produktiven" Dokumentationstätigkeit ist, daß die Schüler ihre nach dem Praktikum erfahrungsgemäß recht geringe Motivation neu aufbauen können. Durch geeignet Formen des assoziativen und aktiv-produktiven Lernens ist das sehr viel eher möglich, als durch das übliche Verlesen irgendwelcher Praktikumsberichte. Diese sind in der Regel nämlich so speziell abgefaßt, daß sie viele andere Schüler überfordern und/oder langweilen (vor allen beim „Streuprakti- kum"). Deshalb ist es für die Auswertungsphase wichtig, die Schüler in einen neu motivierenden Lern- und Arbeitsprozeß hineinzuziehen. Einige Anregungen dazu in Kurzform:

- *Anfertigen von Assoziationszeichnungen oder Ausfüllen von Assoziationskarten (Impuls-zetteln) zum Praktikumsalltag* (vgl. Abschn. 3.2). Diese dienen als Grundlage für ein offenes Feedback (was mir im Praktikum besonderen Spaß gemacht hat...; was mich überrascht oder geärgert hat...; ein Beruf, den ich besonders interessant fand...; eine Tätigkeit, die ich besonders gerne gemacht habe...; etc.)

- *Rollenspiele oder pantomimische Darbietungen zu „typischen" Szenen des Praktikums.* Vorbereitet werden diese in mehreren Gruppen mit ähnlichen Betriebs- und Berufserfah- rungen. Dazu sind die zurückliegenden Erfahrungen und Erlebnisse zu rekapitulieren, zu diskutieren, zu würdigen und exemplarisch vorzustellen.

- *Vorbereitung einer kleinen Praktikumsausstellung durch mehrere Schülergruppen.* Dazu empfiehlt es sich, die Schüler nicht alles Mögliche dokumentieren zu lassen, sondern Neigungsgruppen zu bestimmten Praktikumsaspekten zu bilden (interessante Berufe; das „Los" der Auszubildenden; Berufe im Wandel etc.)´, die auf entsprechenden Ausstellungs- plakaten anschaulich dokumentiert werden (Fotos, Zeichnungen, Zitate, Beobachtungs- protokolle, Graphiken, Beschreibungen u. a. m.). Voraussetzung ist allerdings, daß die Ausstellung von vornherein ins Auge gefaßt wird und dementsprechende Vorkehrungen getroffen werden (Absprache mit den Praktikumsbetreuern; wann und durch wen wird ggf. fotografiert etc.). Die Dokumentationsergebnisse können auch anderen Klassen zugänglich gemacht werden und zum gezielten Gespräch und Erfahrungsaustausch inspirieren.

- *Vorbereitung einer gezielten Schülerbefragung zu den Praktikumserfahrungen.* Der Frage- bogen wird allerdings nicht – wie häufig üblich – vom Lehrer eingebracht, sondern von den Schülern in mehreren Gruppen erst entwickelt. Die Frageinteressen der Gruppen werden anschließend zusammen mit dem Lehrer beraten und in einen überschaubaren Fragebo- gen übersetzt. Dieser wird von allen Schülern ausgefüllt und von einer oder mehreren interessierten Schülergruppen ausgewertet (zu Hause!?).

- *Praktikumsberichte einzelner Schüler.* Sofern ausgewählte Praktikumsberichte in der Auswertungsphase vorgetragen werden, sollte es sich um sogenannte „Querschnittsthe- men" handeln, mit denen möglichst alle Schüler was anfangen können. Berichte zu übergreifenden „Wahlpflicht-Themen" (Jugenvertretung, Ausbildung, Entlohnung, Mitbestimmung, Akkordarbeit, Mädchen in ‚Männerberufen', Rationalisierung etc.) eignen sich dazu ebenso wie das Verlesen eines Praktikums-Tagebuchs, das stärker auf die Stimmungslage und die alltäglichen Freuden und Ärgernisse des betreffenden Praktikanten abstellt (vgl. dazu Leisenheimer, 1986, S. 20f.).

Bei allen diesen Varianten geht es wohlgemerkt nicht nur um die Ergebnisse, sondern vor allem um den Prozeß des individuellen und gemeinsamen Nachdenkens, Rekapitulierens, Diskutierens und Klärens. Dieser Prozeß der „konstruktiven Besinnung" ist notwendig, damit es nicht bei mehr oder weniger diffusen, oberflächlichen und unverarbeiteten Einzelerfahrungen bleibt. So wie das Praktikum in der Vorbereitungsphase zusammengeführt wird, so muß es auch in der Auswertungsphase zu einem Grundgerüst an Erfahrungen verdichtet werden! Das individuelle Abfassen einzelner Praktikumsberichte ermöglicht nämlich bestenfalls die Reflexion des Einzelnen, ersetzt aber keinesfalls die wechselseitige Vergewisserung, Bestätigung und Klärung in der Gruppe.

3.7 Aktives Lernen im Berufsinformationszentrum (BIZ)

Die hier favorisierte handlungs- und erfahrungsorientierte Berufswahlorientierung findet seit einigen Jahren eine wichtige Stütze in den bundesweit aufgebauten Berufsinformationszentren (BIZ) der einzelnen Arbeitsämter bzw. in den mobilen Berufsinformationsstellen (MOBIS). Der Grundgedanke bei diesen Einrichtungen: Die Schüler sollen eine überschaubare und gut organisierte Mediothek zur Verfügung haben, in der sie sich in selbstgesteuerter Weise informieren können. Dafür stehen für die Klassenbesuche in der Regel zwei Stunden zur Verfügung, die die Schüler im eigenen Ermessen für ihre ganz individuelle Berufsorientierung nutzen können (als „Privatperson" können sie weitere Besuche abstatten). Sie lernen also nicht für das Fach oder den Lehrer, sondern im wahrsten Sinne des Wortes für sich selbst. Sie bestimmen, worüber sie sich informieren, wie sie vorgehen, wann und zu welchen Fragen sie die im BIZ/MOBIS präsenten Ansprechpartner (Lehrer, Berufsberater) zu Rate ziehen – kurzum: sie gestalten ihren eigenen Lernprozeß und kommen dadurch aus der Rolle des „belehrt werdenden Schülers" heraus. Diese Zielsetzung korrespondiert voll mit dem hier vertretenen Lehr-/Lernkonzept – und sie führt erfahrungsgemäß zu recht erfolgreichem Lernen der Schüler, wie im folgenden noch gezeigt werden wird. Freilich: die entscheidende Voraussetzung für eine motivierende und effiziente Nutzung des BIZ/MOBIS ist, daß die betreffenden Schüler gut vorbereitet sind und über die nötigen Lernstrategien (Methodenkompetenz, Fragestellungen) verfügen, ohne die eine zielgerichtete Selbstinformation nun einmal nicht sinnvoll funktioniert!

Der Aufbau der Berufsinformationseinrichtungen sieht in seiner Grundstruktur wie folgt aus:

Schüler im Lesebereich: Hier bieten alphabetisch geordnete
Lesemappen nähere Informationen zu den verschiedensten
Aspekten des jeweiligen Ausbildungsberufs

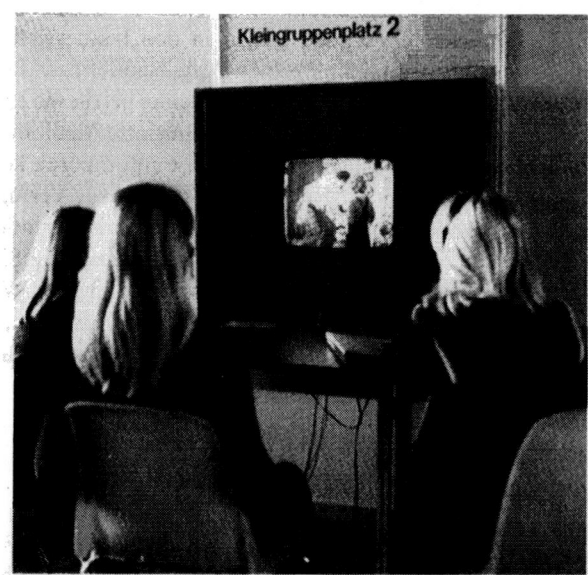

Schüler beim Betrachten eines berufskundlichen Kurzfilms.
Die Filme haben eine Laufzeit von durchschnittlich 6–8
Minuten und geben exemplarische Einblicke in den beruflichen Alltag mit seinen typischen Anforderungen und Tätigkeiten.

● Es gibt eine recht umfangreiche *Mediothek,* in der die Schüler berufskundliche Lesemappen, Kurzfilme, Diaserien, Hörkassetten und zum Teil auch Fachliteratur finden, die sie gezielt in Anspruch nehmen können. Die Palette der angebotenen Medien ist sehr breit und umfaßt detaillierte Informationen zu den wichtigsten Berufen in Text-, Bild-, Film- und Hörspielform. Die Art und Intensität der Nutzung bleibt – wie erwähnt – den Schülern überlassen. Allerdings muß der verantwortliche Lehrer/Berufsberater durch möglichst konkrete Arbeitsblätter und Zielvorgaben eine gewisse Verbindlichkeit in die Selbstinformation der Schüler hineinbringen. Ansonsten besteht die Gefahr, daß einige nur Filme konsumieren – ohne jede Lernabsicht. Dem muß durch die entsprechende Vorbereitung der Schüler entgegengewirkt werden!

● Der zweite Bereich ist der eigentliche *Arbeitsbereich.* Dieser umfaßt zum einen den Lesebereich, in dem die Schüler die frei herausnehmbaren Lesemappen einsehen und auswerten können, zum anderen den Abspielbereich für die Videokassetten, Tonkassetten oder Dias. Jedes Vorführgerät ist mehrfach vorhanden und bietet Informationsmöglichkeiten für jeweils bis zu drei Schüler. Die gewünschten Kassetten bzw. Dias können an der „Infothek" ausgeliehen werden.

Im Vordergrund der Lerntätigkeit steht die Einzelarbeit, da jeder Schüler seinen ganz individuellen Berufswünschen und Informationsinteressen nachgehen soll. Deshalb sind genügend Arbeitsplätze vorhanden, um zu lesen, Notizen zu machen, Filme oder Dias anzuschauen etc. Die Organisation sieht dabei im allgemeinen vor, daß nur jeweils eine Klasse anwesend ist, damit auch personelle Überschaubarkeit gewährleistet ist. Die verantwortlichen Lehrer und Berufsberater sind im wesentlichen freie Ansprechpartner für die Schüler, sind also nicht Instrukteure und Animateure für einen bestimmten Lernprozeß!
Die zielgerichtete und effiziente Nutzung des BIZ/MOBIS steht und fällt jedoch mit der Kompetenz der Schüler, eigenständig zu arbeiten. Diese Voraussetzung ist leider nicht immer erfüllt, so daß die Schüler die potentiellen Möglichkeiten dieser Einrichtung häufig nur begrenzt ausschöpfen können. Wie die Erfahrung zeigt, werden BIZ/MOBIS-Besuche immer wieder recht unvorbereitet eingeschoben, weshalb für die betreffenden Schüler außer einem willkommenen Lernortwechsel und einem ungewohnten Freiraum wenig herauskommt. Dafür ist das großzügige Angebot der Arbeitsverwaltung im Grunde zu schade. BIZ/MOBIS-Besuche müssen und können vorbereitet werden! Das gilt vor allem in dreierlei Hinsicht:

a) Die Schüler müssen anhand von Dias, Folien oder Broschüren über das praktische Angebot und die praktische Vorgehensweise im BIZ/MOBIS überblickshaft informiert werden, damit sie sich gedanklich und methodisch-strategisch auf den Besuch einstellen können → *Orientierungsaufgabe.*

b) Die während des BIZ-Besuches erforderlichen Arbeitsmethoden und Arbeitsschritte sollten exemplarisch eingeübt werden (Umgang mit Filmen, gezielte Informationsentnahme aus berufskundlichen Schriften, Bearbeitung spezifischer Arbeits- bzw. Protokollbögen) → *Methodische Qualifizierung.*

c) Die Schüler müssen ihre Interessen, Fragen und Arbeitsaufgaben vor dem BIZ-Besuch möglichst genau abklären. Das schließt ein, daß sie sich auf zwei bis drei Alternativberufe (Wunschberufe) festlegen, die sie im Klassenverband oder allein näher „erforschen" wollen. Dazu gehört aber auch, daß ihnen ein überschaubarer Protokoll- bzw. Erkundungsbogen an die Hand gegeben wird, der die Auswertung der verschiedenen Informationsmedien erleichtert → *Arbeitshilfen.*

Die Arbeitsämter sind mittlerweile vielfach dazu übergegangen, entsprechende Schülerarbeitshefte bereitzustellen. So begrüßenswert diese Initiative auch ist, so problematisch ist auf der anderen Seite die in aller Regel sehr große Zahl von Detailfragen, die gestellt werden und viele Schüler in der zur Verfügung stehenden Zeit einfach überfordern. Die Pädagogik lebt nun einmal vom „Mut zur Lücke", damit das, was wirklich näher unter die Lupe genommen wird, auch eine Chance hat, hinreichend durchdacht und gedanklich verankert zu werden. Zu viele Fragen provozieren hingegen das Abschalten/Resignieren und/oder das Hinschreiben oberflächlicher Assoziationen. Welcher Schüler ist schon so umfassend interessiert, daß er eine systematische Berufsanalyse auf sich nimmt? Insofern ist einmal mehr zu betonen: Ausgangspunkt des Protokoll- bzw. Erkundungsbogens muß das sein, was die Schüler vermutlich interessiert und was ihnen unter Beachtung der zeitlichen Restriktionen zuzumuten ist! Dieses Denken vom Schüler her unterscheidet sich grundlegend von der fachlichen Fragesystematik der Experten, wenngleich beide Sichtweisen in gewissen Schnittmengenbereichen durchaus kompatibel sind.

Unabhängig von diesen Anmahnungen läßt sich rückblickend jedoch feststellen, daß sich die Selbstinformationseinrichtungen BIZ/MOBIS zwischenzeitlich zu einem allseits anerkannten und wirksamen Angebot zur Berufsorientierung entwickelt haben. Beinke hat dieses in einer neuen Untersuchung zur „Nutzungseffizienz der Selbstinformationseinrichtungen der Berufsberatung" recht deutlich nachgewiesen. Die Schüler der insgesamt 12 Untersuchungs-Klassen beurteilten das BIZ – nachdem sie es besucht hatten – zu 48 % als „sehr gut" und zu 32 % als „gut" (vgl. Beinke, 1986, S. 6260). Über den Informationszuwachs durch den BIZ-Besuch läßt sich aufgrund fehlender spezieller Tests zwar nichts Generelles sagen, aber Beinke wertet den deutlichen Anstieg des Informationsgrades der Schüler innerhalb des Untersuchungszeitraums als unverkennbares Indiz für die Wirksamkeit dieser Maßnahme. Ein weiterer Effekt im Hinblick auf die Nutzung der Berufsberatung: „. . . die Schüler (stellen) kritischere, gezieltere und auch instistierendere Fragen, bezogen auf ihre individuelle Situation und die objektiven Realisierungschancen" (ebenda, S. 6261). Beinkes Schlußfolgerung aus den Erfahrungen des Gesamtprojekts: Der Berufswahl-Unterricht solle möglichst nicht bei einem BIZ-Besuch stehenbleiben, sondern einen zweiten vorsehen, damit die Schüler ihre hohen Erwartungen und ihre gewonnene Routine ein zweitesmal einbringen können. Was Beinkes Untersuchung überdies bestätigt, ist die Notwendigkeit einer gezielten unterrichtlichen Vorbereitung der Schüler. „Es liegt der Schluß nahe", so schreibt er, „daß Schüler, die über ein bestimmtes Vorwissen durch den Berufswahlunterricht verfügen, mit den Möglichkeiten des BIZ schneller und besser umgehen, die

Situation leichter strukturieren können" (ebenda, S. 6260). Daraus ergibt sich als Konsequenz, daß der BIZ-Besuch nicht irgendeine „Exkursion" am Rande des Berufswahl-Unterrichts sein darf, sondern fest in dessen Ablauf integriert werden muß. Das gilt auch und nicht zuletzt für die Auswertung dieses Besuchs, der sinnvollerweise nachbesprochen und auf generalisierbare Erfahrungen und Schwierigkeiten hin abgeklopft werden muß, damit die Schüler bei späteren Selbstinformations-Aktivitäten davon profitieren können.

3.8 Anregungen zur Verbesserung der Berufsberatung

Die Schulbesuche der Berufsberater – und nur um diese geht es hier – sind in methodischer Hinsicht vielfach variantenreicher und schülerorientierter zu gestalten, als das in der faktischen Arbeit der Fall ist. Das bestätigen nicht zuletzt die Problemanzeigen und Erklärungen betroffener Berufsberater in Abschnitt 1.5. Danach gibt es durchaus plausible und nachvollziehbare Gründe, weshalb die schulische Arbeit der Berufsberater immer wieder hinter ihren Möglichkeiten zurückbleibt. Überzogene Stoffvorgaben, zu geringe Zeit, unzureichende Kenntnis der Schüler, ein sehr schmales pädagogisches Repertoire (viel Frontalunterricht) sowie die eher dürftige Kooperation mit den Lehrern sind die Hauptprobleme, die zur Erklärung der wahrgenommenen Motivations- und Wirksamkeitsprobleme angeführt werden.

Die Chancen für eine Besserung stehen allerdings nicht schlecht, weil das konstruktive Nachdenken längst eingesetzt hat und die Entwicklung und Erprobung didaktischer und methodischer Alternativen in den letzten Jahren deutlich sichtbar in Gang gekommen ist. Die in Abb. 4 aufgelisteten Ideen und Anregungen für eine stärker praxis- und handlungsorientierte Methodik im Rahmen der Schulbesuche zeigen an, daß sich hier einiges bewegt oder zumindest als Perspektive bewußt geworden ist (vgl. auch das Interview im nachfolgenden Kasten). Der Verweis auf die Attraktivität und Lernwirksamkeit von Simulations- und Rollenspielen, von praktischen Fallbeispielen und forschendem Lernen im Berufsinformationszentrum, von motivierendem Medieneinsatz und konkreten Gesprächen über Ausbildungsstellen und individuelle Beratungsanliegen – dies alles ist nicht nur Absichtserklärung, sondern fließt bereits in die Schulveranstaltungen mit ein. Allerdings ist der tatsächliche Innovationsschub bislang noch nicht weit vorgedrungen – weder bei den Berufsberatern noch bei den Lehrern (vgl. Abschn. 2.2). Insofern besteht gerade in methodischer Hinsicht nach wie vor erheblicher Handlungs- und Innovationsbedarf, wenn die durchaus richtigen und wichtigen Optionen der Berufsberater auch wirklich zum beherrschenden Moment der praktischen Unterrichtsarbeit werden sollen. Das vorliegende Buch unterstreicht diese Optionen und konkretisiert und operationalisiert sie soweit, daß ihre Übersetzung in die Unterrichtspraxis hinein ein gutes Stück leichter werden sollte. Das Problem ist nämlich, daß viele Berufsberater – und Lehrer – zwar die richtige Absicht haben, aber sich mit dem methodischen „know how" noch schwer tun, um diese Absicht in die Unterrichtspraxis umsetzen zu

ERFAHRUNGEN UND ANREGUNGEN AUS DER PRAXIS

Interview mit N. Arend, Abschnittsleiter der Berufsberatung beim Arbeitsamt Landau

(1) Herr Arend, sehen Sie Möglichkeiten zur Verbesserung der Zusammenarbeit zwischen Lehrern und Berufsberatern?

Ich sehe nicht nur Möglichkeiten, sondern wir machen auch schon einiges. In Landau wurde 1983 eine Arbeitsgruppe aus Vertretern einiger Hauptschulen und der Berufsberatung gebildet, die versucht hat, eine konkrete Arbeitshilfe für den Berufswahl-Unterricht zu erarbeiten. Das hat die Kolleginnen und Kollegen nicht nur untereinander ins Gespräch gebracht, sondern es sind auch konkrete Vorschläge für eine verbesserte Abstimmung und Zusammenarbeit herausgekommen. Wünschenswert wäre nach meiner Ansicht, daß solche Arbeitsgruppen an möglichst vielen Schulen eingerichtet werden. Diese Form der Zusammenarbeit würde Vertrauen fördern und gemeinsame Vorhaben ermöglichen - bis hin zum Teamteaching.

(2) Viele Berater klagen über zuviel Stoff. Wie reagieren Sie in Ihrem Amt darauf?

Wir haben den zu vermittelnden Unterrichtsstoff bereits erheblich reduziert. Ein Teil des Stoffes wird nicht mehr durch den Berufsberater, sondern durch den jeweiligen Lehrer übernommen. Weiterhin versuchen wir die Prinzipien "Mut zur Lücke" und "Weniger ist mehr" ernsthaft zu praktizieren. In methodischer Hinsicht schließlich sind die Berater bemüht, vom reinen Frontalunterricht wegzukommen. Das geschieht durch den Einsatz von Partnerarbeit, Gruppenarbeit und Rollenspielen. Der Schüler soll dadurch möglichst aktiv in den Unterrichtsprozeß einbezogen werden. Allerdings sind diese methodischen Ansätze meist nur unter Schwierigkeiten zu verwirklichen, da viele Schüler diese Unterrichtsformen nicht gewohnt sind, und auch die Berater sich erst allmählich an diese offenen Lernformen gewöhnen müssen.

(3) Müßten die Orientierungsveranstaltungen in der Schule nicht stärker auf die konkreten Fragen und Anliegen der Schüler zugeschnitten werden, um mehr Betroffenheit und Lerninteresse zu wecken?

Dem stimme ich grundsätzlich zu. Unsere Berater versuchen auch, stärker zu individualisieren, aber das ist bei Klassenstärken von 25 - 30 Schülern nicht leicht. Man kann ja nicht auf das Problem eines jeden einzelnen Schülers eingehen. Dennoch gibt es positive Ansätze: Zum Beispiel bieten wir verstärkt themenspezifische Gruppenveranstaltungen an, bei denen für 8 - 15 Jugendliche jahrgangs- und gegebenenfalls auch schulübergreifend bestimmte berufswahlrelevante Themen behandelt werden; z.B. Wie stelle ich mich vor? Außerdem organisieren wir von der Berufsberatung aus verschiedene Orientierungsmaßnahmen für Mädchen, die Interesse an gewerblich-technischen Berufen haben: Das sind zum Beispiel Betriebserkundungen mit diesem Schwerpunkt oder auch Arbeitserprobungen für Mädchen, die selbst einmal den Umgang mit Werkzeugen und Maschinen aus dem Metall- und Elektrobereich ausprobieren wollen.

(4) Wäre aus dem eben Gesagten nicht auch der Schluß zu ziehen, daß bereits in der Schule vermehrt gezielte Beratungsangebote für Einzelne und Gruppen gemacht werden müßten?

Mit Einschränkungen ja. Wir tun in dieser Hinsicht auch schon einiges, vielleicht zu wenig, aber die personellen Kapazitäten setzen doch auch gewisse Grenzen. Wir haben mittlerweile Sprechzeiten an den Schulen eingerichtet, um den Schülern den

*Kontakt zum Berufsberater zu erleichtern. Die Schüler haben dabei Gelegenheit,
berufswahlrelevante Fragen mit dem Berufsberater zu besprechen. Wir erhoffen uns
davon nicht zuletzt eine stärkere Verzahnung der Orientierungs- und Beratungs-
leistungen der Berufsberatung und damit natürlich auch eine größere individuelle Zufriedenheit der Ratsuchenden.*

(5) Ein anderer Punkt: Die Informationszentren BIZ und MOBIS werden mittlerweile
ja recht rege besucht. Wie sind Ihre Erfahrungen mit diesem Angebot?

*Unsere Erfahrungen sind im ganzen gesehen recht positiv. In unserem Bereich be-
suchen alle Schüler mindestens einmal im Klassenverband BIZ oder MOBIS. Die Lehrer und Schüler erhalten von uns Arbeitshilfen, um die Besuche gut vorzubereiten, denn nur dann haben sie einen Sinn! Erfreulich ist, daß der Besuch im Klassenverband eine Reihe von Schülern offenbar dazu motiviert, die Selbstinformationseinrichtungen auch als Einzelbesucher außerhalb der Schulzeit zu nutzen.*

(6) Abschließend noch eine Frage zu den Fortbildungsmöglichkeiten der Berufsberater: Reichen sie nach Ihrer Ansicht aus? Was kann verbessert werden?

*Wir sind grundsätzlich für eine Verstärkung der Fortbildungsanstrengungen. Das
beginnt auf der alltäglichen Ebene damit, daß die Berater Gelegenheit haben sollten, über ihre Arbeit im Kollegenkreis zu reflektieren, Probleme zu besprechen
und Erfahrungen und Ideen auszutauschen. Ein Ansatz in dieser Richtung ist die
in einigen Arbeitsämtern - darunter auch Landau - zwei Jahre lang erprobte Pra-
xisberatung. Außerdem beginnt 1987 ein großangelegtes Fortbildungsprojekt, dessen Ziel es ist, sämtliche Berufsberater im Bundesgebiet in sachen Berufsorientierung - inclusive Berufswahl-Unterricht - fortzubilden.*

können. In dieser Hinsicht will das vorliegende Buch Stütze, Anregung und
Beispielsammlung zugleich sein.

Die Anregungen der Berufsberater gehen jedoch noch weiter: Unter der Fragestellung „Was würden Sie in ihren Schulveranstaltungen gerne anders bzw. besser
machen als bisher?" plädieren die befragten Berufsberater ziemlich einhellig für
eine intensivere Kooperation mit den zuständigen Lehrern sowie für möglichst
konkrete Anregungen und Arbeitshilfen zur Gestaltung des Unterrichts (zur Art der
Befragung vgl. Abschn. 1.5). Die wichtigsten Wünsche und Anregungen sind in
Abb. 15 überblickshaft zusammengefaßt. In 14 von 17 Stellungnahmen wird der
Wunsch nach einer verbesserten Zusammenarbeit mit den Lehrern geäußert und mit
unterschiedlichen Zielen und Erwartungen verbunden. Die konkreten Ziele reichen
von der gemeinsamen Unterrichtsplanung und -abstimmung über das Besprechen
der Klassensituation und etwaiger Problemschüler bis hin zum unmittelbaren
„Teamteaching" von Lehrern und Berufsberatern. Offenbar ist in dieser Hinsicht
bislang noch wenig geschehen, was dazu beitragen könnte, die Berufsberater aus
ihrer „pädagogischen Randexistenz" herauszubringen.

Die Erwartungen der Berufsberater gehen vor allem in zwei Richtungen: Erstens
erhofft man sich von der intensiveren Zusammenarbeit mit den Lehrern ein Mehr an
Informationen und Sicherheit im Umgang mit den Schülern; zweitens verbindet sich
mit der Forderung nach gemeinsamer Unterrichtsplanung und Teamteaching offenbar auch die Erwartung, daß auf diese Weise pädagogische Fortbildung im Sinne des
„learning by doing" möglich wird. Das muß keinesfalls nur so laufen, daß die

Berufsberater von den Lehrern lernen, sondern es können durchaus auch umgekehrt Anstöße gegeben werden. Dieser Grundgedanke ist eigentlich so plausibel, daß er jedermann überzeugen und zur Tat schreiten lassen müßte. Nur ist die Realität bislang leider nicht so. Die Vernachlässigung der praktischen Zusammenarbeit ist dabei in aller Regel weniger ein Zeit- und Organisationsproblem – obwohl es auch da hakt –, sondern vorrangig eine Frage der Bereitschaft und Fähigkeit der Beteiligten zum offenen didaktisch-methodischen Dialog und Erfahrungsaustausch. Gerade in dieser Hinsicht liegt an unseren Schulen vieles im argen. Dennoch: Im Interesse einer Optimierung des Berufswahl-Unterrichts im allgemeinen und der Schulveranstaltungen im besonderen kann das Anliegen der befragten Berufsberater hier nur unterstrichen werden. Wenn die Schulveranstaltungen ihr Image als „nicht so wichtig zu nehmende Sonderangebote" loswerden wollen, dann ist eine verstärkte Kooperation und Integration in die Gesamtplanung des Berufswahl-

VORSCHLÄGE FÜR EINE "BESSERE" PRAXIS

● INTENSIVERE KOOPERATION UND KOORDINATION MIT DEN ZUSTÄNDIGEN LEHRERN ---► *14 NENNUNGEN (von 17 möglichen)*

  - *Gemeinsame Planung und Durchführung von Unterricht (incl. Teamteaching)*
  - *Mehr Informationen über die Klasse und einzelne Problemschüler*
  - *Vorbesprechung mit allen beteiligten Lehrern*
  - *Häufigere Anwesenheit im Berufswahl-Unterricht des Lehrers*
  - *Anwesenheit des Lehrers im Berufswahl-Unterricht des Beraters*
  - *Mitarbeit bei der Vorbereitung von Schülerpraktika und sonstigen berufswahlbezogenen Projekten*

● BEREITSTELLUNG KONKRETER ANREGUNGEN ZUR GESTALTUNG DES UNTERRICHTS (NEUE METHODEN; SAMMLUNG "GUTER" MEDIEN UND ARBEITSBÖGEN) ---► *8 NENNUNGEN*

● VERSTÄRKTE PÄDAGOGISCHE UND PSYCHOLOGISCHE WEITERBILDUNG ---► *4 NENNUNGEN*

● STÄRKERE INTEGRATION DER SCHULVERANSTALTUNGEN IN DEN BERUFSWAHLUNTERRICHT ---► *2 NENNUNGEN*

● AUSWEITUNG DER ELTERNARBEIT BZW. GEZIELTERE ELTERNINFORMATION ---► *2 NENNUNGEN*

● REGELMÄSSIGE UND/ODER HÄUFIGERE PRÄSENZZEITEN IN DER SCHULE ---► *2 NENNUNGEN*

● MEHR AUSTAUSCH MIT DEN KOLLEGEN VON DER BERUFSBERATUNG (EINSCHLIESSLICH HOSPITATIONEN) ---► *2 NENNUNGEN*

● MEHR INDIVIDUALISIERUNG DES UNTERRICHTS (EINGEHEN AUF EINZELNE SCHÜLER; THEMENZENTRIERTE KLEINGRUPPENGESPRÄCHE) ---► *1 NENNUNG*

Abb. 15: Worin Berufsberater wichtige Ansatzpunkte für eine Verbesserung der Schulveranstaltungen sehen (Befragungsergebnisse; zur Befragung vgl. Abschn. 1.5)

Unterrichts im Grunde unverzichtbar. Regional oder landesweit verabschiedete Rahmen-Curricula können dieses Anliegen zwar unterstützen, aber sie können die persönliche Meinungsbildung und Abstimmung zwischen den jeweils zuständigen Lehrern und Berufsberatern keinesfalls ersetzen! Das Lernen voneinander und miteinander ist nicht nur eine wichtige Maxime im Hinblick auf die Schüler, sondern gilt auch und nicht zuletzt für das Verhältnis von Lehrern und Berufsberatern. Schließlich tangieren gute oder schlechte Schulveranstaltungen der Berufsberater auch den sonstigen Berufswahl-Unterricht. Für die damit angesprochene Kooperation reicht es allerdings nicht hin, formal-zeitliche Übereinkünfte zu treffen, sondern nötig ist vor allem – wie erwähnt – die gezielte didaktisch-methodische Meinungsbildung und Abstimmung. Damit diese auch fruchtbar wird, empfiehlt es sich, auf konkrete Beispiele, Materialien, Stundenkonzepte und Erfahrungen zurückzugreifen und diese zum konkreten Gesprächsgegenstand zu machen. Vielleicht trägt auch in dieser Hinsicht das vorliegende Buch dazu bei, dem Dialog zwischen Lehrern und Berufsberatern eine konstruktive Basis zu geben.

Für die von den Berufsberatern ebenfalls reklamierte pädagogische Weiterbildung ist diese Art der konstruktiven Zusammenarbeit gewiß wichtig und wegweisend. Je konstruktiver und produktiver die Kooperation mit den Lehrern, um so größer ist in aller die Regel die Chance, daß auch die Attraktivität und Wirksamkeit der Schulveranstaltungen davon profitiert. Hospitationen, gemeinsame Unterrichtsplanung, Austausch von Materialien und Arbeitsblättern sowie gelegentliches Teamteaching sind praktische Schritte in die richtige Richtung. Das gilt freilich nicht nur für die Zusammenarbeit zwischen Lehrern und Berufsberatern, sondern auch und zugleich für die Kooperation der Berufsberater untereinander. Obwohl in der Befragung nur zweimal explizit als Anliegen genannt, ist die wechselseitige Hospitation und Verständigung der Berufsberater eine gewiß nicht minder wichtige Maßnahme zur Weiterbildung im Sinne des „learning by doing and discussing". Zeitliche und sonstige Restriktionen sind bei konkreten Kooperationsvorhaben zwar immer hinderlich, aber sie sollten ein Hindernis sein, das sich überwinden läßt – nicht gleich in optimaler Weise, aber doch so, daß Versuche und Fortschritte möglich werden.

Faßt man die bisherigen Überlegungen und Befragungsergebnisse zusammen, so ergeben sich im Hinblick auf die Verbesserung der Schulveranstaltungen die folgenden Ansatzpunkte:

a) Mehr praxisnahe und handlungsorientierte Lehr-/Lernangebote – oder in den Worten einiger Berufsberater:

● *„Noch mehr weg von kognitiven Lernzielen und -inhalten; Aufgabe der These, die Berufswahl sei ein rationaler Prozeß; übt mit den Schülern andere Unterrichtsformen als immer nur Frontalunterricht und trainiert Erfahrungslernen!"*

● *„Man muß von der Form des Vortrages wegkommen und stattdessen die Schüler mehr selbst tun lassen."*

● *„Wichtig ist die intensive Vor- und Nachbereitung einzelner Aktivitäten anstatt der Massenproduktion statistischer Einheiten."*

b) *Intensivere Kooperation zwischen Berufsberatern, Lehrern und Eltern, damit die Qualität und „Autorität" des Berufswahl-Unterrichts steigt und dadurch letztlich auch die Lernbereitschaft der Schüler.*

c) *Gezielte pädagogische Weiterbildung der Berufsberater – vor allem im Sinne des „learning by doing and cooperative planning" (Hospitationen, gemeinsame Unterrichtsvorbereitung etc.).*

d) *Konkrete (fallweise) Einbeziehung des Berufsberaters in bestimmte Lernspiele oder sonstige Lernanlässe während des Unterrichts. Die beiden Rollenspiele in den Abschnitten 4.3 und 4.5 sehen z. B. die Rolle des Berufsberaters vor (in der Person des Onkels), die natürlich am besten von einem echten Berufsberater ausgefüllt werden kann. Das gleiche gilt für Rollenspiele, die auf das Gespräch mit dem Berufsberater vorbereiten sollen. Dazu bietet sich geradezu an, ein solches „Probegespräch" unter Mitwirkung des faktisch zuständigen Berufsberaters im Unterricht zu simulieren und auf diese Weise eine recht authentische Vorbereitung sicherzustellen. Durch rechtzeitige zeitliche (und sachliche) Abstimmung sowie eine gewisse zeitliche Flexibilität und Dispositionsfreiheit des Berufsberaters sollten sich punktuelle Kooperationsansätze dieser Art durchaus erfolgreich verwirklichen lassen. Das Plädoyer einiger Berufsberater für regelmäßige und häufigere Präsenszeiten in der Schule käme diesem Ansinnen entgegen.*

e) *Einsatz von Materialien und Medien, die einen immanenten Aufforderungs- und Rätselcharakter haben (vgl. Abschn. 3.4). Ein Gesprächsprotokoll aus der Beratungspraxis ist dann z. B. relativ unergiebig, wenn es in sich abgerundet und abgeschlossen ist. Ein Gespräch jedoch, das z. B. unerwartet und ohne Lösung endet, in das Fehler eingebaut sind oder das nach einigen Sequenzen unterbrochen wird, damit die Schüler Vermutungen zum möglichen Fortgang anstellen, Probleme formulieren oder Antworten auf angerissene Fragen suchen (vgl. Beispiele) – das sorgt für lernrelevante Irritationen und Inspirationen, aktiviert die Schüler und bringt Diskussionen in Gang. Dieser Grundgedanke gilt – wie erwähnt – für alle möglichen Lehr-/Lernmittel.*

FALLBEISPIEL: ANDREA

BERUFSBERATER: *Guten Tag, Andrea. Womit kann ich Dir behilflich sein?*

ANDREA: *Ich weiß noch nicht, was ich machen soll. Ich komme nächstes Jahr aus der Hauptschule und habe mir einige Gedanken gemacht. Klare Vorstellungen habe ich jedoch noch nicht. Der Bürobereich wäre sicherlich nicht schlecht, und das ist übrigens auch bei STEP-PLUS herausgekommen.*

BB: *Denkst Du dabei schon an bestimmte Berufe?*

ANDREA: *So genau weiß ich das noch nicht. Aber ich stelle mir vor, daß ich nicht nur hinter dem Schreibtisch sitzen und immer Schreibmaschine schreiben möchte. Ich hätte auch gerne Kontakt mit anderen Leuten, wie es zum Beispiel bei einer Bank möglich ist. Aber ich denke, daß man für Bankkaufmann die mittlere Reife braucht.*

BB: *Ja, da hast Du sicherlich recht. Würdest Du auch eine weiterführende Schule besuchen, um den qualifizierten Sekundarabschluß I zu erreichen?*

ANDREA: *Ja, wenn ich dann bessere Chancen habe, um einen Ausbildungsplatz zu finden. (...)*

BB: *Bevor wir uns nun über die einzelnen Berufe bzw. Schulen unterhalten, müßte ich jedoch noch einiges mehr über Dich wissen, um Dir besser weiterhelfen zu können.*

> *FRAGE: WAS WIRD DER BERUFSBERATER ANDREA FRAGEN? SCHREIBE BITTE EINIGE MÖGLICHE FRAGEN AUF!*

FALLBEISPIEL: RALF

BERUFSBERATER: *Wie bist Du denn darauf gekommen, während Deines Betriebspraktikums zum Fernmeldeamt zu gehen, obwohl Dich Berufe in diesem Bereich eigentlich gar nicht interessieren?*

RALF: *Ja, ich hatte mir halt noch gar nichts überlegt, und da viele aus meiner Klasse dahin gegangen sind, bin ich einfach mitgegangen.*

MUTTER: *Sehen Sie, da haben wir es wieder. Er kümmert sich überhaupt nicht darum, was er nach der Schule werden soll. Mein Mann und ich, wir fragen ihn ja dauernd danach, aber er gibt uns einfach keine Antwort.*

RALF: *Ist doch wahr, wie soll ich denn jetzt wissen, was ich im Sommer des nächsten Jahres lernen soll. Und überhaupt, es gibt für Hauptschüler ja sowieso keine Stellen.*

MUTTER: *... und wenn ich mir dann Deine Noten noch ansehe. Mit dem Jahreszeugnis der 8. Klasse kann er sich unmöglich bewerben. Dumm ist er ja nicht, nur er lernt überhaupt nichts mehr. Ständig ist er mit seinen Freunden unterwegs ...*

> *AUFGABE: WELCHE PROBLEME HAT RALF BEI SEINER BERUFSWAHL? WIE SOLL ER SICH VERHALTEN? NOTIERE!*

Quelle: Landesarbeitsamt/PZ Bad Kreuznach, 1986, S. 23 und S. 34

4. Ausgewählte Lern- und Arbeitshilfen (Bausteine)

In den folgenden Abschnitten werden mehrere Unterrichtshilfen vorgestellt, die handlungsorientiertes Lehren und Lernen ermöglichen. Sie sollen dazu beitragen, den hier vertretenen Anspruch weitergehend zu konkretisieren und seine unterrichtliche Umsetzung zu erleichtern. Methodisch wird dabei vor allem an die Ausführungen in den Abschnitten 3.2 (Voreinstellungen reflektieren), 3.4 (in Büchern nachschlagen) und 3.5 (Rollen- und Planspiele) angeknüpft. Gemeinsam ist den dokumentierten Lern- und Arbeitshilfen, daß sie die Schüler in spielerischer, aktiver und kreativer Weise an das Thema Berufswahl heranführen. Die Schüler werden aktiviert, und sie erhalten zugleich Gelegenheit, konkrete Handlungs- und Entscheidungsweisen zu trainieren, die sie für die bevorstehende Berufswahl brauchen.

Die Schüler zeichnen, lösen Rätsel, schlagen in „Beruf Aktuell" und anderen Medien nach; sie füllen Rollenkarten aus, diskutieren und debattieren, wählen Bewerber aus, planen und entscheiden, formulieren konkrete Bewerbungsschreiben, bearbeiten Übungstests und simulieren Vorstellungsgespräche. Dies alles ist zwar noch nicht die Ernstsituation, aber die Schüler werden doch relativ nah und praxisbezogen an die potentiellen Ernst- und Bewährungssituationen herangeführt. Die Intention dabei: Sie sollen handlungsrelevante „Als-Ob-Erfahrungen" sammeln, die ihnen später vielleicht zugute kommen, wenn sie in der Schule, in der Familie, im Freundeskreis, beim Berufsberater oder in den Betrieben Rede und Antwort stehen müssen.

Die nachfolgend dokumentierten Unterrichtshilfen sind ganz überwiegend „Lernspiele". Der Grund dafür: Lernspiele sind zwar weithin als wichtige und wirksame Methode anerkannt, aber praktikable Beispiele und Vorlagen finden sich kaum. Diesem Defizit soll hier entgegengewirkt werden. Die mit den einzelnen Lernspielen verbundenen Lernchancen lassen sich wie folgt umreißen:

- Das Assoziations-Spiel in Abschnitt 4.1 gibt den Schülern Gelegenheit, sich die eigenen Erwartungen und Voreinstellungen zur Berufswahl bewußt zu machen und darüber im Schülerkreis ins Gespräch zu kommen.

- Die beiden Kreuzworträtsel in Abschnitt 4.2 dienen vorrangig dazu, den gezielten Umgang mit „Beruf Aktuell" zu üben (Methodentraining); außerdem werden gewisse Einblicke in das System der weiterführenden Schulen vermittelt.

- Die Rollenspiele in den Abschnitten 4.3–4.5 führen in aktuelle Diskussionen und Kontroversen ein (z.B. „Frauen in Männerberufen?"); sie vermitteln berufskundliche Sachinformationen und ermöglichen den Schülern ein gewisses Gesprächstraining.

- Das Entscheidungsspiel in Abschnitt 4.6 gewährt einen Blick hinter die Kulissen der Bewerberauswahl in den Betrieben (Auswahlkriterien, Bedeutung der Bewerbungsunterlagen); die Schüler schlüpfen in die Rolle von Betriebsvertretern und müssen ihre „Favoriten" unter den Bewerbern bestimmen.

- Das Würfelspiel in Abschnitt 4.7 vermittelt einen spielerischen Überblick über die verschiedenen Etappen der Lehrstellensuche; durch Ereignis- und Wissenskarten werden zusätzliche Sachaspekte eingebracht.

- Das Planspiel in Abschnitt 4.8 führt in recht differenzierter Weise in den Gesamtprozeß der Berufswahl, Lehrstellensuche und Bewerbung ein. Es verlangt von den Schülern, daß sie am Beispiel einer fiktiven Region die wichtigsten Etappen des Berufswahlprozesses konkret durchspielen; das beginnt bei der beruflichen Orientierung und geht bis hin zur Bewerbung bei einem bestimmten Betrieb, eventuell auch noch weiter bis zum Test und Vorstellungsgespräch.

- Im Mittelpunkt der Abschnitte 4.9 und 4.10 steht die Simulation von Einstellungstests und Vorstellungsgesprächen; die Schüler sollen für derartige Prüfungssituationen sensibilisiert werden; sie sollen Ängste abbauen und Sicherheit gewinnen.

Gelernt wird also auf mehreren Ebenen: Zum ersten reflektieren die Schüler ihre persönlichen Voreinstellungen, Erwartungen und Interessen (Selbsterforschung), zum zweiten üben sie sich im selbständigen und gezielten Arbeiten mit verschiedenen Berufswahlhilfen (Methodentraining) und zum dritten schließlich simulieren und erproben sie konkrete Handlungs- und Entscheidungsstrategien für die anstehende Berufs- und Lehrstellensuche (praktisch-strategisches Lernen). Hinter alledem steht die bereits zitierte Devise: „Learning by doing"!

Die angeführten Berufswahl-Spiele ergeben natürlich kein komplettes Unterrichtsprogramm. Sie sind „Bausteine", die von den verantwortlichen Lehrern/Berufsberatern wahlweise eingesetzt, kombiniert und durch andere Unterrichtsmethoden ergänzt werden können (Fallstudien, Berufserkundungen, BIZ-Besuche etc.). In diesem Sinne bilden sie ein offenes Lehr-/Lernangebot, dessen Klammer der handlungsorientierte Lernanspruch ist. Die thematischen und methodischen Schwerpunkte sind so gewählt, daß eine ganze Reihe wichtiger Lernziele des Berufswahl-Unterrichts abgedeckt oder zumindest gestreift wird (vorausgesetzt, die Spiele werden gezielt ausgewertet und nachbereitet!). Das geschieht zwar nicht unbedingt mit der Differenziertheit und Intensität, mit der ein Lehrgang die entsprechenden Ziele anpeilen kann; jedoch wird exemplarisch orientiert, trainiert und bei alledem sehr wirksam gelernt. Die meisten Lernspiele sind dabei so konzipiert, daß sie gleich mehrere fachliche und methodisch-strategische Ziele verfolgen. Was im Spiel selbst nicht hinreichend vertieft werden kann, muß in der Nachbereitungsphase entsprechend aufgegriffen und geklärt werden.

Vom Zeitbedarf her sind die dokumentierten Unterrichtsbausteine mehr oder weniger komplex und aufwendig angelegt. In der Regel ist von einem Zeitansatz von etwa 1 bis 2 Schulstunden je Baustein auszugehen, wobei einige vorbereitende Arbeiten – wie z. B. das Lesen der Spielunterlagen – unter Umständen zu Hause erledigt werden können. Wichtig ist nur, daß für die Auswertung und fachliche Vertiefung der Lernspiele hinreichend Zeit bleibt! (Feedback, Klärung von Fragen, Besprechung aufgetretener Schwierigkeiten, Bearbeitung zusätzlicher Materialien etc.). Etwas aus dem Rahmen fällt lediglich das Planspiel „Berufswahl von A bis Z" (vgl. Abschnitt 4.8). Für dessen Durchführung sind etwa 3–4 Unterrichtsstunden zu veranschlagen – allerdings müssen diese nicht im Block gehalten werden. So gesehen sind alle Unterrichtsbausteine in den normalen Zeit- und Stundenrahmen des Schulvormittags einzupassen; vorausgesetzt, es gibt dann und wann auch mal Doppelstunden!

Eine besondere Variante bei einigen Lernspielen: Der Berufsberater wird unmittelbar in das Unterrichts- und Spielgeschehen einbezogen: teilweise als Mitspieler, teilweise aber auch nur als Berater in der Auswertungsphase. Durch diese Art der *Integration des Berufsberaters* soll zweierlei erreicht werden: Erstens kommt er auf diese Weise aus seiner offensiv-belehrenden Rolle heraus; die Schüler beschäftigen sich zunächst mit den Spielmaterialien, diskutieren und entwickeln ihre eigenen Fragen. Zweitens lernen die Schüler den Berufsberater einmal anders kennen und schätzen: nämlich als Mitspieler und Experten, den man für die Beantwortung der entstandenen Fragen ganz gut „gebrauchen" kann. Das dürfte der Resonanz des Berufsberaters in aller Regel zugute kommen! Die einzige Schwierigkeit dabei ist, die entsprechenden Unterrichtsstunden mit den Präsenzzeiten des Berufsberaters so abzustimmen, daß seine Mitwirkung möglich wird. Diese Mitwirkung besteht allerdings nur in einigen Fällen im unmittelbaren Mitspielen (vgl. 4.3, 4.5 und 4.10); ansonsten dominiert die fachliche Begleitung während der Durchführungs- und Auswertungsphase. Obwohl diese Funktion auch vom zuständigen Lehrer wahrgenommen werden kann, wäre es bei den meisten Lernspielen von Vorteil, wenn der Berufsberater mit von der Partie sein könnte. Auch wenn das unter „normalen Umständen" nur begrenzt möglich sein dürfte, sollte der Versuch auf jeden Fall gemacht werden. Es lohnt sich!

Abschließend noch einige Worte zum Aufbau der nachfolgenden Abschnitte: In einem knappen Vorspann werden jeweils einige grundlegende didaktisch-methodische Hinweise zu den einzelnen Unterichtsbausteinen gegeben. Sie dienen der Orientierung und Vorbereitung der Lehrer/Berufsberater, die mit diesen Bausteinen arbeiten wollen. Eingegangen wird sowohl auf die Zielsetzung der einzelnen Lernspiele als auch auf ihre unterrichtlichen Rahmenbedingungen und Gestaltungsmöglichkeiten (Ablaufplan, benötigte Arbeitsmittel etc.).

Der zweite – umfangreichere Teil – ist den jeweiligen Spiel- und Arbeitsmaterialien vorbehalten (Rätsel, Rollenkarten, Fallstudien Arbeitshinweise, Informationsmaterialien etc.). Die einzelnen „Material-Sets" sind komplett abgedruckt und können für den unterrichtlichen Gebrauch vervielfältigt werden. Sonstige Arbeitshilfen wie „Beruf Aktuell", „Blätter zur Berufskunde" oder Broschüren zum weiterführenden Schulwesen müssen bei den betreffenden Berufswahl-Spielen zusätzlich bereitgestellt werden.

4.1 Assoziatives Zeichnen: „Wie ich mir meine Berufs- und Lehrstellensuche vorstelle..."

Mit diesem Methoden-Beispiel wird an die Ausführungen in Abschnitt 3.2 angeknüpft. Die Schüler sollen zeichnerisch/symbolisch ausdrücken, was ihnen zur bevorstehenden Berufs- und Lehrstellensuche einfällt (s. Anweisung weiter unten). Dabei sind sie frei sowohl in der Wahl ihrer zeichnerischen Mittel als auch in der inhaltlichen Akzentuierung ihrer Assoziationsskizzen. Es geht für sie also nicht darum, „schön" zu zeichnen, sondern die ihnen wichtig erscheinenden Aspekte – es kann auch nur ein ganz bestimmter Aspekt sein! – irgendwie zu symbolisieren und zu skizzieren. Dadurch sollen sie zum Nachdenken und zur Visualisierung ihrer Voreinstellungen und Erwartungen veranlaßt werden. Das alles erfordert nicht einmal zeichnerisches Talent, sondern eigentlich nur die Bereitschaft, sich auf eine gewiß nicht ganz alltägliche Methode einzulassen. Die abgedruckten Assoziationsskizzen zeigen, daß das den Schülern durchaus gelingt.

Das hier gewählte Anwendungsbeispiel eignet sich besonders gut für die Anfangsphase des Berufswahl-Unterrichts, in der es zunächst einmal darum geht, die Schüler für die anstehende Berufs- und Lehrstellensuche zu sensibilisieren und zu einem gewissen Problembewußtsein gelangen zu lassen. Natürlich ist das assoziative Zeichnen nicht die einzige Methode, mit der die Schüler zur assoziativen Selbsterforschung veranlaßt werden können. Andere Möglichkeiten sind zum Beispiel das Arbeiten mit Assoziationsbegriffen, mit Assoziationssätzen („Berufswahl ist für mich wie..."), mit Impulskarten (vgl. S. 61 f.) oder mit themenzentrierten Assoziationsfotos (vgl. S. 19 ff.). Unter allen diesen Verfahren ist das assoziative Zeichnen die vielleicht schwierigste Methode, weil sich die Schüler nicht länger auf die gewohnte Begriffs- und Sprachebene zurückziehen können; vordergründige Klischees und Standardaussagen helfen also nicht weiter. Nötig ist schon ein etwas intensiveres Nachdenken, damit themenbezogene „Bilder" entstehen und in entsprechende Skizzen übersetzt werden können. Der Vorzug des assoziativen Zeichnens besteht vor allem darin, daß es relativ viel Kreativität zuläßt, Abwechslung in den Unterricht hineinbringt und zu einer Vielzahl bildhafter Impulse führt, deren Präsentation im allgemeinen eine recht spannende Sache ist (die Skizzen können überdies mit Kurzkommentaren versehen und im Klassenraum ausgehängt werden).

Die Zielsetzung des assoziativen Zeichnens deutet sich darin bereits an: Die Schüler erhalten Gelegenheit, über die bevorstehende Berufs- und Lehrstellensuche näher nachzudenken, ihre Erwartungen und Befürchtungen zu sortieren, sie aspekthaft zu zeichnen, knappe Erläuterungen dazu zu schreiben, die Skizzen im Plenum vorzustellen und mit den Mitschülern darüber zu diskutieren. Das alles ermöglicht aktives und kreatives Lernen; und es unterstützt die Selbsterforschung und -klärung der Schüler! Latente Sichtweisen werden bewußt gemacht, mögliche Problemsituationen aufgedeckt, Ängste und Unsicherheiten eingegrenzt und – last but not least – konstruktive Lernprozesse angestoßen. Auch wenn viele Skizzen für den Betrachter vielleicht dilletantisch bleiben, so ist das damit verbundene individuelle und kollektive Nachdenken doch nie vertane Zeit!

Die Vorgehensweise im einzelnen: Die Schüler brauchen weiße DIN-A-4-Blätter und dicke Farbstifte, damit sie groß und kräftig genug zeichnen können (für die anschließende Präsentation). Der Lehrer gibt einige knappe Arbeitshinweise, die im Falle der hier dokumentierten Schülerskizzen wie folgt aussahen:

```
DENKT EINMAL AN DIE BEVORSTEHENDE BERUFS- UND LEHRSTELLENSUCHE:
WIE STELLT IHR EUCH DIESE VOR? WELCHE PROBLEME ERWARTET IHR?
WOVOR HABT IHR MÖGLICHERWEISE "BAMMEL"? VERSUCHT EINMAL DAS,
WAS EUCH WICHTIG ERSCHEINT, ZEICHNERISCH AUSZUDRÜCKEN. IHR
KÖNNT ABSTRAKTER ODER KONKRETER ZEICHNEN - WIE IHR WOLLT; AUF
"SCHÖN-ZEICHNEN" KOMMT ES NICHT AN!
```

Der Zeitrichtwert für das Erstellen der Zeichnungen liegt bei etwa 15–20 Minuten. Das ist nicht viel, sollte normalerweise aber reichen. Allein für die Orientierungs- und Besinnungsphase brauchen die Schüler schon eine Weile, weil selbst geübte Zeichner noch nicht gleich wissen, welches „Essential" sie nun eigentlich zeichnen wollen. Je nach Anspruchsniveau und Differenziertheitsgrad der Zeichnungen können natürlich mühelos auch mehr als 20 Minuten sinnvoll zugebracht werden; aber das ist ja nicht die Zielsetzung. Von daher sollte das zeitliche Limit von vornherein klar markiert werden, damit sich die Schüler danach richten und die nötige Konzentration und Zielstrebigkeit an den Tag legen können. Als Denkanstoß und Hilfe können unter Umständen einige „Muster-Skizzen" gezeigt oder sonstige „zündende Impulse" gegeben werden, die der Kreativität der Schüler den nötigen Schwung geben. Das sollte allerdings nur in Ausnahmefällen geschehen, da die Gefahr besteht, daß die Schüler in eine bestimmte Richtung gedrängt werden. Derartige Impulse im Petto zu haben, kann jedoch nichts schaden!

Gegen Ende der Zeichenphase wird den Schülern die zusätzliche Anregung gegeben, einige klärende Anmerkungen zu ihrem Bild am unteren Rand des Blattes zu notieren (darauf kann natürlich auch verzichtet werden). Dabei sind sie anzuhalten, möglichst in der „Ich-Form" zu schreiben, damit sie ihre Skizzen wirklich auf sich selbst beziehen und ihre sehr persönlichen Sichtweisen, Erwartungen und Befürchtungen formulieren lernen. Das ist nämlich gar nicht so selbstverständlich, wie die Erfahrungen gezeigt haben. Viele Schüler neigen immer wieder dazu, eher distanziert-sachlich über die bevorstehende Berufs- und Lehrstellensuche zu schreiben, weil anderes in der Schule offenbar weder gefordert noch gefördert wird. Da heißt es dann etwa recht allgemein, daß „der Besuch der Berufsberatung wichtig sei", daß „es viele Schüler gebe, die Absagen bekommen", daß „die Lehrstellen knappp seien" oder daß „man sich nicht auf den Wunschberuf versteifen dürfe". Dennoch genügt in der Regel der Hinweis auf die „Ich-Form", um den persönlichen Zuschnitt der Kommentare eingermaßen sicherzustellen.

Die erstellten Zeichnungen werden anschließend im Plenum vorgezeigt und erläutert. Hierbei ist ein Sitzkreis oder eine rechteckige Anordnung der Tische und Stühle von Vorteil. Die Präsentation der Skizzen erfolgt nach dem „Schneeball-System", d. h. Schüler mit ähnlichen Assoziationen schließen sich aneinander an. Anschließend setzen sich die Schüler nach Neigung oder Bildzusammengehörigkeit in Kleingruppen zusammen, um ihre spezifischen Sichtweisen, Ängste und Unsicherheiten zu besprechen. Der Lehrer/Berufsberater kann sich dabei unter Umständen sehr gezielt den Gruppen zuwenden, die besonderen Beratungsbedarf haben. Psychologische Grenzbereiche sind mit dem skizzierten Verfahren bisher zwar nicht angerissen worden, aber völlig auszuschließen ist das nicht. Nötigenfalls müßte eine spezielle Gruppen- oder Einzelberatung nach der Stunde angeschlossen werden, um tiefergehende Ängste und Emotionen aufzugreifen und behutsam abzubauen.

In aller Regel sind die berufswahlbezogenen Assoziationen der Schüler jedoch recht harmlos und sachbezogen (insofern vermitteln die abgebildeten Skizzen kein repräsentatives Bild!). Das Wichtige und Konstruktive daran ist, daß sich die Schüler wechselseitig Impulse und Anregungen vermitteln, die vorrangig klären und stabilisieren und nicht etwa zusätzlich verunsichern. Dem Pessimismus des einen steht zumeist der Optimismus des anderen gegenüber. Was für den einen noch ein einziges Fragezeichen ist, darauf weiß der andere vielleicht schon ganz plausible Antworten. Auf diese Weise werden Chancen für eine wechselseitige Klärung und Ermutigung der Schüler eröffnet. Darüber hinaus ergeben sich Frage- und Problemschwerpunkte, die entweder im Unterricht selbst oder in der anschließenden Gruppen- bzw. Einzelberatung aufgegriffen und bearbeitet werden können.

Die bisherigen Erfahrungen mit der Methode des assoziativen Zeichnens sind im großen und ganzen recht positiv. Zwar gab es zu Beginn gelegentlich einige Irritationen, weil die Schüler die Methode nicht gewohnt waren; diese legten sich zumeist aber sehr schnell und taten der Produktivität der Arbeit keinen wesentlichen Abbruch. Einige Skizzen von Schülern einer 8. Hauptschulklasse und einer 9. Realschulklasse sind im folgenden dokumentiert und vermitteln einen gewissen Eindruck davon, was in ihren Köpfen so alles „herumgeistert". Allerdings waren bei weitem nicht alle Skizzen so tiefgründig und problemorientiert wie die vorgestellten! Viel häufiger kam es vor, daß die Schüler den anstehenden Berufswahlprozeß relativ locker/naiv und lückenhaft darstellten, so daß sich wichtige Ansatzpunkte für eine nähere Klärung und Richtigstellung auf der Sachebene ergaben.

"Die Berufswahl ist für mich wie ein unendlicher Weg, von dem man nie genau
weiß, wo er hinführt. Das bedeutet für mich, daß ich viele Gespräche führen
und viele Bewerbungen schreiben muß, bis ich meinen Beruf erreiche, den ich
gerne hätte. Unterwegs gibt es sicher manche Schlaglöcher und Hindernisse, die
man überwinden muß. Aber wenn man das Ziel erreicht hat (die Lehrstelle), dann
hat sich die ganze Mühe gelohnt."

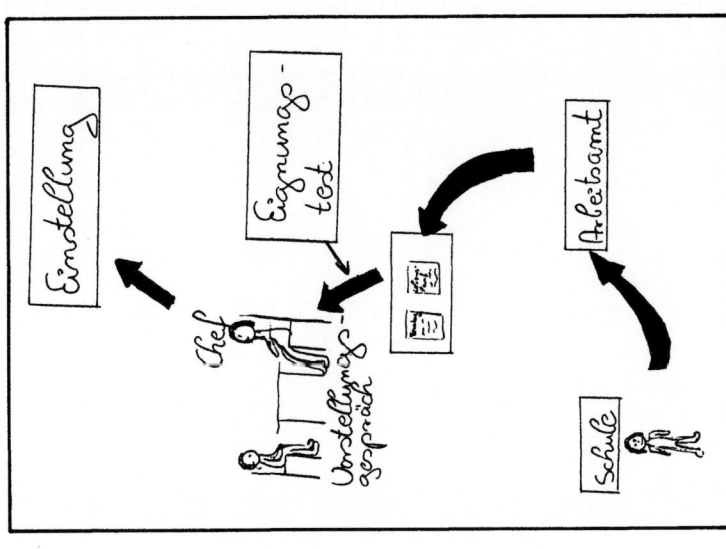

Für mich ist die Berufswahl klar. In der Schule wird man vorbereitet; dann kommt der Berufsberater beim Arbeitsamt, mit dem man Gespräche führt. Irgendwann muß man sich dann bewerben und sich vorstellen. Und dann findet sich bestimmt auch eine annehmbare Lehrstelle.

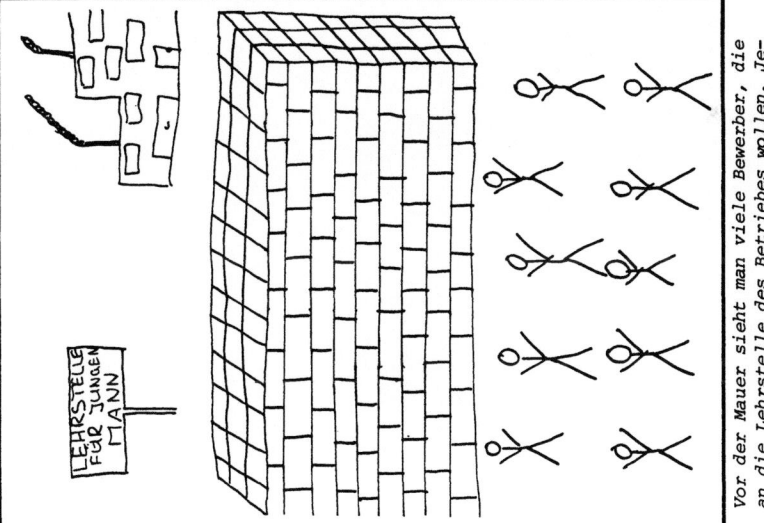

Vor der Mauer sieht man viele Bewerber, die an die Lehrstelle des Betriebes wollen. Jeder versucht rüberzukommen; aber viele müssen auf der Strecke bleiben. Da ich gut klettern kann und in Sport gut bin, glaube ich, daß ich bei den Ersten bin.

Bei mir auf dem Schreibtisch sammeln sich die Bewerbungen und andere Schriften, die ich durcharbeiten muß. Ich glaube, daß man sich ganz schön informieren muß. Eine Freundin hat letztes Jahr über 30 Bewerbungen geschrieben. Mir grausts schon davor, wenn ich denke, daß es mir auch so gehen könnte. Aber dann gehe ich lieber weiter zur Schule.

Die Berufssuche ist für mich noch ein großes Fragezeichen. Im Praktikum war ich vor kurzem; das hat mir gut gefallen. Was ich werden will, weiß ich allerdings immer noch nicht. Demnächst gehe ich mit meiner Mutter zum Berufsberater.

Ich sehe mich vor einem
Abgrund stehen. Ganz un-
ten ist ein Schiff, das
den gewünschten Beruf
symbolisiert. Um zu die-
sem Schiff zu kommen,
muß ich einen gefährli-
chen Abstieg hinter mich
bringen (normalerweise
spricht man vom Auf-
stieg). Das wird be-
stimmt nicht leicht mit
den Bewerbungen, Tests
usw. Wenn man nicht auf-
paßt, kann man abstürzen.

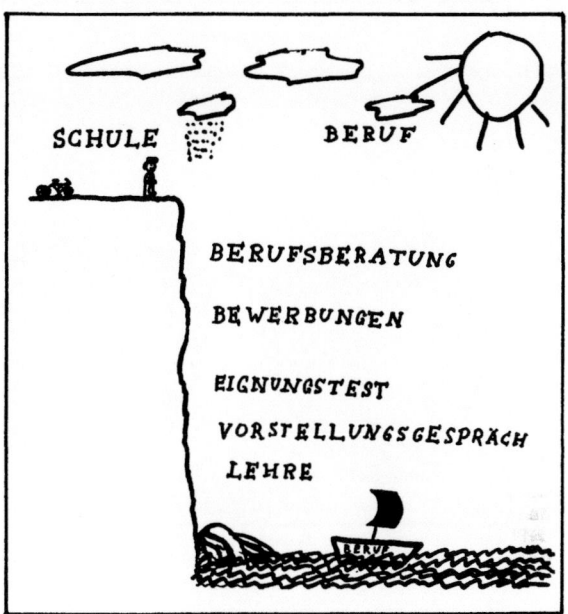

So stelle ich mir die
Zeit vor, wenn ich die
ganzen Bewerbungen
schreiben muß und viel-
leicht auch von den Be-
trieben Absagen bekomme.
Ich bin zwar ziemlich
optimistisch, aber vie-
le Schulabgänger haben
das Problem, daß ihr No-
tendurchschnitt sehr
schlecht ist. Dann wird
überlegt, ob es viel-
leicht eine weiterfüh-
rende Schule bringt. Am
Ende kriegen sie viel-
leicht mit Mühe und Not
einen Handwerksberuf.

Wenn ich an meine Berufswahl denke, dann sehe ich ziemlich schwarz.
Ich habe keine besonderen Noten und hoffe nur, daß es mir nicht wie
Nicole geht. Die hat nämlich schon über 50 Bewerbungen geschrieben;
bis jetzt hat sie aber nur Absagen bekommen.

So stelle ich mir das Vorstellungsgespräch vor. Hinter dem großen
Schreibtisch hockt der Chef und ich als "kleines Licht" davor. Man
muß schon einen guten Eindruck machen, wenn man ankommen will. Manche verstellen sich sogar, aber das würde ich nicht machen.

4.2 Kreuzworträtsel zur Berufswahl: „Wir blättern in Beruf Aktuell"

Im folgenden sind zwei einfache Berufswahlrätsel abgedruckt, die sich gut in je einer Einzelstunde bearbeiten und nachbesprechen lassen. Ihr Einsatz ist in verschiedenen Phasen des Berufswahl-Unterrichts möglich. Im Mittelpunkt des ersten Rätsels stehen die betrieblichen Ausbildungsberufe nach dem Berufsbildungsgesetz, im Mittelpunkt des zweiten die geregelten Ausbildungsgänge an Berufsfachschulen, Fachschulen etc. Die zur Lösung der Rätsel benötigen Informationen und Begriffe finden sich in „Beruf Aktuell" – in den Kapiteln I, II und IV. Es geht also nicht um das Auswendiglernen und Memorieren von Begriffen, sondern um die selbständige Informationsbeschaffung durch gezieltes Nachschlagen.

Damit ist die Zielsetzung, die sich mit den beiden Rätseln verbindet, bereits angedeutet: Die Schüler sollen zum gezielten Umgang mit „Beruf Aktuell" angeregt werden. Die gesuchten Begriffe lassen sich nämlich in der Regel nicht aus dem Gedächtnis heraus finden. Die Schüler sind vielmehr auf die entsprechenden Kapitel, Abschnitte und berufsbezogenen Einzelinformationen in „Beruf Aktuell" angewiesen. Sie müssen „Beruf Aktuell" also bewußt sichten, das Inhaltsverzeichnis durchlesen, sich orientieren, gezielt nachschlagen, lesen und bestimmte Informationen ausfindig machen. Das alles erzeugt eine gewisse Spannung, motiviert und vermittelt immer wieder kleinere oder größere Erfolgserlebnisse, wenn die entsprechenden Informationen und Begriffe gefunden werden.

Die beiden Rätsel sind so konzipiert, daß die Schüler zum Teil schon erheblich kombinieren müssen, um an die gesuchten Begriffe heranzukommen. Wenn etwa im Rätsel zum Schwerpunkt „anerkannte Ausbildungsberufe" nach einem Lederwarenhersteller aus dem Tätigkeitsbereich „Zusammenbauen/Montieren" oder einem Glaswarenhersteller aus dem Tätigkeitsfeld „Material verarbeiten" gefragt wird, dann bedarf es schon einer geschickten Suchstrategie, um zu den betreffenden Berufen vorzustoßen. Dies gilt in eher noch stärkerem Maße für das zweite Rätsel mit dem Schwerpunkt „geregelte Ausbildungsgänge/weiterführende Schulen". Wenn darin etwa nach den Arbeitsbereichen des elektrotechnischen oder des pharmazeutisch-technischen Assistenten gefragt wird, dann müssen die Schüler zunächst den naturwissenschaftlich-technischen Bereich als Berufsfeld identifizieren, ehe sie überhaupt weiterkommen. Das ist beim pharmazeutisch-technischen Assistenten z. B. gar nicht so naheliegend, weil man zunächst natürlich auch auf den medizinischen Bereich schließen könnte. Als kleine Hilfe sind in die vorgegebenen Wortraster jeweils 1–2 Buchstaben eingefügt, damit die Schüler eine gewisse Kontrollmöglichkeit haben. Was bei den Rätseln im einzelnen herauskommen muß, läßt sich aus den ausgefüllten „Mustern" ersehen (vgl. S. 108).

Der Einsatz der beiden Rätsel ist nicht unbedingt an bestimmte Voraussetzungen gebunden. Zwar wäre es von Vorteil, wenn die Schüler bereits eine grobe Einführung in „Beruf Aktuell" erhalten hätten, aber zwingend notwendig ist dies nicht. Die Bearbeitung der Rätsel kann durchaus dazu dienen, die Schüler erstmals an „Beruf Aktuell" heranzuführen, ohne daß vorher eine lange Einführung und Belehrung durch den Lehrer erfolgt ist. Die Schüler probieren dann einfach, orientieren sich,

SCHWERPUNKT: ANERKANNTE AUSBILDUNGSBERUFE NACH DEM BERUFSBILDUNGSGESETZ
(alle Antworten finden sich in "Beruf Aktuell"!!)

#													
1	F	O	T	O	L	A	B	O	R	A	N	T	
2					K	U	P	F	E	R			
3	A	L	T	E	R	S	H	E	I	M			
4	S	C	H	A	B	L	O	N	E				
5	B	A	U	Z	E	I	C	H	N	E	R		
6	M	O	D	E	L	L	I	E	R	E	N		
7	G	R	U	N	D	I	E	R	E	N			
8	S	C	H	U	H	M	A	C	H	E	R	E	R
9	L	A	N	D	W	I	R	T					
10	D	R	O	G	I	S	T	I	N				
11	G	L	A	S	W	O	L	L	E				
12	B	I	L	D	S	C	H	I	R	M			
13	F	E	I	N	O	P	T	I	K	E	R		
14	S	C	H	L	E	I	F	E	N				
15	W	I	L	D	P	A	R	K					
16	A	R	Z	T	H	E	L	F	E	R	I	N	
17	H	A	N	D	W	E	R	K					

↑
LÖSUNGSWORT

SCHWERPUNKT: BERUFE MIT GEREGELTEN AUSBILDUNGSGÄNGEN / WEITERFÜHRENDE SCHULEN
(alle Antworten finden sich in "Beruf Aktuell"!!)

#													
1	F	A	C	H	O	B	E	R	S	C	H	U	L	E
2	A	P	O	T	H	E	K	E					
3	I	N	F	O	R	M	A	T	I	K	E	R	
4	K	U	R	O	R	T							
5	A	L	T	E	N	P	F	L	E	G	E	R	I	N
6	R	E	Q	U	I	S	I	T	E	U	R		
7	U	N	T	E	R	O	F	F	I	Z	I	E	R
8	V	O	R	P	R	A	K	T	I	K	U	M	
9	F	A	C	H	W	I	R	T	E				
10	O	R	T	H	O	P	T	I	S	T			
11	A	S	S	I	S	T	E	N	T	E	N		
12	F	A	C	H	S	C	H	U	L	E			
13	T	E	C	H	N	I	K	E	R				
14	B	E	R	U	F	S	W	E	G				
15	P	O	L	I	Z	I	S	T					
16	E	N	E	R	G	I	E	T	E	C	H	N	I	K

↑
LÖSUNGSWORT

kommen vielleicht auch ganz gut zurecht; oder aber sie stoßen auf Fragen und Schwierigkeiten, die dann mit dem Lehrer abgeklärt werden können. Die andere Möglichkeit: Die Rätsel werden nach der offiziellen Einführung der Berufswahlhilfen eingesetzt und eröffnen den Schülern eine gewisse Anwendungs- und Übungsmöglichkeit. Ganz gleich, wie man vorgeht: Am Ende der Rätsel-Bearbeitung empfiehlt es sich auf jeden Fall, die Erfahrungen der Schüler zusammenfassend zu thematisieren (Wie seid Ihr vorgegangen? Bei welchen Begriffen gab es Schwierigkeiten? Wie hilfreich findet Ihr „Beruf Aktuell"? etc.) Sollten während der Bearbeitungszeit nicht alle Schüler fertiggeworden sein, so kann eventuell eine Partnerarbeit zwischengeschaltet werden, damit die Ergebnisse verglichen und etwaige Unklarheiten und Lücken von den Schülern bereits vorbesprochen bzw. gelöst werden.

Zum Schluß noch einige Hinweise zur Konzipierung derartiger Rätsel. Von ihrer Grundstruktur her sind sie auf alle möglichen Nachschlagewerke und Themen zu übertragen. Sie können natürlich auch anders konzipiert werden als in den vorliegenden Beispielen: Die Begriffe können leichter sein, die Rätsel vielleicht sogar auf ganz bestimmte Berufsfelder konzentriert werden etc. – je nachdem, welche Lernabsicht man verfolgt. Selbst für eine Lernkontrolle am Ende einer Unterrichtseinheit ist die vorgestellte Rätsel-Form einsetzbar, sofern nicht das Memorieren von Einzelwissen im Vordergrund steht, sondern das methodenbewußte Umgehen mit themenzentrierten Lehr- und Lernmitteln. Die Kontruktionsregeln für die Rätsel sind einfach: Man nehme sich die lernrelevanten Unterlagen/ Bücher zur Hand, stelle eine Reihe zentraler Begriffe (Schlüsselkategorien) zusammen, suche ein längeres Lösungswort (vertikal) und ordne die gewählten Begriffe horizontal so zu, daß sich an den jeweiligen Schnittpunkten Buchstabengleichheit ergibt (kariertes Papier verwenden!). Da in der Vertikalen nur das Lösungswort steht und dieses außerdem ziemlich in der Mitte plaziert ist, macht die horizontale Einordnung der relevanten Begriffe kaum Schwierigkeiten. Sie können so lange nach rechts oder links verschoben werden, bis die nötige „Passung" erreicht ist. So einfach geht das! Anschließend werden die zu suchenden Begriffe mit eigenen Worten umschrieben und als Lösungshilfen auf dem Rätselblatt notiert. Dieses Verfahren beherrschen selbst die Schüler sehr schnell. Warum also nicht mal von den Schülern ein einfaches Berufswahl-Rätsel entwickeln lassen – zum Beispiel am Ende einer größeren Unterrichtseinheit oder zu einem Kapitel im Schulbuch (auch als Hausaufgabe geeignet)!? Das trägt zur Wiederholung bei, macht Spaß und zwingt zur Klärung der anvisierten Lerninhalte bzw. Methoden.

BERUFSWAHL-RÄTSEL

SCHWERPUNKT: ANERKANNTE AUSBILDUNGSBERUFE NACH DEM BERUFSBILDUNGSGESETZ
(alle Antworten finden sich in "Beruf Aktuell"!!)

#														
1				T						R				
2										R				
3			L											
4					A					E				
5				U			C							
6			O				I							
7				U					R					
8							H		C					
9					A									
10								S		I				
11				L				L						
12					D		C							
13				O					R					
14							F							
15					I						K			
16			T											
17				D	W									

LÖSUNGSWORT

1) Beruf aus dem Tätigkeitsbereich "Untersuchen und Messen"

2) Werkstoff, mit dem Klempner/innen manchmal arbeiten

3) Mögliche Arbeitsstätte einer Hauswirtschafterin (städtisch)

4) Ein wichtiges Arbeitsmittel des Technischen Zeichners

5) Beruf aus dem Tätigkeitsbereich "Zeichnen und Reproduzieren"

6) Eine der vielen Tätigkeiten des Zahntechnikers

7) Eine wichtige Tätigkeit des Lackierers

8) Beruf aus dem Bereich "Zusammenbauen/Montieren" (Lederwarenhersteller!)

9) Beruf aus dem Tätigkeitsbereich "Bebauen und Züchten"

10) Beruf aus dem Tätigkeitsbereich "Bedienen und Beraten"

11) Material, mit dem der Isolierer gelegentlich arbeitet

12) Mit diesem Gerät arbeiten immer mehr Bürogehilfen/gehilfinnen

13) Beruf aus dem Bereich "Material verarbeiten" (Glaswarenhersteller!)

14) Diese Arbeit muß der Werkzeugmacher gelegentlich ausführen

15) Mögliche Arbeitsstelle des Tierpflegers/der Tierpflegerin

16) Beruf aus dem Tätigkeitsbereich "Verwalten"

17) In diesem Wirtschaftszweig wird der "Gebäudereiniger" ausgebildet

110

BERUFSWAHL-RÄTSEL

SCHWERPUNKT: BERUFE MIT GEREGELTEN AUSBILDUNGSGÄNGEN / WEITERFÜHRENDE SCHULEN
(alle Antworten finden sich in "Beruf Aktuell"!!)

1			A										
2					H								
3								T					
4						R							
5			T								I		
6				U									
7								I					
8					K								
9						W							
10				T									
11											N		
12		A											
13							K						
14									G				
15					I								
16	N										K		

↑
LÖSUNGSWORT

1) Weiterführende Schule, die zur Fachhochschulreife führt

2) Dort arbeiten die meisten "pharmazeutisch-technischen Assistenten/innen"

3) Berufsbezeichnung im Bereich der "Datenverarbeitung"

4) Mögliches Tätigkeitsfeld eines Masseurs/einer Masseurin

5) Beruf im "sozialen Bereich" mit einer Ausbildungsdauer von 1 - 3 Jahren

6) Beruf im "künstlerisch-gestalterischen Bereich"

7) Beruf bei der Bundeswehr mit vielen fachlichen Möglichkeiten

8) Eine der Zugangsvoraussetzungen für die Ausbildung zur Erzieherin

9) Berufsgruppe im "kaufmännischen Bereich" (z.B. bei Banken, Versicher.)

10) Beruf im "medizinischen Bereich" mit 2 - 2,5 jähriger Ausbildungsdauer

11) Berufsgruppe im "naturwissenschaftlich-technischen Bereich"

12) Weiterführende Schule in Teilzeit- und Vollzeitform

13) Berufsgruppe im "naturwissenschaftlich-technischen Bereich"

14) So nennt man den beruflichen Werdegang eines Jugendlichen

15) Beruf im "Behördendienst", von dem viele Kinder träumen

16) Mögliches Arbeitsgebiet des Elektrotechnischen Assistenten

4.3 Rollenspiel: „Ausbildung oder gleich Geld verdienen?"

Im Mittelpunkt des vorliegenden Rollenspiels steht die Grundfrage vieler Schüler mit mäßigen bis schlechten Zeugnissen: „Soll ich irgendeinen Beruf erlernen, der mir vielleicht gar nicht zusagt, oder ist es nicht besser, gleich richtig zu jobben und Geld zu verdienen?" Die Antwort ist im Grunde genommen klar und soll über das Rollenspiel auch sukzessive entwickelt werden: Eine Ausbildung lohnt sich allemal – heute vielleicht mehr noch als früher. Allerdings wird diese Antwort den Schülern nicht plakativ vorgegeben, sondern sie müssen/sollen im Rahmen der kontrovers angelegten Spiel-Auseinandersetzung schon selbst darauf kommen. Die Spielunterlagen enthalten im Prinzip genügend Stoff und Impulse, die in diese Richtung gehen. Allerdings gibt es auch eine Reihe anderer Aspekte und Alternativen, die von den Rollenspielern zu bedenken sind. Die wichtigsten Handlungsalternativen auf einen Blick:

– Jochen – so heißt der besagte Schüler der Abschlußklasse – setzt weiterhin auf den Beruf des KFZ-Mechanikers und mündet unter Umständen in die Arbeitslosigkeit ein;

– er weicht auf andere Ausbildungsberufe aus, die noch freie Stellen aufweisen, bleibt aber in seiner Heimatregion;

– er geht nach Stuttgart-Sindelfingen (ca. 100 km entfernt) und macht dort eine Lehre als Werkzeugmacher im Betrieb eines Onkels;

– er schließt sich den Überlegungen seines Bruders an und besucht zunächst einmal das Berufsgrundschuljahr;

– er fängt nach Abschluß der Schule als Hilfsarbeiter bei der Autoverwertung „Schrott" an und verdient gleich „ordentlich Geld".

Die Zielsetzung des Rollenspiels ist insgesamt recht breit gefächert, wobei das Schwergewicht auf der methodisch-strategischen Ebene liegt. Grundsätzlich erhalten die Schüler einen exemplarischen Einblick in die Vielschichtigkeit der Berufswahl. Alsdann üben sie sich in der gezielten Auswertung berufskundlicher Sachinformationen (Spielmaterialien); sie werden für unterschiedliche Standpunkte in der Familie sensibilisiert; sie lernen in Alternativen denken, gezielt zu argumentieren, Entscheidungen anzubahnen und vielleicht auch Kompromisse zu finden. Das Ganze geschieht beispielhaft (modellhaft), aber doch so, daß sich die Schüler in der skizzierten Rollenspielsituation durchaus wiederfinden können. Derartige Entscheidungsprobleme und -kontroversen kommen nämlich häufig genug vor und treffen die Schüler dann unter Umständen recht unvorbereitet. Diesem Dilemma soll mit dem vorliegenden Rollenspiel entgegengewirkt werden.

Zum Spielinhalt: Die Schlüsselperson des Rollenspiels ist Jochen Groß. Er wird in etwa einem halben Jahr von der Hauptschule abgehen und hat bisher – trotz einiger Bemühungen – noch keine Ausbildungsstelle gefunden. Autoschlosser ist sein ein und alles, aber da stehen seine Chancen ziemlich schlecht. Es stellt sich also die Frage, ob Jochen seine bisherige Fixierung beibehalten soll, oder welche Alternativen es für ihn überhaupt noch gibt. Die Schulzeit ist bald zu Ende – und was dann? Die Ansichten in der Familie gehen ziemlich auseinander (vgl. Fallstudie). Wie oben bereits angedeutet, gibt es für Jochen durchaus einige Alternativen, die ihn allerdings allesamt nicht so recht überzeugen. Diese Unsicherheit ist den meisten Schülern wohlbekannt und sorgt erfahrungsgemäß für die nötige „innere Anteilnahme" am Rollenspiel. Die übrigen Rollenspieler – Vater, Mutter, Bruder und Freundin – vertreten mehr oder weniger differente Positionen und versuchen Jochen in die eine oder andere Richtung zu drängen. Von daher ist nie genau vorauszusagen, wie das Spiel endgültig ausgeht. Letztlich ist auch gar nicht das Ergebnis so sehr entscheidend, sondern vor allem der Spielprozeß, d. h. die Meinungsbildung und die argumentative Auseinandersetzung der Schüler!

Der Ablauf des Rollenspiels ist auf Seite 3 der Spielunterlagen näher beschrieben. Er gliedert sich in die Vorbereitungsphase, die Spielphase i. e. S. und die Auswertungsphase (inklusive Nachbearbeitung). Während in der Vorbereitungsphase alle Schüler aktiv in ihren Rollengruppen mitarbeiten, wird das anschließende Rollenspiel i. e. S. (Diskussion in der Familie) nur von den Gruppensprechern/-sprecherinnen bestritten. Die übrigen Schüler sind in dieser Phase kritische Beobachter, deren Anteilnahme im allgemeinen jedoch recht rege ist, weil sie durch die gemeinsame Rollenvorbereitung sachkundig und neugierig geworden sind. In der Auswertungsphase sind dann wieder alle gefragt.

Die Einführung in das Rollenspiel sieht so aus, daß der Lehrer zunächst nur die Fallstudie austeilt, die von den Schülern überblickshaft gelesen wird (Orientierungsphase). Anschließend werden die „Hinweise zum Ablauf des Rollenspiels" verteilt, gelesen und nötigenfalls erläutert. Alsdann werden die Rollen-Gruppen gebildet und die sonstigen Spielmaterialien (Rollenkarten, Zusatzinformationen) verteilt. Hierbei kann die Gruppenbildung entweder durch freiwillige Zuordnung der Schüler geschehen oder aber nach dem Zufallsprinzip erfolgen (Abzählen, Skatkarten verteilen o. ä). Im weiteren sind die Gruppen für etwa 20–30 Minuten mit der Materialerarbeitung und der Meinungsbildung/Strategieplanung beschäftigt. Für die Spieleinführung und die Gruppenarbeit wird also zusammengenommen etwa eine Unterrichtsstunde benötigt, für die Vorführung des Rollenspiels und seine Auswertung eine weitere. So gesehen ist es am günstigsten, wenn eine Doppelstunde als Block zur Verfügung steht.

Der Lehrer ist bei alledem in erster Linie Organisator und Berater. Wenn möglich, sollte auch der Berufsberater teilnehmen: als Beobachter, Berater und eventuell auch als Mitspieler im Rahmen des Familiengesprächs (z. B. als „Onkel", der zufällig bei der Familie Groß vorbeigekommen ist).

ROLLENSPIEL

AUSBILDUNG ODER GLEICH GELD VERDIENEN?

Jochen Groß besucht die 9. Klasse der Hauptschule in Landau. Seine schulischen Leistungen sind ziemlich schlecht (s. Zeugnis). Sein Ehrgeiz hat in den letzten beiden Jahren stark nachgelassen, obwohl er eigentlich nicht dumm ist. "Jochen ist
einfach zu faul", meint sein Klassenlehrer, "wenn er sich etwas mehr anstrengen
würde, könnte er ein ganz ordentliches Zeugnis haben." Doch Jochen hält von alledem nicht viel. Die Schule hängt ihm ziemlich zum Hals heraus, wie er manchmal
sagt. Er hat andere Interessen: Sport, Video, Spielothek, Musik hören, mit seiner
Freundin zusammensein usw.

JAHRESABSCHLUSSZEUGNIS
der 8. Klasse

MITARBEIT	......4......	**VERHALTEN**	......3......
RELIGION	3	ARBEITSLEHRE	3
DEUTSCH	5	MUSIK	4
ENGLISCH	5	BILDENDE KUNST	4
MATHEMATIK	3	SPORT	2
PHYSIK	4		
CHEMIE			
BIOLOGIE	4	WAHLPFLICHTFÄCHER	
GESCHICHTE	5		
SOZIALKUNDE	4	TEXTILES GESTALTEN	
ERDKUNDE	4	WERKEN	3

Die Quittung für sein schlechtes Zeugnis hat Jochen bereits mehrere Male erhalten.
Seit nahezu einem Jahr ist er auf der Suche nach einer Ausbildungsstelle als Kraftfahrzeugmechaniker. Er hat sich bei mehr als 20 Betrieben beworben - bisher ver-
gebens. Sein Zeugnis hat das Interesse vieler Lehrherren meist sehr schnell gegen
"0" absinken lassen. "Tut uns leid ...", hieß es immer wieder. 15 Absagen hat sich
Jochen auf diese Weise bereits eingehandelt; etwa 10 Betriebe haben sich noch gar
nicht gemeldet. Nur dreimal wurde Jochen bislang zum Vorstellungsgespräch eingeladen. Aber in keinem Fall wurde er genommen. Mittlerweile hat er schon ziemlich re-
signiert. Wenn schon, dann wäre er gerne Kraftfahrzeugmechaniker geworden - aber
in dieser Hinsicht stehen seine Chancen ausgesprochen schlecht. Als Bäcker, Flei-
cher, Maurer, Verkäufer, Dreher oder Gas- und Wasserinstallateur wäre vielleicht

noch was zu machen; aber zu diesen Berufen fühlt sich Jochen wenig hingezogen. "Dann gehe ich schon lieber gleich als Hilfsarbeiter jobben", meint er.

Die Möglichkeit dazu könnte er durchaus bekommen. Jochen hat vor kurzem nämlich bei der Autoverwertung "Schrott" im nahegelegenen Edenkoben angefragt, ob er dort nach Abschluß der Hauptschule vielleicht anfangen könne. Herr Schrott hat sich interessiert gezeigt und gemeint, er solle doch mal mit seinem Vater vorbeikommen. Hier hätte Jochen mit dem Ausschlachten von Altwagen und Unfallautos zu tun; außerdem könnte er später vielleicht den Abschleppwagen fahren oder in der neu geplanten Reparaturwerkstatt mithelfen. Als Stundenlohn hat ihm Herr Schrott ungefähr 10 DM in Aussicht gestellt, ferner eine Menge Überstunden, wenn das Geschäft gut läuft. Das wär doch was!?

Jochens Freundin Brigitte findet diese Möglichkeit gar nicht so schlecht. Sie ist selbst angelernte Hilfskraft in einem Supermarkt und verdient fast genausoviel wie die ausgebildeten Verkäuferinnen. Warum also eine Lehre machen, wenn man später doch nichts davon hat!? Ganz anderer Auffassung ist da Jochens Vater. Er hält von diesen Plänen rein gar nichts. Nach seiner Auffassung soll Jochen auf jeden Fall einen Beruf erlernen - auch wenn es nicht der gewünschte Kraftfahrzeugmechaniker ist. Da Jochens Aussichten im Raum Landau mittlerweile sehr schlecht sind, hat sich Vater Groß an Onkel Fritz in Stuttgart-Sindelfingen gewandt, der dort eine Werkzeugmaschinen-Fabrik betreibt (500 Beschäftigte). Trotz einiger Bedenken hat sich Onkel Fritz bereit erklärt, Jochen im Notfall aufzunehmen und als Werkzeugmacher auszubilden. Jochen müßte dann zwar für die Woche ein Zimmer in Sindelfingen haben und in der Kantine essen - aber am Wochenende wäre er ja jeweils zu Hause.

Jochens Mutter stimmt dem Vater zwar grundsätzlich zu; aber Stuttgart scheint ihr doch mit zu vielen Risiken und Kosten verbunden. Mit nur einem Verdienst (Vater Groß ist Dreher in einer kleinen Firma) ist die Familie finanziell nicht gerade auf Rosen gebettet. Mutter Groß ist deshalb dafür, daß sich Jochen in der Umgebung von Landau eine anständige Lehrstelle sucht. Schließlich gibt es ja noch andere Berufe als Kraftfahrzeugmechaniker!

Jochens Bruder "Chris" sieht noch eine andere Möglichkeit: das Berufsgrundbildungsjahr (s. Zusatzmaterial). Schließlich ist Jochens Leistungsvermögen besser als sein Zeugnis dies verrät. Das bestätigen auch seine Lehrer. Im Berufsgrundbildungsjahr hätte Jochen die Möglichkeit, einerseits ein praktisches Berufsfeld kennenzulernen, andererseits könnte er womöglich sein Zeugnis verbessern, so daß er anschließend bessere Chancen als Lehrstellenbewerber hat. Vielleicht bekommt er dann doch noch die ersehnte Stelle als Kraftfahrzeugmechaniker. Warum also nicht noch ein Jahr zur Schule gehen!?

VORBEREITUNGSPHASE: Zur Vorbereitung des Rollenspiels werden 5 Schülergruppen gebildet, von denen jede für eine der genannten Personen zuständig ist.

In den Gruppen werden die Rollenkarten und sonstigen Unterlagen gelesen; die Sichtweisen der einzelnen Personen werden besprochen; die Argumentations- und Vorgehensweise für das Rollenspiel wird festgelegt. Abschließend bestimmt jede Gruppe einen Sprecher/eine Sprecherin für das Rollenspiel.

SPIELPHASE: Die Sprecher/Sprecherinnen führen das Rollenspiel vor. Jochen beginnt mit seinen Überlegungen, Absichten und Fragen. Danach trägt jeder Gesprächsteilnehmer seine Ansichten und Vorschläge vor. Anschließend wird offen diskutiert. Ein Kompromiß kann, muß aber nicht gefunden werden. Die übrigen Schüler sind während dieser Zeit Zuschauer und kritische Beobachter.

AUSWERTUNGSPHASE: Die Zuschauer nehmen Stellung zum Spiel; sie nennen Auffälligkeiten und stellen Fragen an die Spielakteure oder den Lehrer/Berufsberater. Eine allgemeine Aussprache zum Spiel und zum Fall "Jochen Groß" sollte sich anschließen.

JOCHEN

Versucht Euch in die Situation von Jochen hineinzuversetzen. Er ist praktisch begabt (s. Zeugnis), aber ohne jeden Ehrgeiz. Aufgrund der vielen Absagen ist er ziemlich geknickt und sucht deshalb nach einem Ausweg. Sein Wunschberuf "Kraftfahrzeugmechaniker" rückt in immer weitere Ferne; Bäcker, Fleischer oder Verkäufer möchte er beim besten Willen nicht werden - aber vielleicht Dreher oder Gas- und Wasserinstallateur? Jochen ist sich ziemlich unsicher. Nach Stuttgart möchte er eigentlich nicht; das ist ihm zu weit weg von zu Hause und von seiner Freundin. Bei der Firma "Schrott" kommen ihm zwar auch noch leichte Zweifel - aber warum nicht!? Da ließe sich gutes Geld verdienen und außerdem hätte Jochen mit Autos zu tun. Vielleicht baut ja Herr Schrott noch eine Reparaturwerkstatt, in der Jochen dann mithelfen könnte. Und das Berufsgrundschuljahr? Darüber hat Jochen noch gar nicht nachgedacht. Jedoch bereitet ihm der Gedanke an die Schule ziemliches Unbehagen.

ARBEITSHINWEISE

1. *Lest die vorliegenden Unterlagen genau durch! Unterstreicht, was für Eure Rolle wichtig ist! Informiert Euch über die einzelnen Berufe anhand von "Beruf Aktuell"! Klärt etwaige Verständnisfragen mit Eurem Lehrer/Berufsberater ab!*

2. *Überlegt, wie sich Euer Sprecher (Jochen) im Rollenspiel verhalten soll! Welche Argumente, Fragen und Vorschläge soll er einbringen? Macht Euch Notizen!*

3. *Bedenkt auch, was von den anderen Gesprächsteilnehmern kommen könnte und wie Ihr darauf reagieren wollt! (Bereitet Euch gut vor!)*

VATER PETER

Versucht Euch in die Situation von Jochens Vater hineinzuversetzen. Er ist selbst gelernter Dreher und möchte auf jeden Fall erreichen, daß sein Sohn eine ordentliche Lehre macht. Das bringt langfristig viele Vorteile. Natürlich wäre es ihm am liebsten, wenn Jochen in einem Kraftfahrzeug- oder Metallbetrieb im Raum Landau unterkäme. Da die Chancen dafür mittlerweile aber recht ungünstig stehen, wäre Stuttgart-Sindelfingen der Rettungsanker! Da Onkel Fritz in spätestens einem Monat Bescheid haben möchte, ob Jochen nun kommt oder nicht, muß sehr schnell eine Entscheidung getroffen werden! Jochens Vater ist unter den gegebenen Umständen grundsätzlich dafür, daß sein Sohn nach Stuttgart geht. Die Kosten für Fahrt, Unterkunft und Verpflegung könnten größtenteils durch die Ausbildungsvergütung von ca. 600 DM im Monat gedeckt werden. Demhingegen hält er vom Berufsgrundbildungsjahr recht wenig. Das sei vertane Zeit, meint er, denn da werde nur weiter gegammelt.

ARBEITSHINWEISE

1. Lest die vorliegenden Unterlagen genau durch! Unterstreicht, was für Eure Rolle wichtig ist! Informiert Euch über die einzelnen Berufe anhand von "Beruf Aktuell"! Klärt etwaige Verständnisfragen mit Eurem Lehrer/Berufsberater ab!

2. Überlegt, wie sich Euer Sprecher (Peter) im Rollenspiel verhalten soll! Welche Argumente, Fragen und Vorschläge soll er einbringen? Macht Euch Notizen!

3. Bedenkt auch, was von den anderen Gesprächsteilnehmern kommen könnte und wie Ihr darauf reagieren wollt! (Bereitet Euch gut vor!)

MUTTER ANNA

Versucht Euch in die Situation von Jochens Mutter hineinzuversetzen. Ihr kommt es vor allem darauf an, daß Jochen nach Abschluß der Hauptschule im Raum Landau bleibt. Nach ihrer Ansicht ist Jochen einfach zu jung, um alleine in Stuttgart-Sindelfingen zu wohnen und zu arbeiten - auch wenn Onkel Fritz verspricht, gelegentlich nach dem Rechten zu sehen. Schließlich gibt es ja auch im Raum Landau noch unbesetzte Stellen. Metzgermeister "Fleischer" zum Beispiel, bei dem Frau Groß regelmäßig einkauft, hat auf ihre Anfrage hin durchaus Interesse an einer Einstellung von Jochen bekundet. Er solle sich halt mal vorstellen. Ähnlich hat sich Bäckermeister "Weck" geäußert. Solche Stellen wären doch auf jeden Fall besser als die Arbeit bei der Firma "Schrott", die ohnehin in keinem guten Ruf steht. Im Notfall wäre Mutter Anna sogar bereit, den Besuch des Berufsgrundbildungsjahres zu akzeptieren; nur müßte Jochen dann wirklich versprechen, mehr für die Schule zu tun.

ARBEITSHINWEISE

1. Lest die vorliegenden Unterlagen genau durch! Unterstreicht, was für Eure Rolle wichtig ist! Informiert Euch über die einzelnen Berufe anhand von "Beruf Aktuell"! Klärt etwaige Verständnisfragen mit Eurem Lehrer/Berufsberater ab!

2. Überlegt, wie sich Eure Sprecherin (Anna) im Rollenspiel verhalten soll! Welche Argumente, Fragen und Vorschläge soll sie einbringen? Macht Euch Notizen!

3. Bedenkt auch, was von den anderen Gesprächsteilnehmern kommen könnte und wie ihr darauf reagieren wollt! (Bereitet Euch gut vor!)

BRUDER CHRISTIAN

Versucht Euch in die Situation von Christian (19) hineinzuversetzen. Christian hat seinerzeit nach Abschluß der Realschule auch
nicht gleich einen Ausbildungsberuf ergriffen, sondern zunächst
die Höhere Berufsfachschule für Wirtschaft besucht. Seine vorher
recht mittelmäßigen Schulleistungen haben sich dort erheblich verbessert, so daß er anschließend noch eine Banklehre begonnen hat.
Die noch laufende Ausbildung macht ihm viel Spaß und entspricht im
Grunde seinem Wunschberuf (nach der Realschule hatte er wegen seines mäßigen Zeugnisses zunächst keine Chance als Bankkaufmann).
Christian könnte sich bei seinem Bruder Jochen eine ähnliche Entwicklung vorstellen, die ihm nach Abschluß des Berufsgrundbildungsjahres vielleicht doch noch die gewünschte Ausbildung zum Kraftfahrzeugmechaniker beschert. Wenn die betriebliche Ausbildung dann noch
um ein halbes Jahr verkürzt würde, hätte Jochen kaum etwas verlo-
ren (s. Materialien zum BGJ).

ARBEITSHINWEISE

1. *Lest die vorliegenden Unterlagen genau durch! Unterstreicht, was für Eure Rolle
   wichtig ist! Informiert Euch über die einzelnen Berufe anhand von "Beruf Aktuell"!
   Klärt etwaige Verständnisfragen mit Eurem Lehrer/Berufsberater ab!*

2. *Überlegt, wie sich Euer Sprecher (Christian) im Rollenspiel verhalten soll! Welche
   Argumente, Fragen und Vorschläge soll er einbringen? Macht Euch Notizen!*

3. *Bedenkt auch, was von den anderen Gesprächsteilnehmern kommen könnte und wie Ihr
   darauf reagieren wollt! (Bereitet Euch gut vor!)*

FREUNDIN BRIGITTE

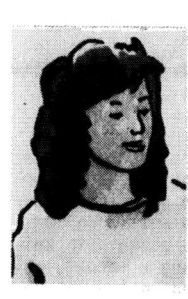

Versucht Euch in die Situation von Brigitte (16) hineinzuversetzen.
Sie ist ein attraktives Mädchen und hat erheblichen Einfluß auf Jochen. Sie hat nach der Hauptschule direkt in einem Supermarkt begonnen und verdient dort als Hilfskraft soviel Geld, daß sie sich
im Vergleich zu ihren Freundinnen eine ganze Menge leisten kann.
"Wenn Du eine Lehre machst", so meint sie, "geht es Dir in den meisten Berufen nicht besser als mir. Nur mußt Du Dich erstmal eine
Weile durch die Ausbildung quälen. Du verdienst später kaum mehr,
hast keine bessere Arbeit und kannst genausogut arbeitslos werden."
Warum also noch lange lernen und sich für die Ausbilder abrackern?
Aus dieser Einstellung heraus unterstützt Brigitte Jochens Plan,
eventuell bei der Firma "Schrott" als Hilfsarbeiter zu beginnen.
Das sei doch keineswegs schlechter als Bäcker, Fleischer, Dreher
oder Maurer. Von Stuttgart hält sie schon gar nichts. Und das Be-
rufsgrundbildungsjahr? Nach ihrer Ansicht ist das alles "brotlose
Kunst".

ARBEITSHINWEISE

1. *Lest die vorliegenden Unterlagen genau durch! Unterstreicht, was für Eure Rolle
   wichtig ist! Informiert Euch über die einzelnen Berufe anhand von "Beruf Aktuell"!
   Klärt etwaige Verständnisfragen mit Eurem Lehrer/Berufsberater ab!*

2. *Überlegt, wie sich Eure Sprecherin (Brigitte) im Rollenspiel verhalten soll! Welche
   Argumente, Fragen und Vorschläge soll sie einbringen? Macht Euch Notizen!*

3. *Bedenkt auch, was von den anderen Gesprächsteilnehmern kommen könnte und wie Ihr darauf reagieren wollt! (Bereitet Euch gut vor!)*

BERUFSGRUNDBILDUNGSJAHR

(frühere Bezeichnung: Berufsgrundschuljahr)

■ Das Berufsgrundbildungsjahr ist die erste Stufe der Berufsausbildung in Form eines einjährigen Vollzeitschuljahres. Es vermittelt Kenntnisse und Fertigkeiten in einem Berufsfeld, z.B. Metalltechnik, Wirtschaft und Verwaltung, Elektrotechnik, und ist Grundlage der darauffolgenden Fachausbildung.

■ Aufnahmevoraussetzungen: Hauptschulabschluß oder gleichwertiger Bildungsstand. Schüler ohne Hauptschulabschluß können dann in das BGJ eintreten, wenn ihre bisherigen Leistungen ein erfolgreiches Mitlernen erwarten lassen.

■ Für Schüler, die kein Abschlußzeugnis der Hauptschule besitzen, schließt der erfolgreiche Besuch des BGJ dieses Zeugnis (Berufsreife) mit ein.

■ Der erfolgreiche Besuch des BGJ wird mit 1 bzw. 1/2 Jahr auf das erste Jahr der Berufsausbildung in einem dem jeweiligen Berufsfeld zugehörigen Ausbildungsberuf angerechnet.

■ Schüler, die ein BGJ erfolgreich abgeschlossen haben und anschließend nicht in ein Ausbildungsverhältnis eintreten, sind vom weiteren Besuch der Berufsschule befreit.

GLEICH GROSSES GELD?
ODER SPÄTER GROSSE CHANCEN?

Ausbildung oder Arbeit - was ist besser? Für manche Jugendliche ist es sehr verlockend, gleich nach der Schule richtig Geld zu verdienen. Man will unabhängig sein, sich etwas leisten können, Moped oder Auto fahren usw. So verständlich diese Wünsche auch sind, so falsch ist in der Regel die ganze Kalkulation. Klaus und Peter zum Beispiel: Beide kamen aus der gleichen Klasse, beide hatten fast die gleichen Zeugnisnoten und beide gingen nach der Schule in den gleichen Betrieb. Das war vor fünf Jahren ...

Aber: Während Klaus "das große Geld" lockte und er sofort als Jungarbeiter anfing, begann Peter seine Ausbildung als Werkzeugmacher. Zu Beginn war Klaus fein raus: Er hatte gleich nach der Schule ganz schön Geld. Peter erhielt lediglich seine Ausbildungsvergütung, mit der er keine großen Sprünge machen konnte. Heute aber sieht die Sache ganz anders aus: Den höheren Verdienst hat längst Peter. Seine Arbeit ist abwechslungsreicher und er braucht sich nicht so viel sagen zu lassen. Sein Arbeitsplatz ist ihm ziemlich sicher. Selbst wenn der Betrieb einmal zumachen müßte, hat er gute Aussichten, als qualifizierte Fachkraft in einer anderen Firma unterzukommen. Nicht so Klaus. Was diesem zunächst das große Los zu sein schien, hat sich später als ziemliche Niete herausgestellt! *(vgl. "Start Klar?", hrsg. vom Deutschen Gewerkschaftsbund, Abteilung Jugend)*

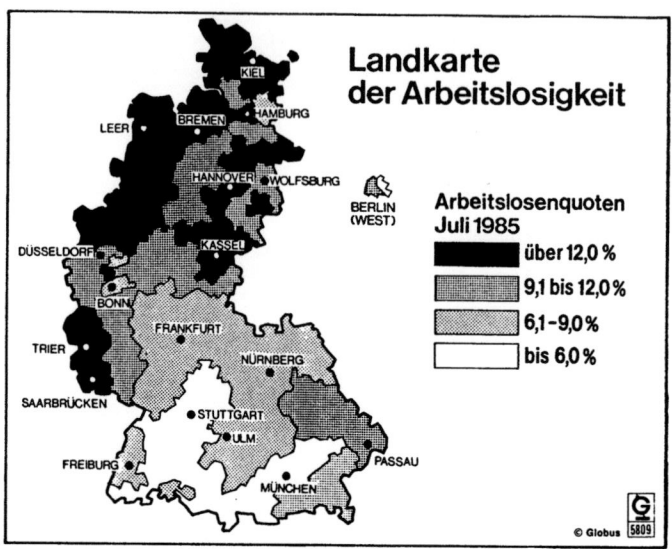

Landkarte der Arbeitslosigkeit

Arbeitslosenquoten Juli 1985

- über 12,0 %
- 9,1 bis 12,0 %
- 6,1-9,0 %
- bis 6,0 %

© Globus 5809

STUTTGART IST SPITZE! Der Großraum Stuttgart weist die niedrigsten Arbeitslosenraten im gesamten Bundesgebiet auf! Mit Werten zwischen 3 und 4 Prozent liegt die Arbeitslosigkeit weit unter dem Bundes-Durchschnitt von 9 %. Im Norden und Westen liegen die Arbeitslosenquoten besonders hoch - gebietsweise über 20 %. Im Süden hingegen sind sie vergleichsweise niedrig. Vor allem in den Regionen um Stuttgart und München bieten sich für die meisten Berufstätigen günstige Beschäftigungsaussichten.

AUSBILDUNG LOHNT SICH! Eine qualifizierte Berufsausbildung lohnt sich allemal. Sie eröffnet nicht nur bessere Verdienst- und Aufstiegsmöglichkeiten, sondern macht auch den Arbeitsplatz sicherer. Das geht aus einer Übersicht des Instituts für Arbeitsmarkt- und Berufsforschung hervor. Danach ist das Risiko der Arbeitslosigkeit bei Fachschulabsolventen am geringsten; ihre Arbeitslosenquote lag im Herbst 1984 bei 4,2 Prozent. Seither hat sich daran kaum etwas geändert. Ähnlich niedrig war die Quote bei Arbeitnehmern, die eine Lehre absolviert hatten (5,9 %). Ganz anders dagegen bei den Arbeitskräften ohne jegliche berufliche Ausbildung. Von ihnen war zum gleichen Zeitpunkt fast jeder Fünfte (18,7 %) ohne Arbeit. Für sie dürfte es - auch in Zeiten ansteigender Konjunktur - schwieriger als für andere sein, rasch wieder einen Arbeitsplatz zu bekommen.

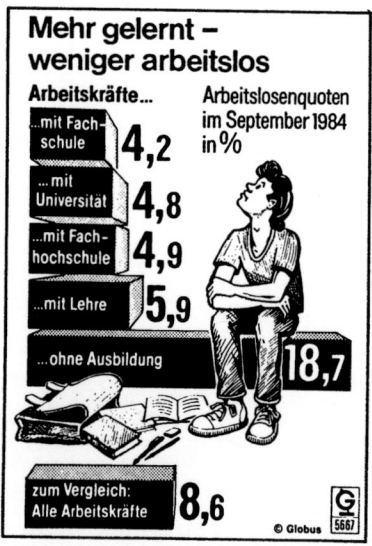

Mehr gelernt – weniger arbeitslos

Arbeitskräfte...

Arbeitslosenquoten im September 1984 in %

- ...mit Fachschule **4,2**
- ...mit Universität **4,8**
- ...mit Fachhochschule **4,9**
- ...mit Lehre **5,9**
- ...ohne Ausbildung **18,7**

zum Vergleich: Alle Arbeitskräfte **8,6**

© Globus 5667

120

4.4 Pro-und-Kontra-Debatte: „Mädchen in Männerberufen"

Im Rahmen dieses Lernspiels geht es vorrangig um die Berufswahlperspektive der Mädchen. In Anbetracht der Lehrstellenknappheit und der völlig einseitigen Konzentration der Mädchen auf wenige typische Frauenberufe stellt sich immer dringlicher die Frage, ob das traditionelle Berufswahlverhalten der Mädchen nicht schnellstens einer gewissen Umorientierung bedarf. „Mehr Mädchen in gewerblich-technische Berufe" lautet deshalb die Empfehlung, die die Arbeitsämter vor dem Hintergrund verschiedener Modellversuche und eines antizipierbaren Facharbeitermangels in Zukunft seit geraumer Zeit ausgeben. Diese Position ist zwar nicht ganz unumstritten, aber in der Tendenz sicher richtig. Allerdings stehen ihr sowohl die tradierten Einstellungen und Vorurteile entgegen, als auch eine Reihe praktischer Schwierigkeiten und Unsicherheiten. Wie also sollen sich heutzutage Mädchen entscheiden, die den gewerblich-technischen Berufen gegenüber nicht völlig abgeneigt sind, vielleicht sogar ausgeprägte Interessen und Fähigkeiten mitbringen? Diese Grundfrage bildet den Knotenpunkt des Pro-und-Kontra-Spiels.

Wie im zuletzt vorgestellten Rollenspiel, so wird auch hier auf vordergründige Belehrungen und Appelle verzichtet und stattdessen die ganze Problematik und Kontroversität des Themas ansatzweise und beispielhaft entfaltet. Die Lernaktivitäten der Schüler sind vielfältig: Sie müssen sich informieren, lernen unterschiedliche Positionen und Argumente kennen; sie diskutieren das Für und Wider und bahnen eigene Optionen an. Die Informationsmaterialien sind dabei so ausgewählt, daß die Vielschichtigkeit des Themas in den Blick gerät. Einseitige Werbung wird ebenso vermieden wie das Vorspiegeln allzu einfacher Antworten. Zwar signalisieren die ausgewählten Materialien durchaus eine gewisse Symphatie für mehr Aufgeschlossenheit der Mädchen gegenüber gewerblich-technischen Berufen – und sollen das auch! Jedoch läßt den Schülern das Pro-und-Kontra-Arrangement die Chance, sich die ganze Ambivalenz des Themas vor Augen zu führen und die eigene Urteilsbildung voranzubringen. Ziel des Lernspiels ist es also, den Schülern eigene und fremde Vorurteile bewußt werden zu lassen, Klischees aufzubrechen, die Berufswahlperspektive der Mädchen ansatzweise zu problematisieren und zu diskutieren sowie ihre Chancen und Schwierigkeiten im gewerblich-technischen Bereich beispielhaft auszuloten. Bei alledem ist ihnen immer wieder die Möglichkeit gegeben, die eigene Situation und Einstellung zu überdenken. Das Ergebnis der Debatte ist nie genau zu antizipieren; die Richtung, in die sich die Waage der Meinungsbildung senkt, kann mal so und mal so aussehen. Vieles bleibt erfahrungsgemäß kontrovers, aber diese konstruktive Verunsicherung ist letztlich auch intendiert! Langzeitig gewachsene Rollenklischees lassen sich nun einmal nicht durch eine einmalige Pro-und-Kontra-Debatte wirksam vom Tisch wischen. Jedoch kann mehr Nachdenklichkeit und Problembewußtsein erzeugt werden; ungewohnte Perspektiven geraten in den Blick – und das ist schon eine ganze Menge!

Der Ablauf des Pro-und-Kontra-Spiels ist auf Seite 2 der Spielunterlagen näher skizziert. Zu Beginn der Stunde erhalten die Schüler zunächst nur die Fallstudie mit den anschließenden Hinweisen zum Spielablauf. Diese Unterlagen werden durchgelesen und nötigenfalls vom Lehrer zusätzlich erläutert (Orientierungsphase).

Danach wird die Klasse in die beiden Pro- und Kontra-Fraktionen unterteilt, die sich ihrerseits nochmals in arbeitsfähige Kleingruppen aufteilen können (Durchschnittsgröße: 4–6 Schüler). Sodann erhalten die Schüler die übrigen Spielunterlagen, arbeiten diese durch und stellen die wichtigsten Argumente und Überlegungen zu ihrer Pro- bzw. Kontra-Position zusammen. An diese Klärungsphase schließt sich die eigentliche Pro-und-Kontra-Debatte an. Je nach Klassengröße und Raumsituation können entweder alle Schüler oder auch nur eine bestimmte Zahl von „Delegierten" die Debatte führen (im letzteren Falle wären die verbleibenden Schüler Zuschauer und kritische Beobachter). Zur optischen Untermauerung der Pro-und-Kontra-Situation sollten sich die beiden Fraktionen an zwei getrennten Tischreihen gegenübersitzen. Die Diskussionsleitung liegt in der Regel beim Lehrer. Der Debattenverlauf selbst sieht so aus, daß zunächst Vertreter der beiden Fraktionen ihre Eingangs-Statements abgeben, ehe die offene Diskussion mit wechselseitigen Fragen und Kommentaren anläuft. Die Schüler können sich dabei durchaus auch Berufe, Funktionen und Namen zulegen, die den Rollenspiel-Charakter der Pro-und-Kontra- Debatte unterstreichen (z.B. können sie sich vorstellen, Teilnehmer einer Tagung zum Thema „Mädchen in Männerberufen" zu sein). Die Zeitdauer dieser Kontroverse liegt erfahrungsgemäß zwischen 10 und 20 Minuten, je nachdem, über welche rhetorischen Fähigkeiten die Schüler verfügen. Anschließend kann eine kurze „Expertenbefragung" vorgesehen werden, die vor allem dann reizvoll wäre, wenn der zuständige Berufsberater teilnehmen könnte. Er könnte als „Experte" die Fragen beider Fraktionen beantworten und wäre einmal in der glücklichen Situation, nicht einfach nur „ins Blaue hinein" informieren zu müssen! Abgeschlossen wird das Ganze mit der obligatorischen Auswertungsphase (inklusive Nachbereitung). Der Zeitansatz insgesamt: Etwa eine Doppelstunde.

SPIELUNTERLAGEN

1. Fallstudie: Nähere Hinweise zur Ausgangssituation des Pro-und-Kontra-Spiels;

2. Arbeitskarte: Überblick über den Spielverlauf und die einzelnen Arbeitsschritte der Schüler;

3. Ergebnisse und Beispiele aus verschiedenen Modellversuchen mit dem Schwerpunkt "Frauen in Männerberufen";

4. Berichte von Auszubildenden, die in gewerblich-technischen Berufen tätig sind;

5. Problemanzeigen zum Einsatz junger Frauen/Facharbeiterinnen im gewerblich-technischen Bereich.

MÄDCHEN IN MÄNNERBERUFEN

Im Berufswahl-Unterricht der Klasse 8a geht es um das Thema "Berufswunsch und Be-
rufswirklichkeit". Die Schüler äußern sich dazu, welchen Beruf bzw. welche Berufe
sie nach Abschluß der Hauptschule gerne ergreifen würden. Die Jungen nennen vor
allem: Kraftfahrzeugmechaniker, Elektriker, Maschinenschlosser, Schreiner und
Werkzeugmacher. Bei den Mädchen stehen die Berufe Verkäuferin, Friseurin, Büroge-
hilfin/Bürokauffrau, Hauswirtschafterin und Floristin im Vordergrund. Die Jungen
streben also die typischen Männerberufe an, die Mädchen die typischen Frauenberufe!

aus: Begemann u.a., 1983, S. 82

Nur Cornelia fällt etwas aus dem Rahmen. Sie möchte Tischlerin werden oder eventuell auch einen Beruf im Metallbereich erlernen: Kraftfahrzeugmechanikerin vielleicht oder auch Elektroinstallateurin. Sie hat zwar noch keine sehr festen Vorstellungen, aber eines weiß sie ziemlich sicher: sie möchte gerne einen handwerklich-technischen Beruf erlernen - auch wenn sie deswegen schon oft belächelt und
gefoppt wurde. Auch in der Klasse ist das Befremden groß. "Wie kommst Du denn aus-
gerechnet auf solche Berufe?", fragt Mareike, und macht ein ganz erstauntes Ge-
sicht. Torsten kommentiert sogleich: "Da hast Du doch gar keine Chance - und
selbst wenn, die Männer würden Dich doch nur auf den Arm nehmen." Volker weiß sogar schon einen Spruch. "Frau unterm Auto - nein Danke!" Die meisten Schüler, so
scheint es, beurteilen Cornelias Absicht ziemlich skeptisch. Nur Birgit und Sabi-
ne ergreifen Partei für Cornelia, denn sie haben selbst schon einmal daran gedacht, einen handwerklich-technischen Beruf zu erlernen. Aber ihre Eltern waren

davon absolut nicht zu überzeugen. Vorerst haben sie sich deshalb anders orientiert, aber das ist noch nicht endgültig.

Cornelia ist über die Reaktion der Klasse ziemlich erstaunt. "Ihr habt doch alle nur Vorurteile", klagt sie. "Ich habe mich zu Hause auf dem Bauernhof meiner Eltern schon immer mit technischen und handwerklichen Dingen abgegeben. Das hat mir Spaß gemacht - und außerdem hab' ich's stets gut gekonnt. Das hat mir selbst mein Vater wiederholt bestätigt. Warum also soll ich nicht einen entsprechenden Beruf ergreifen? Mädchen sind in handwerklich-technischen Dingen doch auch nicht dümmer oder ungeschickter als Jungen!" Damit erntet sie natürlich einigen Widerspruch. Einige Mädchen stimmen ihr zwar zu, aber die Mehrzahl der Schüler ist doch anderer Ansicht. Vor allem die Jungen widersprechen. Sie fordern zu einem Test heraus und verweisen auf die geringe Beteiligung der Mädchen am Technikunterricht und am technischen Werken. Michael weiß sogar von einem Ausbildungsmeister zu berichten, der gesagt haben soll, Mädchen hätten in handwerklich-technischen Berufen nichts zu suchen. Männer seien nun einmal kräftiger, geschickter und technisch interessierter. Damit sind nun allerdings andere Schüler/innen wiederum nicht einverstanden. Sehr schnell entwickelt sich eine lebendige Pro-und-Kontra-Diskussion. Die Kernfrage dabei: "Sollen Mädchen verstärkt in Männerberufen tätig sein?" Versucht diese Diskussion einmal nachzuspielen!

ABLAUF DES PRO-UND-KONTRA-SPIELS

VORBEREITUNG

- *Bildet mehrere Gruppen, von denen einige die Pro-Seite vorbereiten (sie sind für mehr Mädchen in Männerberufen), die anderen die Kontra-Seite (sie sind dagegen)!*
- *Lest die Unterlagen genau durch! Unterstreicht die für Euch wichtigen Stellen! Macht Euch Notizen! Stellt die wichtigsten Argumente zusammen, die Ihr in der anschließenden Debatte vortragen wollt! (Pro oder Kontra)*
- *Überlegt, wie die Gegenseite wohl argumentieren wird und wie Ihr darauf reagieren wollt! (Bereitet Euch gut vor!)*

DEBATTE

Setzt Euch in zwei Tischreihen gegenüber! Tragt Eure Argumente vor! Nehmt Stellung zu den Argumenten und Einwänden der Gegenseite! Diskutiert das Thema "Mädchen in Männerberufen"!

EXPERTENBEFRAGUNG

Stellt Fragen an Euren Lehrer/Berufsberater, damit Euer Standpunkt weitergehend geklärt und gefestigt wird!

AUSWERTUNG

Besprecht den Spielverlauf und die Spielergebnisse! Stellt die wichtigsten Pro-und-Kontra-Argumente in einer Tabelle zusammen!

SCHWIERIGE AUSBILDUNGSSITUATION FÜR MÄDCHEN

- Mädchen haben es besonders schwer, eine Lehrstelle zu finden. Obwohl sie ihre Berufswünsche häufig schon ziemlich zurückstecken, suchen viele von ihnen sehr lange oder finden gar nichts. In den letzten Jahren waren jeweils rund zwei Drittel der unversorgten Lehrstellenbewerber Mädchen!

- Das liegt unter anderem daran, daß sie sich zu sehr auf wenige Frauenberufe konzentrieren. Knapp 70 Prozent aller Mädchen verteilen sich auf nur 12 Ausbildungsberufe! Dabei sind fast alle Ausbildungsberufe, die in der Bundesrepublik angeboten werden, ohne rechtliche Einschränkungen auch von Mädchen zu erlernen.

- Vieles spricht dafür, daß die Mädchen die ganze Vielzahl der beruflichen Möglichkeiten ins Auge fassen sollten. In den wenigen "klassischen" Frauenberufen - insbesondere im kaufmännischen und Verwaltungsbereich - wird nämlich immer stärker die Datenverarbeitung Einzug halten. Das geht aller Voraussicht nach zu Lasten des Arbeits- und Ausbildungsplatzangebots in diesem Bereich.

- Andererseits dürften sich die Chancen für Mädchen mit gewerblich-technischen Berufen zukünftig verbessern. Der Hauptgrund dafür: die rückläufigen Schulabgänger-Zahlen. Wenn die Betriebe ihren Bedarf an Fachkräften decken wollen, werden sie viele "Männerberufe" zunehmend auch für Mädchen öffnen müssen; denn bereits heute können schon nicht mehr alle Ausbildungsstellen mit Jungen besetzt werden. Aber das erfordert noch einiges Umdenken!

vgl. MWi/LAA, 1985.

"MÄDCHEN STEHEN IHREN MANN"

- Schon heute gibt es eine Reihe von Mädchen, die in typischen "Männerberufen" ausgebildet werden. Im südlichen Teil von Rheinland-Pfalz befanden sich Ende 1985 in der Ausbildung zur Tischlerin (94 Mädchen), zur Elektroanlageninstallateurin (17), Fleischerin (16), Betriebsschlosserin (14), Werkzeugmacherin (12), Maschinenschlosserin (7), Gas- und Wasserinstallateurin (7), Kraftfahrzeugschlosserin (4), Maurerin (3), Schornsteinfegerin (1). Das sind nur einige Beispiele! Allerdings liegt der Anteil der Mädchen in den gewerblich-technischen Berufen noch immer unter 5 %!

- **TECHNISCHE BEGABUNG:** Aufgrund verschiedener Versuchs-Projekte läßt sich feststellen, daß die Ausbildungsleistungen der Mädchen in gewerblich-technischen Berufen nicht von denen der jungen Männer abweichen. Die zu Beginn der Ausbildung vielleicht noch fehlenden Vorerfahrungen im Umgang mit Werkzeugen und Materialien, die bei den Jungen eher vorhanden sind, können meist in kurzer Zeit aufgeholt werden. Darüber hinaus äußerten sich die Ausbildungsmeister sehr positiv über den Einsatz und Eifer der Mädchen.

- **KÖRPERLICHE ANFORDERUNGEN:** Es gibt sicher einige gewerblich-technische Berufe, die für Mädchen weniger oder gar nicht geeignet sind, weil die körperlichen Anforderungen zu hoch sind. Für die meisten "Männerberufe" gilt dies allerdings nicht. Sie können ohne Probleme auch von Mädchen ausgeübt werden. Eine Reihe von gesetzlichen Schutzbestimmungen sorgen ferner dafür, daß Mädchen im Hinblick auf ihre körperlichen Belastungen nicht überfordert werden.

- **BERUFSZUFRIEDENHEIT:** Die meisten Mädchen, die im Rahmen eines Modellversuchs in Rheinland-Pfalz einen "Männerberuf" ergriffen hatten, waren mit ihrem gewählten Beruf zufrieden. Die fachliche Anerkennung bei ihren männlichen Kollegen entsprach ihren Erwartungen, die Verdienstmöglichkeiten wurden als sehr zufriedenstellend empfunden und hinsichtlich der Zukunftsaussichten im erlernten Beruf äußerten sich die Mädchen überwiegend positiv.

vgl. MWi/LAA, 1985.

FACHARBEITERINNEN IM METALL- UND ELEKTROBEREICH

☞ **MODELLVERSUCH AUGSBURG:** Die Vorgesetzten äußerten sich durchweg positiv über ihre Erfahrungen mit Facharbeiterinnen im Elektrobereich. Hervorgehoben wurde, daß die Frauen das Betriebsklima verbesserten, daß sie ordentlicher und manchmal ehrgeiziger seien als die Männer. Einschränkungen durch die geringere Körperkraft könnten durch maschinelle Hilfen ausgeglichen werden. Den Frauen wurde auch eine gute Kontaktfähigkeit zu anderen Menschen bescheinigt. Allerdings wurde ein Einsatz der Facharbeiterinnen dann abgelehnt, wenn Arbeiten mit erhöhten körperlichen Belastungen, mit Schmutz und Schichtdienst (Drei-Schicht-Betrieb) zu erledigen sind.

☞ **MODELLVERSUCH BERLIN:** Von den Meistern und Vorgesetzten wurde die Arbeitsmotivation der Facharbeiterinnen als hoch eingeschätzt, ebenso die Leistungsorientierung. Zum Teil wurden die Facharbeiterinnen auch als ehrgeiziger, engagierter und fleißiger bezeichnet als ihre männlichen Kollegen. In bezug auf Arbeitsleistung, Belastbarkeit, Geschicklichkeit, Konzentration und technisches Verständnis ergaben sich keine wesentlichen Unterschiede gegenüber männlichen Facharbeitern.

vgl. Alt, 1985, S. 102 ff

LACKIERERIN GERDA S.

WERKZEUGMACHERIN HANNELORE W.

Die 23jährige Gerda S. hat nach dem Realschulabschluß eine Ausbildung zur Lackiererin absolviert. Seither ist sie in der direkten Produktion von AUDI-Ingolstadt beschäftigt, und zwar als Malerin und Lackspritzerin im Bereich der Lackiererei-Nacharbeiten. Hier werden Lackfehler und -beschädigungen an fertigen Fahrzeugen aller Typen ausgebessert (Foto: Schleifen und Reinigen einer Lackstelle)

Die 22jährige Hannelore W. arbeitet als Facharbeiterin im Werkzeugbau. Ihre Aufgabe ist das selbständige Fertigen von Schnitt-, Stanz-, Form- und Ziehwerkzeugen anhand von Zeichnungen, Maßtabellen und Schablonen. Dabei muß sie alle notwendigen Einzelteile herstellen, zusammenbauen und in die Maschine einfügen (auf dem Foto werden zwei Werkzeughälften zusammengesetzt)

Fotos und Beispiele entnommen aus: Hertel, 1985.

EINIGE AUSZUBILDENDE BERICHTEN

MARINA UND CORNELIA: SCHREINERINNEN

Marina und Cornelia sind Schwestern. Sie haben den gleichen "Männerberuf" erlernt: Schreinerin. Beiden hat die Ausbildung in der Lehrwerkstatt einer Küchenfabrik Spaß gemacht. Ihr Ziel: Sie möchten in Richtung Innenarchitektur und Produkt-Design weitermachen. Zumindest die Jüngere der beiden Schwestern könnte sich aber auch vorstellen, ihr Brot als Schreinerin zu verdienen. Die Ältere meint: "Dieser Beruf wäre mir als Frau auf Dauer zu anstrengend, vor allem, wenn man den Ehrgeiz hat, sich nicht von einem Mann helfen zu lassen." Dennoch: Die beiden selbstbewußten jungen Damen haben sich in diesem Männerberuf rasch durchgesetzt. "Am Anfang", weiß Marina zu berichten, "schauen einem die männlichen Kollegen noch genau auf die Finger, was man macht. Wenn sie sehen, daß auch Frauen etwas können, wird man bald akzeptiert. Und wenn Männer dumme Bemerkungen machen, muß man sich mit dem Mund einfach zur Wehr setzen." Als vor kurzem ein älterer Kollege in der Werkstatt ihr wirklich sehenswertes Gesellenstück begutachtete, sagte er verblüfft: "Daß ein Weib so etwas zuwege bringt, hätte ich nicht gedacht." Wenn das kein Kompliment war! Trotzdem: "Man muß schon zulangen", meint Marina, "aber die Gefahr einer körperlichen Überforderung ist nicht gegeben." Was den beiden Schwestern am Beruf des Schreiners besonders gefällt: "Es ist ein kreatives Arbeiten. Man sieht ein Ergebnis seiner Arbeit. Und dann ist auch der Umgang mit dem Werkstoff Holz interessant." *(vgl. Die Rheinpfalz v. 25.7.1986 - Pfälzer Tageblatt).*

MARTINA: FERNMELDEHANDWERKERIN

Martina arbeitet beim Fernmeldeamt in Neustadt. Sie ist dort ausgebildet worden und hat anschließend einen Arbeitsplatz erhalten. Offiziell heißt es, der Beruf der Fernmeldehandwerkerin sei für Frauen relativ gut geeignet, weil sie praktisch alle Arbeiten ausführen könnten. Martina meint jedoch ein wenig einschränkend: "Ein Mädchen sollte sich zweimal überlegen, ehe es sich für diesen Beruf entscheidet. Weil man sich durchsetzen können muß". Wenn Martina auswärts an die Arbeit geht, kommt es zuweilen vor, daß ein männlicher Kunde ihr das Werkzeug aus der Hand nehmen möchte, weil er meint, die handwerkliche Tätigkeit besser zu beherrschen. Martina gibt zu, daß sie diese Art der männlichen "Hilfsbereitschaft" schon stört, aber es sei schon besser geworden *(vgl. Die Rheinpfalz v. 5.7.1986).*

HEDI: ELEKTROANLAGENINSTALLATEURIN

Ein typischer Frauenberuf wäre für Hedi ohnehin nicht in Frage gekommen. "Ich habe schon als Kind viel gebastelt und Interesse an handwerklichen Tätigkeiten gehabt. Deshalb war ich fest entschlossen, einen gewerblich-technischen Beruf zu ergreifen, auch wenn es sich dabei immer noch eher um einen Männerberuf handelt." Hedis Traumberuf war eigentlich der des Kunstschreiners, aber seit sie ihre Ausbildung als Elektroanlageninstallateurin erfolgreich abgeschlossen hat, ist sie mit ihrem Beruf sehr zufrieden. Sie findet ihre Arbeit abwechslungsreich, und außerdem verdient sie erheblich mehr als ihre Freundinnen, die alle in typischen Frauenberufen arbeiten *(vgl. MWi/LAA, 1985).*

JUTTA: DREHERIN

Jutta war das einzige Mädchen in ihrer Klasse, das sich für einen gewerblich-technischen Beruf entschieden hat. Eigentlich wollte sie Maschinenschlosserin werden, aber da hat sie keinen Ausbildungsplatz gefunden. Zu ihrer Ausbildung als Dreherin meint Jutta: "Die praktische Arbeit macht mir viel Spaß. In den theoretischen Kenntnissen muß ich mich allerdings noch verbessern, damit ich zu einem guten Abschluß meiner Ausbildung komme." *(vgl. MWi/LAA, 1985)*

EINWÄNDE - PROBLEME - VORURTEILE

Viele Betriebsvertreter haben nach wie vor erhebliche Vorbehalte gegenüber dem Einsatz von Frauen in gewerblich-technischen Berufen. Wie verschiedene Befragungen zeigen, wird den Frauen zwar zugestanden, gewerblich-technische Ausbildungsberufe zu ergreifen, ansonsten werden aber zahlreiche Probleme und Schwierigkeiten befürchtet.

■ Einige der Befragten meinen, daß Frauen bessere Qualifikationen als männliche Jungfacharbeiter mitbringen bzw. größeres Durchsetzungsvermögen haben müßten, um akzeptiert zu werden. Probleme werden auch befürchtet, wenn Frauen in Vorgesetztenpositionen aufrücken (wollen).

■ Die Doppelbelastung der Frau durch Beruf und Familie wird als leistungsmindernd angesehen und immer wieder als Problem hervorgehoben. Schwangerschaften führten zu einem vorübergehenden oder langfristigen Ausscheiden aus dem Beruf. Die Chancen für eine sinnvolle Wiederbeschäftigung nach einer "Familienpause" werden eher skeptisch beurteilt.

■ Die eingeschränkte körperliche Belastbarkeit der Frauen wird als ein wesentliches Hindernis für die Einstellung und für einen verstärkten Einsatz von Facharbeiterinnen betrachtet.

■ Hingewiesen wird auf die begrenzte Einsetzbarkeit von Frauen bei Überstunden (Bereitschaft dazu, aber auch rechtliche Vorschriften); ferner bei Nachtarbeit, Schichtarbeit und Wochenendarbeit. Die betrieblichen Verantwortlichen erwarten außerdem eine geringere Bereitschaft der Frauen zu Einsätzen im Außendienst (insbesondere verheirateter Frauen).

■ Weitere Einsatzbeschränkungen werden aufgrund der Unzumutbarkeit vieler Tätigkeiten erwartet. Genannt werden z.B. Arbeiten in ungünstiger Körperhaltung, Arbeiten im Freien (Witterungseinflüsse) oder Arbeiten mit erschwerenden Umgebungseinflüssen (Lärm, Kälte, Hitze, Staub, Dämpfe, Schmutz usw.).

■ Insgesamt erwarten die betrieblichen Experten erhebliche Probleme bei der Zuweisung von Arbeitsaufgaben an Frauen. Und zum Teil befürchten sie eine größere Belastung der männlichen Facharbeiter durch den Einsatz von Frauen!

■ Die zukünftigen Berufschancen der Facharbeiterinnen im gewerblich-technischen Bereich werden von der Mehrzahl der Befragten eher ungünstig beurteilt.

vgl. Alt, 1985, S. 96 f.

UND WAS KOMMT NACH DER AUSBILDUNG?

Vor einem halben Jahr hat **Manuela** die Prüfung als Teilezurichterin bestanden. Mit ihr schafften weitere drei Mädchen und vier Jungen die Prüfung. Die jungen Männer haben längst einen Arbeitsplatz in ihrem erlernten Beruf gefunden; drei der Mädchen sind in Berufen tätig, die mit ihrer speziellen Ausbildung nichts zu tun haben. Nur Manuela ist weiter auf der Suche nach einem Job als Teilezurichterin.

Pia hat Elektroinstallateurin gelernt. Nach ihrer Lehre war sie über ein Jahr arbeitslos. Insgesamt hagelte es für die junge Handwerkerin rund 50 Absagen. Mit den tollsten Erklärungen wurden ihre Bewerbungen abgelehnt. Nur wenige Arbeitgeber sagten ihr frei heraus, daß sie keine Frau einstellen wollten. Oft wurden andere Gründe vorgeschoben wie zum Beispiel: Man könne ein Mädchen nicht zusammen mit den männlichen Mitarbeitern auf den Bau schicken. Dadurch würde das Arbeitsklima gestört. Inzwischen besucht Pia die Berufsaufbauschule Technik.

4.5 Rollenspiel: „Jutta möchte zu einer weiterführenden Schule"

Das nachfolgende Rollenspiel gibt den Schülern Gelegenheit, sich schwerpunktmäßig mit den weiterführenden Bildungswegen vertraut zu machen, die nach erfolgreichem Abschluß der Sekundarstufe I offenstehen. Eine entsprechende Strukturskizze für die Bildungswege in Rheinland-Pfalz ist den Spielunterlagen beigefügt und muß für andere Bundesländer nötigenfalls ausgetauscht werden. Außerdem wird in den Rollenkarten wiederholt auf die Schrift „Wo?" als weiterführende Informationsquelle hingewiesen, die es unter dieser Bezeichung allerdings nur in Rheinland-Pfalz und im Saarland gibt. Entsprechende Schriften zum weiterführenden Bildungswesen existieren jedoch auch in anderen Bundesländern und sollten den Schülern als Nachschlagewerke zur Verfügung stehen.

Zur Grundstruktur des Rollenspiels: Im Mittelpunkt steht die 15jährige *Jutta,* die in gut einem Jahr die Realschule abschließen wird. Sie trägt sich mit dem Gedanken, anschließend eine weiterführende Schule zu besuchen. Ihr Ziel: Sie möchte einen qualifizierten Beruf im mathematisch-naturwissenschaftlichen Bereich ergreifen, später vielleicht sogar noch ein Studium anschließen. Wie in vielen Familien, so gehen allerdings auch in Juttas Familie die Meinungen ziemlich auseinander, welchen Weg sie denn nun am besten beschreiten sollte. Während Juttas *Eltern* dem Ansinnen ihrer Tochter eher skeptisch gegenüberstehen, hat ihr *Bruder* Thomas durchaus Verständnis für ihre Pläne, ist sich allerdings keineswegs sicher, ob Jutta wirklich weiß, was sie eigentlich will. *Onkel* Rainer – von Hause aus Berufsberater – versucht in erster Linie zu vermitteln, zu fragen und zu beraten. Nähere Hinweise zu den einzelnen Rollen finden sich in der Fallstudie sowie in den betreffenden Rollenkarten.

Ein wesentliches Ziel des Rollenspiels ist es, familiäre Gesprächssituationen und -kontroversen exemplarisch abzubilden, um die Schüler in dieser Hinsicht zu sensibilisieren und ansatzweise auch zu qualifizieren. Häufig stehen sie nämlich in der Situation, daß sie von den verschiedenen Seiten gedrängt, beraten und womöglich so beeinflußt werden, daß sie am Ende selbst nicht mehr wissen, was sie eigentlich wollen. Durch das Rollenspiel sollen die Schüler gewisse Interaktionsbedingungen und -strategien kennenlernen und entwickeln, die ihnen helfen, in ähnlichen Situationen einigermaßen sachkundig und zielstrebig zu agieren. Insgesamt soll das Rollenspiel dazu beitragen ...

- die berufswahlbezogene Gesprächs- und Entscheidungskompetenz der Schüler am konkreten Beispiel zu trainieren (zuhören, argumentieren, abwägen, fragen, begründen, andere Sichtweisen kennenlernen, einen Standpunkt vertreten etc.);

- ihnen einen gewissen Überblick über das System der weiterführenden Schulen zu vermitteln;

- den gezielten Umgang mit verschiedenen Informationsquellen zu üben (Spielmaterialien, „Beruf Aktuell", „Wo?"), um daraus überzeugende Argumentations- und Entscheidungshilfen abzuleiten;

- einen Eindruck von der Vielschichtigkeit der Berufswahl zu vermitteln und in das „Denken in Alternativen" einzuführen.

Der Ablauf des Rollenspiels ist auf Seite 2 der Spielunterlagen knapp umrissen. Weitere Arbeitshinweise finden sich in den einzelnen Rollenkarten. Insgesamt umfaßt das Rollenspiel drei Phasen:

● Die *Vorbereitungsphase:* Die Schüler lesen zunächst die Fallstudie und die anschließenden Hinweise zum Spielablauf; etwaige Verständnisfragen werden geklärt. Alsdann wird die Klasse in die 5 Rollen-Gruppen aufgeteilt, von denen sich jede aus der Sicht ihrer Bezugs-Personen mit Juttas Plänen und Möglichkeiten auseinandersetzt (vgl. dazu die Rollenkarten). Als Arbeitsunterlagen stehen jedem Schüler die Spielmaterialien sowie „Beruf Aktuell" und gegebenenfalls auch „Wo?" (oder eine Alternative dazu) zur Verfügung. Gegen Ende dieser Phase sollte jede Gruppe einen Sprecher/eine Sprecherin bestimmen, der/die stellvertretend für die Gruppe am anschließenden Gespräch im Familienkreis teilnimmt.

● Die *Rollenspiel-Phase* (i. e. S.): Die Delegierten der einzelnen Gruppen setzen sich um einen zentral plazierten Tisch – Namensschilder nicht vergessen! – und simulieren das besagte Familiengespräch. Jutta beginnt zunächst und trägt ihre Vorstellungen und Fragen vor. Es wird frei gesprochen; auf rollgengemäße „Umgangsformen" ist zu achten. Anschließend nehmen die anderen Stellung, machen Vorschläge, üben Kritik etc. Eine formale Gesprächsleitung gibt es nicht. Die nicht am Gespräch teilnehmenden Schüler sind in dieser Phase kritische Beobachter. Sie registrieren/notieren Auffälligkeiten und Probleme im Gesprächsverhalten der Hauptakteure und bringen diese in die anschließende Auswertungsphase ein. Eine andere Variante: Den „Zuschauern" werden gezielte Beobachtungsaufträge im Blick auf bestimmte Gruppenvertreter gegeben (z. B. Gruppe „Jutta" beobachtet „Vater" etc.).

● Die *Auswertungsphase* sollte mit einer offenen Feedback-Runde beginnen (Was ist Euch aufgefallen? Was hat Euch überrascht oder gestört? Wie seht Ihr das Gesprächsergebnis? etc.). Darüber hinaus kann den Schülern Gelegenheit eingeräumt werden, über ähnliche Gesprächssituationen zu Hause oder anderswo zu berichten und diese zu kommentieren. Anschließend werden Sachfragen, die aufgeworfen wurden und/oder offen geblieben sind, gemeinsam besprochen und mit Hilfe des Lehrers/Berufsberaters geklärt.

Abschließend noch einige Anmerkungen zur Rolle des „Onkels" (von Hause aus Berufsberater!). Wer immer diese Rolle spielt, er/sie müßte die Materie schon einigermaßen beherrschen, um sachkundig vermitteln und beraten zu können. Am besten wäre es natürlich, der für die Schule zuständige Berater würde diese maßgeschneiderte Rolle selbst übernehmen: zunächst als beratendes Mitglied in der Vorbereitungsgruppe, dann als „Onkel Rainer" in der Gesprächsrunde und schließlich als Experte in der Auswertungsphase, dem u. a. die zusammenfassende Kommentierung des Gesprächsverlaufs zufällt. Zusätzliche Instruktionen und Materialien können sich anschließen. Falls der Berufsberater nicht teilnehmen kann, müßte der Lehrer diese Rolle übernehmen (zumindest phasenweise).

ROLLENSPIEL

"JUTTA MÖCHTE ZU EINER WEITERFÜHRENDEN SCHULE"

Jutta lebt in Mannheim und besucht zur Zeit die 9. Klasse einer Realschule. Sie
ist eine recht gute Schülerin. Mit Ausnahme von Englisch, Sport und Musik, wo
sie auf "3" steht, hat sie in allen Fächern die Noten "gut" oder "sehr gut". Ihre
besondere Stärke liegt im mathematisch-naturwissenschaftlichen Bereich. In Mathematik erreichte sie im letzten Zeugnis "sehr gut", in Physik und Chemie jeweils
"gut". Nach Ansicht ihres Klassenlehrers ist Jutta eine fleißige und strebsame
Schülerin, die über eine bemerkenswerte mathematisch-naturwissenschaftliche Begabung verfügt.

Die Schule macht Jutta nach wie vor Spaß. Deshalb würde sie nach Abschluß der
10. Klasse gerne auf eine weiterführende Schule gehen, um eventuell Abitur zu machen und danach zu studieren. Als Berufsziel schwebt ihr vor, später vielleicht
einmal Lehrerin für Mathematik und Physik zu werden oder auch Ingenieurin oder
mathematisch-technische Assistentin. Auf diese Berufe hat sie ihr Freund Hans gebracht, der im nächsten Jahr Abitur machen wird und ebenfalls ein naturwissen-
schaftlich-technisches Studium anstrebt. Wäre doch toll, so meint Jutta, wenn sie
mit Hans zusammen an einer Universität studieren könnte. Das ist allerdings noch
ferne Zukunftsmusik.

Juttas Eltern sind von den Plänen ihrer Tochter wenig begeistert. Sie haben sie
seinerzeit zur Realschule geschickt, damit sie eine solide Schulbildung erhält
und anschließend einen ordentlichen Beruf erlernt. Juttas Vater ist selbst Angestellter bei der Stadtverwaltung und würde seine Tochter am liebsten bei der
Stadt oder einer anderen Behörde als Verwaltungsangestellte oder Bürokauffrau un-
terbringen. Zwar ist er durchaus stolz darauf, daß Jutta eine gute Schülerin ist
und gerade im mathematisch-naturwissenschaftlichen Bereich das Vorurteil von der
mangelnden Begabung der Mädchen widerlegt. Doch ein Studium anzupeilen, das
scheint ihm für seine Tochter nicht der passende Weg. Seine Angst: Jutta wird
durch die lange Schulzeit zu sehr verpäppelt, bekommt später vielleicht nicht mal
eine Stelle und will irgendwann auch noch heiraten und Kinder kriegen. "Wie soll
das alles ins Lot gebracht werden", so fragt er sich. Juttas Mutter teilt diese
Bedenken (sie ist Hausfrau). Auch sie hat Angst, daß Jutta die rechte Einstellung
zur Arbeit und zum Leben verliert. "Lieber etwas bescheidener sein", so meint sie,
"als zu hoch hinauswollen und dann doch scheitern."

Unterstützung erfährt Jutta in ihrer Familie allein durch ihren Bruder Thomas
(26 Jahre). Thomas ist seinerzeit dem Rat seiner Eltern gefolgt und hat nach dem
Abitur eine Banklehre absolviert. Dabei hätte er eigentlich lieber studiert. Mittlerweile hat er jedoch Frau und zwei Kinder, so daß er den Weg einer beruflichen

Neuorientierung scheut. Das Ansinnen seiner Schwester imponiert ihm, und er meint, man solle sie darin bestärken, damit sie später nicht verpaßten Chancen nachtrauern muß.

Dennoch: Jutta ist verunsichert. Was soll sie tun? Soll sie bei ihrer Absicht bleiben, eine weiterführende Schule zu besuchen - wenn ja, welche? Oder soll sie nicht doch dem Rat ihrer Eltern folgen und nach Abschluß der 10. Klasse eine Berufsausbildung beginnen? Es müßte ja nicht unbedingt die Ausbildung zur Verwaltungsangestellten oder zur Bürokauffrau sein. Warum nicht ein Beruf im naturwissenschaftlich-technischen Bereich oder in der Datenverarbeitung?!

Einige Klärung und Hilfe erhofft sich Jutta vom Besuch ihres Onkels aus Hamburg, der dort als Berufsberater tätig ist. Der müßte ja eigentlich sagen können, ob sich der Besuch einer weiterführenden Schule lohnt. Als Jutta von der Schule nach Hause kommt, ist Onkel Rainer schon da. Heute abend wird sie mit ihm, ihrem Bruder Thomas und ihren Eltern ein Gespräch führen ...

HINWEISE ZUM ABLAUF DES ROLLENSPIELS

1. Bildet 5 Schülergruppen, von denen jede für eine der genannten Personen zuständig ist.

(a) Lest die Rollenkarten und die sonstigen Unterlagen durch! Fragt gegebenenfalls den Lehrer oder den Berufsberater, falls Ihr zusätzliche Auskünfte benötigt!

(b) Nehmt "BERUF AKTUELL" und "WO" zu Hilfe und informiert Euch näher über die weiterführenden Schulen und die in Frage kommenden Ausbildungsberufe!

(c) Stellt die wichtigsten Argumente und Vorschläge zusammen, die Eure "Bezugs-Person" im anschließenden Rollenspiel vortragen kann/soll! (Wählt einen Sprecher/eine Sprecherin für das Rollenspiel!)

2. Die Durchführung und Auswertung des Rollenspiels kann wie folgt aussehen:

(a) Die Sprecher/Sprecherinnen der 5 Gruppen führen das Rollenspiel vor (Jutta beginnt mit ihren Überlegungen, Absichten und Fragen)

(b) Die übrigen Schüler sind Zuschauer und kritische Beobachter; sie notieren sich einzelne Auffälligkeiten und Fragen. Anschließend wird der Spielverlauf besprochen und ausgewertet (offene Fragen werden geklärt).

Bildungswege mit mittlerem Bildungsabschluß in Rheinland-Pfalz

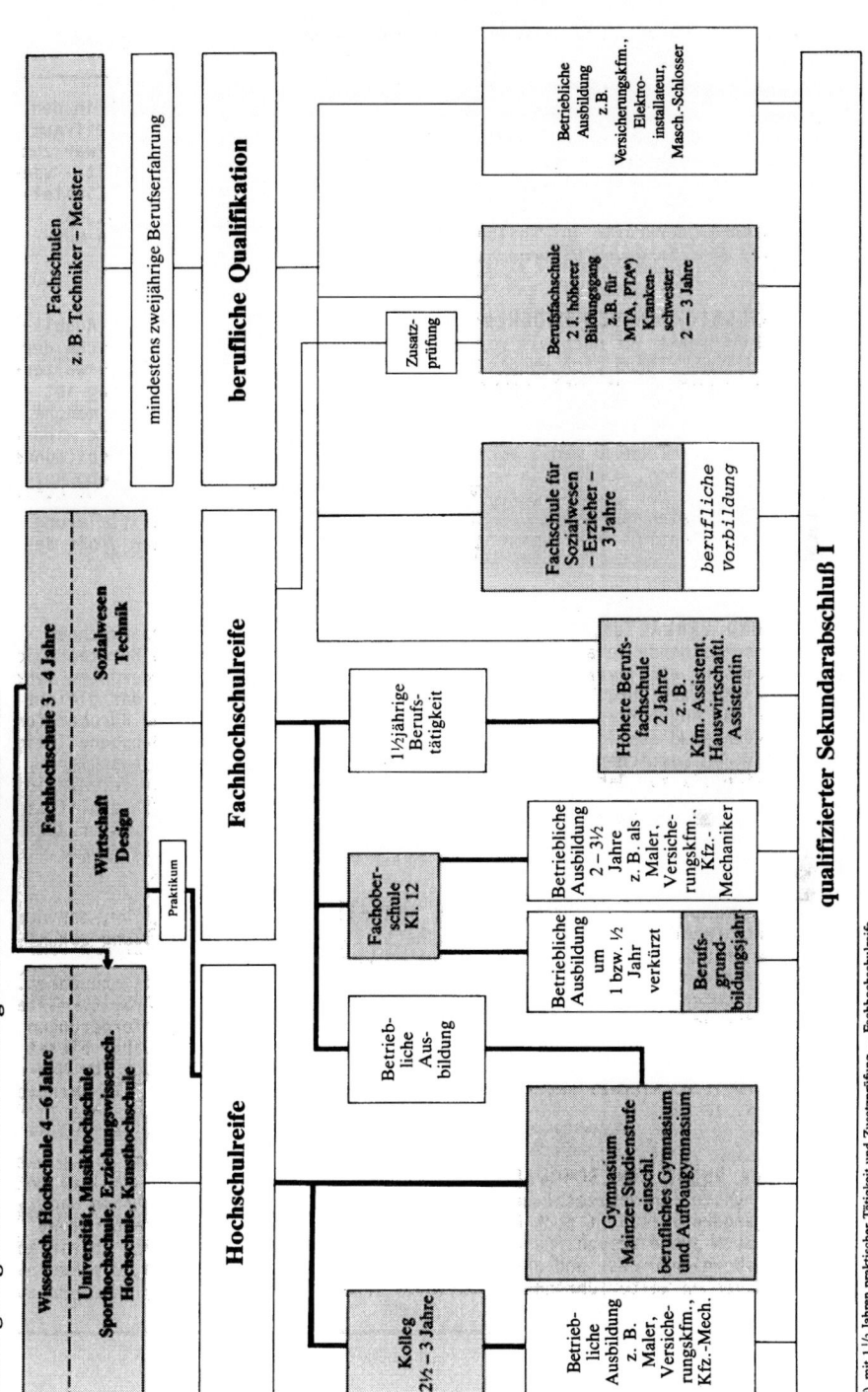

*) mit 1½ Jahren praktischer Tätigkeit und Zusatzprüfung — Fachhochschulreife

LEHRERARBEITSLOSIGKEIT: Die Arbeitslosigkeit der Lehrer hat sich in den letzten 10 Jahren stetig erhöht. Im gesamten Bundesgebiet wurden im Zeitraum von 1977 - 1986 rund 80 000 Lehrer/innen nicht eingestellt. Sie sind zwar zum erheblichen Teil in anderen Stellen untergekommen oder haben umgeschult - viele sind jedoch auch arbeitslos geblieben. Allerdings werden sich die Einstellungschancen der Lehrer in den 90er Jahren wieder deutlich verbessern, da viele ältere Lehrkräfte in Pension gehen und jüngere Lehrer nachrücken müssen *(vgl. Erziehung und Wissenschaft, 10/1986, S. 22)*.

BERUFSAUSSICHTEN FÜR MÄDCHEN: Die Situation der Mädchen auf dem Ausbildungsstellenmarkt ist nach wie vor sehr schwierig. Die Ausbildungswünsche der Mädchen konzentrieren sich hauptsächlich auf Büro- und kaufmännisch-verwaltende Berufe sowie auf Dienstleistungsberufe. Diese berufliche Ausrichtung ist fachlich zu schmal. Bei vielen Mädchen und ihren Eltern bestehen über manche Berufe falsche Vorstellungen und unbegründete Vorurteile. Andere Berufe wiederum sind ganz einfach zu wenig bekannt. Obwohl den Mädchen rund 400 Ausbildungsberufe offenstehen, konzentrieren sie sich zu mehr als 50 % auf nur zehn Ausbildungsberufe. Der gewerblich-technische Bereich spielt dabei kaum eine Rolle. Von daher ist eine gewisse Umorientierung und eine verstärkte Qualifizierung der Mädchen wichtig. Dabei kommt dem Besuch weiterführender Schulen große Bedeutung zu *(vgl. Berufsbildungsbericht 1986, S. 13)*.

BÜRO- UND VERWALTUNGSBERUFE: Im Büro- und Verwaltungsbereich zeichnen sich einschneidende Veränderungen ab. Unter dem Einfluß der neuen Bürotechnologien (Computer etc.) verändern sich die Arbeitsinhalte und -anforderungen sehr stark. Einfachere Bürotätigkeiten werden immer weniger angeboten; das gleiche gilt für das Angebot an Ausbildungsplätzen in den Verwaltungs- und Büroberufen. Demhingegen sind qualifizierte Fachkräfte nach wie vor gesucht. Gehobene Tätigkeiten in den Bereichen Planung, Verwaltung sowie Forschung und Entwicklung werden sich bis zum Jahr 2000 aller Voraussicht nach erheblich vermehren. Einige Arbeitsmarktexperten kommen daher zu dem Schluß: "Mehr Frauen in **qualifizierte** Büro-, Verwaltungs- und kaufmännische Berufe!" *(vgl. Landesarbeitsamt Rheinland-Pfalz-Saarland: Mädchen in Männerberufen, Saarbrücken 1987, S. 16 ff)*.

NATURWISSENSCHAFTLICH-TECHNISCHE BERUFE: Vieles spricht dafür, daß qualifizierte Fachkräfte mit naturwissenschaftlich-technischer Ausbildung zukünftig gute Chancen auf dem Arbeitsmarkt haben werden. Der Bedarf an Forschern, Ingenieuren und sonstigen technischen Fachkräften dürfte langfristig zunehmen. Gute Aussichten haben vor allem flexible und höher qualifizierte Arbeitskräfte, während der Anteil der Arbeitsplätze mit geringen Qualifikationsanforderungen im Zuge des technischen Fortschritts deutlich abnehmen wird. Von daher bietet sich das Erlernen neuer und aussichtsreicher technischer Berufe auch für Mädchen an *(vgl. W. Klauer: Technischer Fortschritt und Beschäftigung, in: MittAB, 1/1986, S. 12 ff)*.

HANDWERK SUCHT REALSCHÜLER: Im Handwerk sind im letzten Jahr zahlreiche Ausbildungsstellen unbesetzt geblieben. Deshalb will das Handwerk neben Hauptschulabgängern verstärkt auch Realschüler und Gymnasiasten ansprechen, nicht zuletzt auch junge Frauen. Durch den Einsatz neuer Technologien sind in vielen Handwerksbereichen neue und anspruchsvolle Berufsbilder entstanden, die auch für Absolventen weiterführender Schulen interessant sind *(vgl. Die Rheinpfalz v. 3.4.1987)*.

Begehrte Lehrberufe

Die am stärksten
besetzten Lehrberufe
Anfang 1986

Jungen			Mädchen
Bankkaufmann	27 165	21 933	Groß- u. Außen-handelskauffrau
Bäcker	28 706	25 506	Bürogehilfin
Groß- u. Außen-handelskaufmann	29 306	27 165	Einzelhandels-kauffrau
Maurer	29 900	28 683	Bankkauffrau
Installateur (Gas u. Wasser)	32 059	29 385	Zahnarzthelferin
Tischler	37 938	38 967	Arzthelferin
Maler	38 138	41 154	Industriekauffrau
Maschinenschlosser	47 504	48 055	Bürokauffrau
Elektriker	53 366	66 028	Friseurin
Kfz-Mechaniker	81 168	112 571	Verkäuferin

© Globus 6461

JUTTA

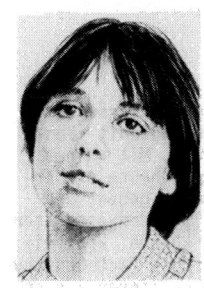

Versucht Euch in die Situation von Jutta hineinzuversetzen. Sie ist mathematisch-naturwissenschaftlich begabt und auch interessiert. Ähnliches gilt in technischer Hinsicht. Sie experimentiert und bastelt gerne, so daß ihr Vater manchmal etwas abfällig meint, sie sei genau wie ein Junge. Jutta möchte daher ganz gerne einen Beruf im naturwissenschaftlich-technischen Bereich - und zwar einen möglichst qualifizierten, in dem sie selbständig arbeiten kann. Deshalb möchte sie zu einer weiterführenden Schule, um später vielleicht auch noch studieren zu können. Aber das ist nur ein vages Fernziel. Selbst wenn sie nicht studieren sollte - Schule kann ja schließlich nichts schaden, meint sie. Aber welche weiterführende Schule soll sie besuchen? Soll sie das Abitur anstreben oder einen schulischen Ausbildungsgang wählen (Berufsfachschule etc.)? Sie ist sich noch ziemlich unsicher ...

ARBEITSHINWEISE

1. *Lest die vorliegenden Unterlagen genau durch! Unterstreicht, was für Eure Rolle wichtig ist! Macht Euch Notizen und klärt Verständnisfragen mit Eurem Lehrer ab!*

2. *Informiert Euch genauer, welche weiterführenden Schulen und welche beruflichen Ziele für Jutta in Frage kommen! (vgl. "Beruf Aktuell" und "Wo?")*

3. *Überlegt, welche Vorschläge und Argumente Eure Sprecherin (Jutta) im Rollenspiel vorbringen soll! Haltet die wichtigsten Punkte protokollartig fest!*

4. *Bedenkt auch, was von den anderen Gesprächspartnern kommen könnte und wie Ihr darauf reagieren wollt! (Bereitet Euch gut vor!)*

ONKEL RAINER

Versucht Euch in die Situation von Onkel Rainer hineinzuversetzen. Onkel Rainer ist zwar Berufsberater, aber er will Jutta die Entscheidung über ihren zukünftigen Berufs- und Ausbildungsweg nicht abnehmen. Er sieht seine Hauptaufgabe darin, hier und da wichtige Informationen zu geben oder auch Fragen zu stellen, die die anderen zum Nachdenken zwingen. Sein Ziel: Er möchte erreichen, daß Jutta allmählich Klarheit gewinnt, was sie eigentlich will. Und er will sicherstellen, daß Jutta nicht zu etwas gezwungen wird, was ihr eigentlich fernsteht. Natürlich muß er als "Experte" Bescheid wissen über die verschiedenen weiterführenden Schulen und beruflichen Möglichkeiten, die für Jutta in Frage kommen. Insofern habt Ihr eine recht anspruchsvolle Aufgabe und braucht einen ziemlichen Überblick. Falls möglich, nehmt Euren Lehrer/Berufsberater in die Gruppe auf, der Euch unterstützen und eventuell den Onkel Rainer spielen kann.

ARBEITSHINWEISE

1. Lest die vorliegenden Unterlagen genau durch! Unterstreicht, was für Eure Rolle wichtig ist! Macht Euch Notizen und klärt Verständnisfragen mit Eurem Lehrer ab!

2. Informiert Euch genauer über die weiterführenden Schulen und die beruflichen Möglichkeiten von Jutta! Beachtet Ihre Interessen und Fähigkeiten! (vgl. "Beruf Aktuell" und "Wo?")

3. Überlegt, welche Vorschläge, Fragen und Argumente Euer Sprecher (Rainer) im Rollenspiel vorbringen soll! Haltet die wichtigsten Punkte protokollartig fest!

4. Bedenkt auch, was von den anderen Gesprächspartnern kommen könnte und wie Ihr darauf reagieren wollt (Bereitet Euch gut vor!)

BRUDER THOMAS

Versucht Euch in die Situation von Thomas (26) hineinzuversetzen. Er hat seinerzeit seinen Eltern zuliebe einen Beruf gewählt (Bankkaufmann), von dem er eigentlich wenig überzeugt war. Mit seinem Abitur hätte er genausogut studieren können und wäre heute sicherlich in einer besseren Position. Deshalb ist Thomas dagegen, daß Jutta von ihrem Vater zur Bürokauffrau oder Verwaltungsangestellten überredet wird. Sie soll schon selbst entscheiden können! Wenn sie wirklich davon überzeugt ist, daß sie das Zeug für die Fachhochschule oder die Universität hat, dann soll sie's doch probieren können. Allerdings hat Thomas den Eindruck, daß Jutta noch sehr unsicher ist und vielleicht gerade deshalb noch weiter zur Schule gehen möchte (möglicherweise auch wegen ihres Freundes) . Thomas will in diesem Punkt auf jeden Fall nachhaken. Ansonsten wäre es für Jutta vielleicht doch besser, eine berufliche Ausbildung im naturwissenschaftlich-technischen Bereich anzupeilen.

ARBEITSHINWEISE

1. Lest die vorliegenden Unterlagen genau durch! Unterstreicht, was für Eure Rolle wichtig ist! Macht Euch Notizen und klärt Verständnisfragen mit Eurem Lehrer ab!

2. Informiert Euch genauer über die weiterführenden Schulen sowie über die beruflichen Möglichkeiten Juttas! (vgl. "Beruf Aktuell" und "Wo?")

3. Überlegt, welche Vorschläge, Fragen und Argumente Euer Sprecher (Thomas) im Rollenspiel vorbringen soll! Haltet die wichtigsten Punkte protokollartig fest!

4. Bedenkt auch, was von den anderen Gesprächsteilnehmern kommen könnte und wie Ihr darauf reagieren wollt! (Bereitet Euch gut vor!)

VATER ROBERT

Versucht Euch in die Situation von Juttas Vater hineinzuversetzen.
Er arbeitet seit vielen Jahren bei der Stadtverwaltung und ist seit
geraumer Zeit auch für die Ausbildung mit zuständig. Aufgrund seiner Erfahrungen ist er überzeugt, daß seiner Tochter eine qualifizierte Bürotätigkeit mit der Zeit schon gefallen würde. Er sieht ja
tagtäglich, wie froh die Mädchen sind, bei der Stadtverwaltung ausgebildet zu werden. Sie verdienen nicht schlecht, erhalten eine solide Ausbildung und können dann weitersehen. Vom naturwissenschaftlich-technischen Bereich hält er hingegen nicht viel. Da gibt es
doch genug Jungen, die in diesen Bereich drängen - und außerdem
scheint es ihm kein Berufsfeld für Mädchen! Die Stellensituation
für Mädchen ist ohnehin schwierig genug; im Verwaltungsbereich könnte er seiner Tochter noch am ehesten helfen ...

ARBEITSHINWEISE

1. *Lest die vorliegenden Unterlagen genau durch! Unterstreicht, was für Eure Rolle wichtig ist! Macht Euch Notizen und klärt Verständnisfragen mit Eurem Lehrer ab!*

2. *Informiert Euch genauer, welche Ausbildungsberufe im Verwaltungs- und Bürobereich angeboten werden (vgl. "Beruf Aktuell") und welche Perspektiven sie Jutta bieten!*

3. *Überlegt, welche Vorschläge und Argumente Euer Sprecher (Robert) im Rollenspiel vorbringen soll! Haltet die wichtigsten Punkte protokollartig fest!*

4. *Bedenkt auch, was von den anderen Gesprächspartnern kommen könnte und wie Ihr darauf
reagieren wollt! (Bereitet Euch gut vor!)*

MUTTER MARGIT

Versucht Euch in die Situation von Juttas Mutter hineinzuversetzen.
Sie hat den Eindruck, daß Jutta sehr unter dem Einfluß ihres Freundes Hans steht und in Wirklichkeit gar nicht so ehrgeizig ist. Sie
möchte Jutta zwar grundsätzlich keinen Stein in den Weg legen, ist
letztlich aber doch überzeugt davon, daß es für ihre Tochter besser
wäre, nach Abschluß der Realschule zunächst einmal einen Beruf zu
lernen. Das müßte ja nicht unbedingt ein Büroberuf sein. Wichtig
ist Juttas Mutter, daß ihre Tochter einen schulischen oder betrieblichen Ausbildungsplatz in der Nähe findet, damit sie zuhause wohnen bleiben kann. Die finanzielle Situation der Familie ist wegen
des neu errichteten Eigenheims nämlich nicht besonders rosig. Jeder
muß sparen - auch Jutta! Von daher wäre ein auswärtige Unterbrin-
gung oder gar ein langwieriges Studium in einer fernen Großstadt
eine unzumutbare Belastung für die Familie.

ARBEITSHINWEISE

1. *Lest die vorliegenden Unterlagen genau durch! Unterstreicht, was für Eure Rolle wichtig ist! Macht Euch Notizen und klärt Verständnisfragen mit Eurem Lehrer ab!*

2. *Informiert Euch genauer über die schulischen und betrieblichen Ausbildungsgänge im
naturwissenschaftlich-technischen Bereich (vgl. "Beruf Aktuell" und "Wo?")!*

3. *Überlegt, welche Vorschläge und Argumente Eure Sprecherin (Margit) im Rollenspiel
vorbringen soll! Haltet die wichtigsten Punkte protokollartig fest!*

4. *Bedenkt auch, was von den anderen Gesprächspartnern kommen könnte und wie Ihr darauf
reagieren wollt! (Bereitet Euch gut vor!)*

4.6 Entscheidungsspiel: „Welcher Bewerber ist der Richtige?"

Mit dem vorliegenden Entscheidungsspiel wird die Absicht verfolgt, den Schülern die Auswahl der Lehrstellenbewerber etwas transparenter zu machen. Der konkrete Fall: Eine Sparkassen-Filiale in Bergedorf sucht zwei Bankkaufleute als Auszubildende (fiktives Beispiel). 8 Bewerber sind in die engere Wahl gezogen worden, die beiden „Richtigen" müssen ausgewählt werden. Nach welchen Kriterien und Grundsätzen geschieht das? Welche Rolle spielen zum Beispiel die Bewerbungsunterlagen, die Zeugnisse, die Testergebnisse oder das Vorstellungsgespräch? Den Schülern werden nun nicht fertige Antworten gegeben, sondern sie sollen ihre eigenen Antworten suchen und entwickeln. Dazu erhalten sie eine Reihe von Unterlagen, die ihnen Aufschluß sowohl über die Erwartungen und Anforderungen des Bankhauses als auch über die Personaldaten der Bewerber geben (vgl. die Spielunterlagen). Auf der Basis dieser Datenlage können die Schüler zu durchaus begründeten, wenn auch nicht sehr einfachen Entscheidungen gelangen. Eindeutige Favoriten gibt es nämlich keine! Das läßt sich aus den vorliegenden Personalkarten ersehen (vgl. die Seiten 2 und 3).

Wie also soll entschieden werden? Für die meisten Schüler sind die Auswahlverfahren der Betriebe ziemlich undurchsichtig, ja sie geraten häufig nicht einmal näher in den Blick. Wenn überhaupt, dann wird vielleicht in knappen Worten informiert und angemahnt, auf dieses oder jenes zu achten; aber tiefergehende Wirkungen hat das meist nicht. Die Informationen verpuffen, Konsequenzen für das eigene Bewerberverhalten werden selten überdacht und noch seltener wirklich gezogen. Das vorliegende Entscheidungsspiel gibt den Schülern demhingegen Gelegenheit, sich aus der „Insiderperspektive" der Betriebsvertreter in aktiver und diskursiver Weise mit dem Thema Bewerberauswahl auseinanderzusetzen. Das steigert die innere Anteilnahme (Betroffenheit) und erhöht die Behaltensleistung! Die Schüler lesen die Personalkarten, suchen Kriterien, würdigen die Bewerbungsunterlagen, diskutieren darüber, treffen Entscheidungen und merken vielleicht erst am Ende, daß diese ganze Auseinandersetzung auch mit ihrer eigenen Berufswahlsituation zu tun hat. Wenn sich die Schüler nämlich bewerben, dann brauchen sie eine relativ klare Vorstellung davon, was „die andere Seite" von ihnen erwartet, worauf sie besonderen Wert legt und welche Anforderungskriterien eine Rolle spielen. Denn dann können sie das eigene Bewerberverhalten gezielter und bewußter darauf ausrichten. Die Unsicherheit sinkt, die Zielstrebigkeit nimmt zu und vielleicht kann auf diese Weise sogar manche Absage vermieden werden!?

Der Grundgedanke beim vorliegenden Entscheidungsspiel besteht also darin, die Schüler spielerisch und beispielhaft Anforderungs- und Auswahlkriterien entdekken zu lassen, die auch für das eigene Bewerbungsverhalten relevant sind. Dabei geht es gar nicht darum, ihnen ein ganz bestimmtes Kriterienraster nahezubringen – das gibt es in der Praxis auch nicht –, sondern sie auf der Basis verschiedenartiger Personaldaten ein Ordnungs- und Bewertungsschema entwickeln zu lassen, das für sie eine gewisse Plausibilität besitzt. Da die verschiedenen „Jury-Gruppen", die in der Klasse gebildet werden, nie alle die gleichen Bewerber-Vorschläge machen, ist für Spannung, kontroverse Diskussionen und intensives Lernen gesorgt. „Warum habt ihr den ausgewählt und nicht den anderen?"; „Die hat aber doch eine schlechte Note im Fach X!"; „Der hat die Informatik-AG besucht!"; „Die hat einen besseren Eindruck beim Vorstellungsgespräch gemacht!"; „Der hat sehr nachlässige Bewerbungsunterlagen eingereicht!" etc. – diese und andere Kommentare und Meinungsverschiedenheiten sind in den einzelnen Gruppen ebenso an der Tagesordnung wie im anschließenden Plenum. Das ist das besagte aktive und diskursive Lernen!

Der Zeitansatz für das Entscheidungsspiel beträgt etwa eine Unterrichtsstunde. Zu Beginn werden mehrere arbeitsfähige Kleingruppen gebildet, von denen jede einen Personal-Vorschlag erarbeitet. Den Schülern stehen auf der eine Seite gewisse Grundinformationen zum Berufsbild des Bankkaufmanns und zu den speziellen Erwartungen des betreffenden Bankhauses zur Verfügung. Das ist sozusagen die „Soll-Seite". Auf der anderen Seite – der „Haben-Seite" der Bewerber – erhalten sie einen knapp gefaßten Überblick über deren Personaldaten. Die entsprechenden Karteikarten informieren über den Schulabschluß, die wichtigsten Zeugnisnoten, die Form der Bewerbungsunterlagen, die Testergebnisse, über das Verhalten im Vorstellungsgespräch sowie über etwaige gesundheitliche Einschränkungen der Bewerber/-innen. Die Mitglieder der einzelnen „Jury-Gruppen" sichten die Unterlagen, diskutieren die Kriterien, legen Prioritäten fest, grenzen zunächst 4 dann 2 Bewerber/-innen ein und begründen schließlich die getroffene Auswahlentscheidung vor dem Plenum. Wohlgemerkt: Entscheidend an dieser ganzen Meinungsbildung ist nicht so sehr das Ergebnis – da gibt es ohnehin kein falsches und kein richtiges! –, sondern vorrangig der Prozeß der gedanklichen und argumentativen Auseinandersetzung. Dieser sichert eine relativ ausgeprägte Lernwirksamkeit und erhöht nicht zuletzt auch die Chance, daß die Schüler zu verhaltensrelevanten Vorsätzen und Schlußfolgerungen gelangen.

Abschließend noch ein Tip zur Weiterführung der Unterrichtssequenz: Es wäre natürlich günstig, wenn die Schüler mit ihrem gewachsenen Vorverständnis und ihren Fragen die Gelegenheit erhielten, mit Experten aus der betrieblichen Praxis zusammenzukommen (Ausbilder, Personalreferenten), um diese nach ihren konkreten Auswahlverfahren und -kriterien zu befragen. Das könnte entweder durch Interviews vor Ort geschehen (z. B. durch Tonband-Interviews, die in der nächsten Stunde eingespielt werden) oder auch durch die Einladung eines Betriebsvertreters in den Unterricht.

ENTSCHEIDUNGSSPIEL

WELCHER BEWERBER IST DER RICHTIGE?

Die Sparkassen-Filiale in Bergedorf sucht zum nächsten Einstellungstermin 2 Auszubildende für den Beruf des Bankkaufmanns/der Bankkauffrau. Beworben hatten sich ursprünglich 17 Interessenten. Aufgrund der Bewerbungsunterlagen, Zeugnisse und Testergebnisse wurden 8 Bewerber/innen zum Vorstellungsgespräch eingeladen. Mittlerweile sind die Vorstellungsgespräche abgeschlossen worden, so daß sämtliche Daten zur Beurteilung der Bewerber/innen vorliegen (s. Karteikarten). Wer soll die beiden Stellen bekommen?

Wie würdet Ihr entscheiden? Lest bitte die Unterlagen genau durch! Vergleicht die unten aufgeführten Anforderungen und Erwartungen an den Bankkaufmann mit dem, was die einzelnen Bewerber/innen zu

bieten haben! Diskutiert die Vorzüge und Nachteile dieser Bewerber/innen! Stellt die wichtigsten Punkte zusammen! Wählt die beiden aus, die Ihr für die Richtigen haltet! (Begründung?!)

WAS VOM BANKKAUFMANN ERWARTET WIRD ...

AUFGABEN / TÄTIGKEITEN: Der Bankkaufmann ist ein kaufmännischer Mitarbeiter in einer Sparkasse oder Bank. Er pflegt die Geschäftsbeziehungen zur Kundschaft, muß verhandeln, beraten und werben. Am Bankschalter berät er sachkundig Besucher, Geschäftsleute und Privatkunden über die verschiedenen Arten der Geldanlage oder über die Aufnahme von Krediten und Finanzierungsmöglichkeiten - z.B. bei Bauvorhaben. Er eröffnet Konten und schließt Verträge ab. Im Zahlungsverkehr hat er mit den verschiedenen in- und ausländischen Geldsorten, Schecks und Wechseln zu tun. Am Kassenschalter nimmt er Einzahlungen entgegen, zahlt Gelder aus und veranlaßt Überweisungen. Die Buchführung und die Kassen- und Kontenverwaltung gehören ebenso zu seinen Aufgaben. Dabei gibt er zahlreiche Daten in die Computer ein und wertet die Ergebnisse aus. EDV- und Bildschirmarbeit gehören also zum Alltag des Bankkaufmanns. Logisches Denken und der Umgang mit Zahlen müssen ihm geläufig sein. Ferner braucht er umfassende Fachkenntnisse und viel Geschick im Umgang mit Publikum. Bankkaufleute arbeiten allerdings nicht nur im Kundenverkehr, sondern auch in der Verwaltung, Organisation, Buchhaltung und Personalabteilung.

SCHULABSCHLUSS: Erwartet wird mittlerer Bildungsabschluß (Realschule, Berufsfachschule, Abitur) oder - in Ausnahmefällen - sehr guter Hauptschulabschluß.

ANFORDERUNGEN: Geistige Beweglichkeit, Ordnungssinn, Kontaktfreude, Verantwortungsbewußtsein, Selbständigkeit, gutes Ausdrucksvermögen in Wort und Schrift, Sicherheit im Umgang mit Zahlen, Interesse an EDV.

SONSTIGES: Erwartet wird eine stabile Gesundheit sowie körperliche und geistige Belastbarkeit.

HEIKE ERNST

SCHULABSCHLUSS

Abschluß der 10. Klasse der Hauptschule.

ZEUGNISNOTEN

Mathematik: 3; Deutsch: 2; Englisch: 2
Durchschnittsnote der anderen Fächer: 2,6
Informatik-AG wurde nicht besucht.

BEWERBUNGSUNTERLAGEN

Sehr ordentlich und übersichtlich; gut
aufgebautes Bewerbungsschreiben.

TESTERGEBNIS

Rechnerisches Denken: 3; Aufsatz: 2,6
Rechtschreibung: 1,8; Konzentrations-
test: 1,8.

VORSTELLUNGSGESPRÄCH

Heike war ziemlich zurückhaltend und
phasenweise recht unsicher; ansonsten
aber freundlich und gut vorbereitet.

GESUNDHEITSZEUGNIS

Heike ist für alle Berufe geeignet.

RITA SANDER

SCHULABSCHLUSS

Abschlußzeugnis der Realschule in Konz.

ZEUGNISNOTEN

Mathematik: 3; Deutsch: 2; Englisch: 3
Durchschnitt aller anderen Fächer: 2,2
an Informatik-AG teilgenommen.

BEWERBUNGSUNTERLAGEN

Hat sich viel Mühe gegeben; Bewerbungs-
schreiben offenbar nach Vorlage.

TESTERGEBNIS

Rechnerisches Denken: 2; Aufsatz: 2,2
Rechtschreibung: 1,5; Konzentrations-
test: 3,0.

VORSTELLUNGSGESPRÄCH

Rita war freundlich und korrekt geklei-
det, allerdings recht schüchtern und
sprachlich etwas unbeholfen.

GESUNDHEITSZEUGNIS

Brillenträgerin; erhebliche Sehschwäche.

TINA SCHWAB

SCHULABSCHLUSS

Berufsfachschule für Wirtschaft (2 J.)

ZEUGNISNOTEN

Mathematik: 2; Deutsch: 2; Englisch: 3
Durchschnitt aller anderen Fächer: 2,8
Wahlpflichtfach Informatik: 2.

BEWERBUNGSUNTERLAGEN

Hat sich keine besondere Mühe gegeben.

TESTERGEBNIS

Rechnerisches Denken: 2,2; Aufsatz: 2
Rechtschreibung: 1,4; Konzentrations-
test: 2,4.

VORSTELLUNGSGESPRÄCH

Tina zeigte sich selbstsicher, redege-
wandt und flexibel; teilweise aber auch
oberflächlich und abschweifend.

GESUNDHEITSZEUGNIS

Häufiges Arbeiten im Stehen und Knien
ist zu vermeiden.

ANKE BERGER

SCHULABSCHLUSS

Abitur am Heinrich-Heine-Gymnasium.

ZEUGNISNOTEN

Mathematik: 4; Deutsch 2; Englisch: 1
Durchschnitt aller anderen Fächer: 2,4
Informatik-AG wurde nicht besucht.

BEWERBUNGSUNTERLAGEN

Rechtschreibefehler; Paßbild fehlt.

TESTERGEBNIS

Rechnerisches Denken: 3; Aufsatz: 1,2
Rechtschreibung: 3; Konzentrations-
test: 4.

VORSTELLUNGSGESPRÄCH

Anke hinterließ einen ausgezeichneten
Eindruck: selbstsicher, flexibel, re-
degewandt und sehr interessiert.

GESUNDHEITSZEUGNIS

Für alle Berufe geeignet - außer dort,
wo die Haut besonders belastet ist.

TORSTEN KOCH

SCHULABSCHLUSS

Abschluß der 9. Klasse der Hauptschule.

ZEUGNISNOTEN

Mathematik: 1; Deutsch: 2; Englisch: 2
Durchschnittsnote der anderen Fächer: 2
Informatik-AG mit Erfolg besucht.

BEWERBUNGSUNTERLAGEN

Sehr ordentlich und übersichtlich; aufschlußreiches Bewerbungsschreiben.

TESTERGEBNIS

Rechnerisches Denken: 2; Aufsatz: 3,6
Rechtschreibung: 1,6; Konzentrationstest: 1,4.

VORSTELLUNGSGESPRÄCH

Torsten war ziemlich nervös und manchmal sprachlich etwas schwerfällig; ansonsten aber guter Gesamteindruck.

GESUNDHEITSZEUGNIS

Keinerlei gesundheitliche Einschränkungen

STEFAN BIEN

SCHULABSCHLUSS

Abschluß der Realschule in Bergedorf.

ZEUGNISNOTEN

Mathematik: 1; Deutsch: 2; Englisch: 3
Durchschnitt aller anderen Fächer: 2,6
Informatik-AG mit Erfolg besucht.

BEWERBUNGSUNTERLAGEN

Das Bewerbungsschreiben ist sehr knapp; ansonsten guter Gesamteindruck.

TESTERGEBNIS

Rechnerisches Denken: 1,2; Aufsatz: 4
Rechtschreibung: 2; Konzentrationstest: 1,5.

VORSTELLUNGSGESPRÄCH

Stefan zeigte sich gut vorbereitet, war interessiert, blieb allerdings recht zurückhaltend und sprachlich schwach.

GESUNDHEITSZEUGNIS

Leichter Sprachfehler (dadurch gehemmt)

LUTZ ENDERS

SCHULABSCHLUSS

Abschluß der Gesamtschule (10. Klasse)

ZEUGNISNOTEN

Mathematik: 2; Deutsch: 2; Englisch: 2
Durchschnitt aller anderen Fächer: 2,5
Informatik-AG wurde nicht besucht.

BEWERBUNGSUNTERLAGEN

Sehr schöne formale Gestaltung (hat das Lutz alleine gemacht?)

TESTERGEBNIS

Rechnerisches Denken: 2,5; Aufsatz: 2
Rechtschreibung: 3; Konzentrationstest: 2.

VORSTELLUNGSGESPRÄCH

Lutz zeigte sich recht aufgeschlossen und redegewandt, stellte gute Fragen; war aber teilweise schon übereifrig!

GESUNDHEITSZEUGNIS

Sportlich; für alle Berufe geeignet.

KAI SCHMIDT

SCHULABSCHLUSS

Abitur am Heinrich-Heine-Gymnasium.

ZEUGNISNOTEN

Mathematik: 3; Deutsch: 3; Englisch: 3
Durchschnitt aller anderen Fächer: 3,2
Informatik in der Oberstufe.

BEWERBUNGSUNTERLAGEN

Flüchtige und wenig sorgfältige Aufmachung; mehrere Tippfehler.

TESTERGEBNIS

Rechnerisches Denken: 3; Aufsatz: 2,8
Rechtschreibung: 2,4; Konzentrationstest: 3,2.

VORSTELLUNGSGESPRÄCH

Kai war sehr lässig gekleidet; ansonsten sicheres und selbstbewußtes Auftreten; wenig flexibel und sachkundig.

GESUNDHEITSZEUGNIS

Hörfehler (hört nur auf einem Ohr)

4.7 Würfelspiel: „Berufswahl mit vielen Hürden und Klippen"

Im Vordergrund des nachfolgenden Würfelspiels steht der Prozeß der Lehrstellensuche. Die Klasse wird in mehrere Spielgruppen mit jeweils 4–6 Mitspielern unterteilt; die Mitglieder einer jeden Spielgruppe werden in die Situation von Lehrstellenbewerbern versetzt, die 4 unterschiedliche Ausbildungsplätze bei der METALL–KG anpeilen (vgl. Spielanleitung, Seite 1). Wer welchen Ausbildungsplatz anstrebt, wird zu Beginn ausgelost. Die 4–6 Mitspieler können also maximal 4 Ausbildungsplätze/-berufe erhalten – allerdings auch weniger! Sie können nämlich auf dem Weg zur METALL–KG auch scheitern: sei es bei der Vorauswahl, beim Einstellungstest oder beim Vorstellungsgespräch (vgl. u. a. die Spielfelder „A" und „D"). Hinzu kommen noch verschiedene weitere Hürden und Klippen, die ebenfalls manchen Ärger und manche Rückschläge verursachen können (vgl. die Spielfelder-Beschreibung).

So gesehen ist das Würfelspiel ein stark vereinfachtes Abbild des realen Bewerbungs- und Auswahlprozesses, den die Schüler früher oder später durchlaufen werden. Durch den Vollzug der Spielbahn und das Kennenlernen unterschiedlicher Schwierigkeiten und Hürden werden ihnen manche Aspekte und Risiken dieses Weges einmal mehr bewußt gemacht (z. B. das Risiko, eine Absage zu erhalten). Die Dynamik des Würfelspiels symbolisiert also in gewisser Weise die Dynamik der realen Berufs- und Lehrstellensuche. Allerdings werden diese fachlichen Aspekte und Lernchancen während des Spiels kaum bewußt reflektiert. Da geht es zunächst einmal um die Konkurrenz der Mitspieler sowie darum, die gewünschte Ausbildungsstelle möglichst schnell und reibungslos zu erreichen. Aber auch die Angst vor dem Erhalt einer Absage oder dem „Überflügeltwerden" durch einen Konkurrenten hat eine ganze Menge mit den Spielregeln der Wirklichkeit zu tun. Dies alles muß in der Auswertungs- und Nachbereitungsphase aufgegriffen und besprochen werden.

Im Spielverlauf selbst wird die fachliche Lernabsicht vor allem durch die „Wissenskarten" repräsentiert, die den Schülern eine gewisse Lernkontrolle ermöglichen. Gefragt wird dabei vornehmlich nach einigen Berufswahlhilfen der Berufsberatung sowie nach ausgewählten Aspekten des persönlichen Berufswahlverhaltens der betreffenden Schüler (vgl. die Wissenskarten). Die zusätzlich eingebauten „Ereigniskarten" sollen ähnlich wie die besonders gekennzeichneten Spielfelder mit ihren „Überraschungen" auf mögliche Ereignisse und Probleme des Berufswahlprozesses aufmerksam machen. Wohlgemerkt: Es geht bei alledem weniger um diszipliniertes fachliches Lernen in einem strengen Sinne, sondern mehr um das spielerische Erleben eines stark vereinfachten Berufswahlprozesses. Eines Prozesses allerdings, der mit Spaß und vielen Überraschungen verbunden ist und sich gerade deshalb als recht einprägsam erweist. Die Reaktionen der Schüler in den Erprobungsklassen (2 Hauptschulklassen, 2 Realschulklassen) haben dies bestätigt. Sie haben durchweg mit großer Konzentration und viel Engagement und Freude gespielt!

Ein wichtiger Gesichtspunkt beim Einsatz des Spiels ist die schrittweise Einführung und Klärung der Spielmaterialien. Diese sind nämlich recht vielfältig und überfordern die Schüler sehr leicht, wenn sie alle gleichzeitig auf den Tisch kommen. Die Spielmaterialien im einzelnen:

- **Spielboden** (kann im Großformat auf dünnere Pappe kopiert werden, damit er stabil genug ist);

- **Würfel** und **Spielfiguren** (können anderen Spielen entnommen werden);

- **Spielanleitung** (besteht aus zwei Blättern mit Erläuterungen zum Spielablauf und zu den einzelnen Spielfeldern;

- **Loskärtchen** für die zur Verfügung stehenden Ausbildungsplätze/-berufe bei der METALL-KG (können von der Spielvorlage abkopiert werden);

- **Wissens- und Ereigniskarten** (werden im Block kopiert und in kleine Kärtchen auseinandergeschnitten)

Die Spieleinführung beginnt mit dem Austeilen des Spielbodens und der zweiseitigen Spielanweisung. Die Schüler sitzen in 6er-Gruppen zusammen und lesen die Spielanleitung sorgfältig durch. Etwaige Fragen werden geklärt (Orientierungsphase). Alsdann erhält jede Spielgruppe die 6 Loskärtchen mit den 4 angebotenen Berufen – zwei Berufe sind doppelt vertreten — und lost aus, wer welchen Beruf anpeilt. Anschließend werden die Wissenskarten und die Ereigniskarten verteilt und erst ganz am Schluß erhalten die Schüler die Würfel und Spielfiguren. Ansonsten besteht nämlich die Gefahr, daß sie bereits zu würfeln und zu spielen beginnen, noch ehe sie die Spielkonzeption und die Spielregeln richtig zur Kenntnis genommen haben!

Für die Spieleinführung sind insgesamt etwa 10 Minuten zu veranschlagen. Die Durchführung des Würfelspiels dauert nochmals etwa 25–30 Minuten. In diesem Zeitrahmen – das zeigen die bisherigen Erfahrungen – sind die meisten Spielgruppen ziemlich am Ende, d. h. einige Mitspieler sind bis zum Ziel „Z" – ihrem Wunschberuf – gelangt, andere sind unterwegs ausgeschieden (durchschnittlich etwa 20–30 Prozent), wieder andere befinden sich noch auf der Strecke. Erfahrungsgemäß hat es wenig Sinn – und wird von den Schülern auch gar nicht erwartet –, daß auch noch der letzte Mitspieler bis zu einem definitiven Endpunkt gelangt. Der Spielabbruch sollte zwar nicht zu früh erfolgen, aber nach 25–30 Minuten ist er durchaus zulässig und angebracht. Dann bleibt in der betreffenden Unterrichtsstunde in der Regel noch Zeit für ein kurzes Feedback der Schüler (Wieviele haben Ihren Ausbildungsplatz erhalten? Wo gab's Schwierigkeiten? etc.). Die nähere Nachbereitung des Spielverlaufs und der Wissenskarten erfolgt dann in der nächsten Stunde.

BERUFSWAHL MIT VIELEN HÜRDEN UND KLIPPEN

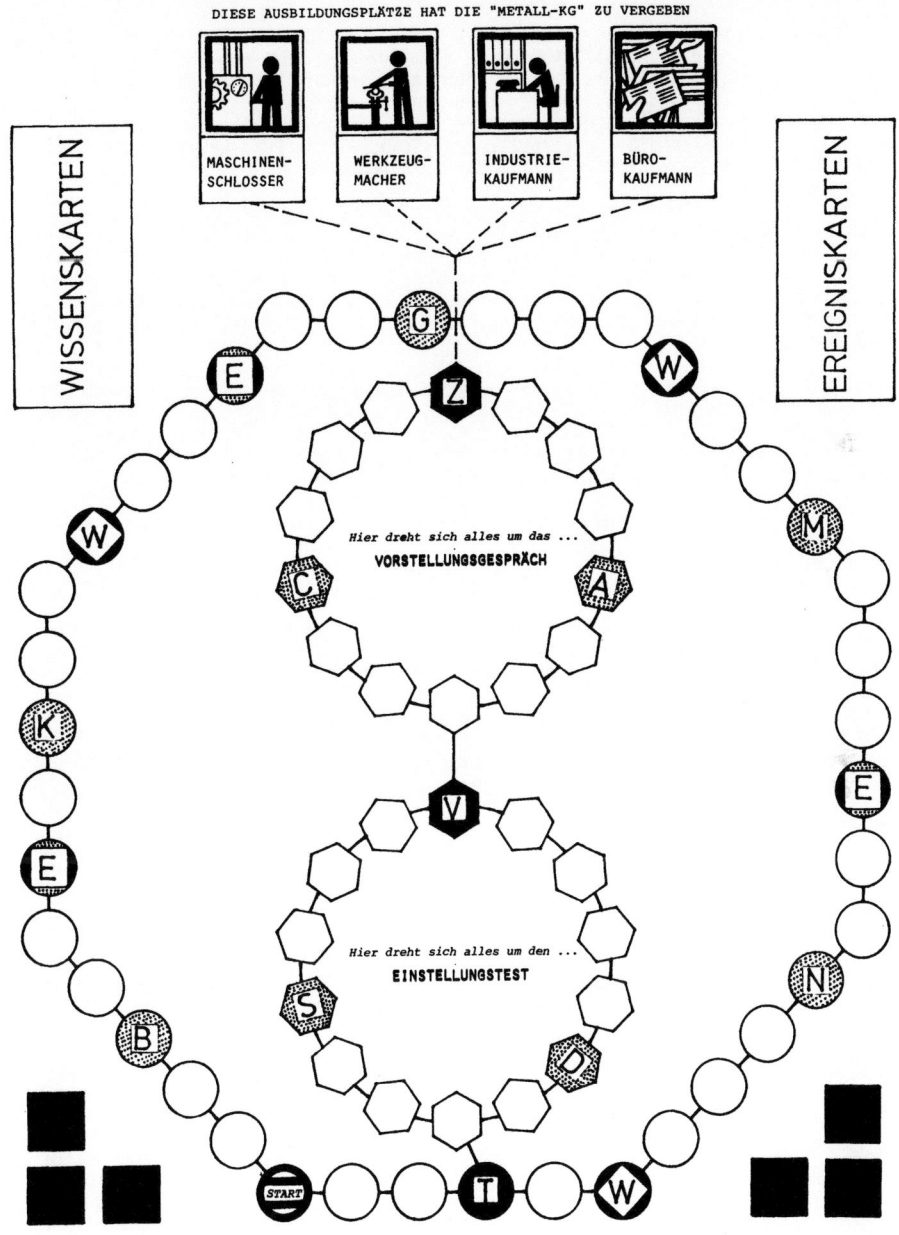

DIESE AUSBILDUNGSPLÄTZE HAT DIE "METALL-KG" ZU VERGEBEN

MASCHINEN-SCHLOSSER

WERKZEUG-MACHER

INDUSTRIE-KAUFMANN

BÜRO-KAUFMANN

WISSENSKARTEN

EREIGNISKARTEN

Hier dreht sich alles um das ...
VORSTELLUNGSGESPRÄCH

Hier dreht sich alles um den ...
EINSTELLUNGSTEST

- BERUFSWAHL MIT VIELEN HÜRDEN UND KLIPPEN -

1. Bei dem Würfelspiel geht es darum, einen der 4 Ausbildungsplätze (Maschinenschlosser, Werkzeugmacher, Industriekaufmann, Bürokaufmann), die von der "Metall-KG" angeboten werden, zu bekommen. Das ist nicht ganz leicht, denn es haben sich noch 20 weitere Schüler und Schülerinnen beworben. Alle Ausbildungsstellen sind auch für Mädchen offen! Diejenigen Bewerber/-innen, die am Würfelspiel teilnehmen, müssen also keinesfalls die angestrebten Ausbildungsplätze auch erhalten. Es kann durchaus Absagen geben - ganz wie in der Wirklichkeit!

2. Damit klar ist, welcher Spieler welchen Ausbildungsplatz anstrebt, werden den Bewerbern vor Spielbeginn 6 Loskarten vorgelegt, auf denen jeweils einer der angebotenen Ausbildungsberufe notiert ist (2 Berufe sind also doppelt vertreten). Jeder Mitspieler zieht eine Karte und gilt hinfort als Bewerber für die entsprechende Ausbildungsstelle. Da es für die Ausbildung zum "Maschinenschlosser" und zum "Bürokaufmann" je 2 Loskarten gibt, konkurrieren einzelne Mitspieler direkt miteinander!

3. Alle Mitspieler haben sich auch noch bei anderen Betrieben beworben, so daß sie mehrere Eisen im Feuer haben. Sie sind aber allesamt vorrangig an den Ausbildungsplätzen bei der "Metall-KG" interessiert, da dieses Unternehmen einen sehr guten Ruf hat, leicht erreichbar ist, wirtschaftlich gesund dasteht und in den letzten Jahren stets alle Auszubildenden nach Abschluß der Lehre übernommen hat.

MITSPIELER: Das Spiel wird mit 4 - 6 Personen gespielt. Die Mitspieler erhalten verschiedene Spielfiguren und beginnen ihre "Berufswahl-Reise" am Ausgangspunkt "Start".

START: Starten kann allerdings erst, wer sich auf die bevorstehende Berufs- und Lehrstellensuche gut vorbereitet hat. Deshalb muß erst eine "6" gewürfelt werden (jeweils 3 Versuche). Mit dem 2. Wurf wird ab "Start" vorgerückt.

SPIELVERLAUF: Jeder Spieler hat im weiteren Verlauf jeweils nur einen Wurf. Zunächst werden im äußeren "Kreis" solange Runden gedreht, bis die Spielfigur auf Feld "T" kommt oder von einem anderen Feld auf "T" vorrücken darf. Erst dann ist der Eintritt in den Innenkreis "Einstellungstest" erlaubt! Das gleiche gilt für den Wechsel in den zweiten Innenkreis "Vorstellungsgespräch". Nur wer auf Feld "V" kommt oder auf "V" vorrücken darf, kann in diesen Innenkreis überwechseln! Ansonsten geht's immer rund!

SPIELFELDER: Unterwegs gibt es eine Reihe markierter Spielfelder, die unterschiedliches zu bedeuten haben. Nähere Angaben dazu finden sich in der beigefügten SPIELFELDER-BESCHREIBUNG (Buchstaben A - Z) sowie auf den einzelnen "Ereigniskarten" und "Wissenskarten".

RAUSWERFEN gibt es nicht! Allerdings muß derjenige Spieler, auf dessen Feld ein nachziehender Mitspieler kommt, anschließend einmal aussetzen (er ist durch die Aufholjagd des anderen für eine Weile "geschockt").

VERSPÄTUNG: Kommt ein Spieler nicht spätestens nach 3 Spielrunden im äußeren "Kreis" auf Feld "T", so ist er ausgeschieden (die Bewerbungsunterlagen sind zu spät eingegangen).

SPIELENDE: Das Spiel ist dann zu Ende, wenn alle Mitspieler entweder ausgeschieden sind (durch Absagen) oder das Ziel "Z" erreicht haben (streben 2 Mitspieler die gleiche Stelle an, so ist für den einen das Spiel zu Ende, wenn der andere auf "Z" kommt).

SPIELFELDER-BESCHREIBUNG

A = Leider eine **A**bsage! Beim Vorstellungsgespräch hast Du keinen besonders guten Eindruck hinterlassen. Schade, wenn man soweit gekommen ist! --➤ *DAMIT IST DAS SPIEL FÜR DICH ZU ENDE!*

B = Du warst beim **B**erufsberater. Dieser hat Dir gute Tips für Deine Berufs- und Lehrstellensuche gegeben --➤ *RÜCKE 6 FELDER VOR!*

C = **C**hance! Du bist als zweitbester Bewerber eingestuft worden. Sofern der "Wunsch-kandidat" absagt, erhältst Du die Ausbildungsstelle. Du mußt deshalb vorerst auf Feld "C" bleiben, bis Du eine "6" gewürfelt hast. Sollte Dir das in den nächsten 5 Runden gelingen, so hast Du die Stelle, weil Dein Konkurrent zu-rückgezogen hat --➤ *RÜCKE DANN AUF "Z" VOR;* --➤ *ANDERNFALLS ERHÄLST DU EINE ABSAGE, DAS SPIEL IST FÜR DICH ZU ENDE!*

D = Du bist im Test **d**urchgefallen! Deine Bewerbungsunterlagen wirst Du in Kürze zu-rückerhalten --➤ *DAMIT IST DAS SPIEL FÜR DICH ZU ENDE!*

E = **E**reignisfeld: Wenn Du auf ein Ereignisfeld kommst, ziehe eine entsprechende Karte und befolge die darauf gegebenen Anweisungen!

G = Du hast Dein **G**esundheitszeugnis erhalten: Du bist kerngesund, so daß Du im Prinzip jeden Beruf ergreifen kannst --➤ *RÜCKE 4 FELDER VOR!*

K = Du hast einen kleineren **K**onflikt mit Deinen Eltern, die es gerne sähen, daß Du Dich um eine Stelle im öffentlichen Dienst bewirbst (bei der Stadt, Bahn oder Post). Das bremst Deinen Elan etwas --➤ *1 x AUSSETZEN!*

M = Deine **M**utter arbeitet seit vielen Jahren bei der "Metall-KG". Deshalb wirst Du trotz Deines mäßigen Zeugnisses zum Test zugelassen --➤ *RÜCKE AUF FELD "T" VOR!*

N = Deine **N**oten im Bewerbungszeugnis sind sehr gut; deshalb wirst Du zum Einstel-lungstest eingeladen --➤ *VORRÜCKEN AUF FELD "T"*

S = Dein Test ist zwar **s**chlecht ausgefallen; da Dein Onkel jedoch Betriebsratsmit-glied bei der "Metall-KG" ist und sich für Dich stark gemacht hat, will man Dir noch eine Chance geben. Allerdings --➤ *3 x AUSSETZEN; ANSCHLIESSEND AUF FELD "V" VORRÜCKEN!*

T = Du bist zum **T**est bei der "Metall-KG" zugelassen, der heute stattfindet. --➤ *RÜCKE ANSCHLIESSEND IM "TEST-KREIS" WEITER, BIS DU AUF EIN ENTSPRECHEN-DES FELD KOMMST, DAS DIR ÜBER DEIN ERGEBNIS AUSKUNFT GIBT!*

V = Du hast den Test glänzend bestanden und bist zum **V**orstellungsgespräch eingela-den --➤ *RÜCKE BEIM NÄCHSTEN WURF IN DEN OBEREN KREIS VOR UND DREHE SOLANGE DEINE RUNDEN, BIS DU AUF EIN ENTSPRECHENDES ERGEBNIS-FELD KOMMST!*

W = **W**issensfeld: Wenn Du auf ein Wissensfeld kommst, ziehe eine entsprechende "Wis-senskarte" und beantworte die darauf gestellte Frage gegenüber dem jeweiligen "Spielleiter" (Lehrer oder "kundiger" Schüler). --➤ *IST DIE FRAGE FALSCH ODER UNVOLLSTÄNDIG BEANTWORTET, MUSS 2 x AUSGESETZT WERDEN!* (dadurch hast Du Bedenkzeit, um Dich genauer vorzubereiten)

Z = Du bist am **Z**iel! Du hast das Vorstellungsgespräch mit Bravour gemeistert und wirst die gewünschte Ausbildungsstelle bei der "Metall-KG" erhalten. Alle ande-ren Bewerber hast Du hinter Dir gelassen. Herzlichen Glückwunsch!

147

Du hast bei der "Metall-KG" unvollständige Bewerbungsunterlagen eingereicht. Das macht keinen guten Eindruck!

GEHE 5 FELDER ZURÜCK!

Bei Deiner Gesundheitsüberprüfung sind Zweifel an Deiner körperlichen Belastbarkeit aufgetreten. Du mußt zur näheren Untersuchung zum Orthopäden!

GEHE 4 FELDER ZURÜCK!

Du hast von einer anderen Firma eine Einladung zum Einstellungstest erhalten. Das gibt Dir Auftrieb!

RÜCKE 3 FELDER VOR!

Du hast von einer Kraftfahrzeug-Werkstatt eine ABSAGE erhalten, bei der Du Dich als Kfz-Schlosser beworben hattest!

2 x AUSSETZEN!

Du hast von einer anderen Firma eine Einladung zum Vorstellungsgespräch erhalten, das in 14 Tagen stattfinden soll!

RÜCKE 5 FELDER VOR!

Du hast von einem kleinen Handwerksbetrieb eine ZUSAGE erhalten. Der angebotene Beruf: Isolierer. Allerdings möchtest Du lieber zur "Metall-KG"!

RÜCKE 7 FELDER VOR!

Du hast eine ZUSAGE von einem angesehenen metallverarbeitenden Betrieb erhalten, der allerdings 30 km vom Deinem Wohnort entfernt liegt!

RÜCKE 8 FELDER VOR!

Du hast heute mit der Post eine Einladung zum Einstellungstest bei der "Metall-KG" erhalten. Herzlichen Glückwunsch!

RÜCKE AUF FELD "T" VOR!

Du hast von der "Chemo-AG" eine ABSAGE erhalten, bei der Du Dich für die Ausbildung zum Chemiefacharbeiter beworben hattest!

2 x AUSSETZEN!

Du hast heute Dein Zwischenzeugnis bekommen. Deine Noten haben sich verbessert!

RÜCKE 3 FELDER VOR!

Du bist von einer Eisenwarengroßhandlung zum Vorstellungsgespräch eingeladen worden, bei der Du Dich als Großhandelskaufmann beworben hast!

RÜCKE 5 FELDER VOR!

Du hast wegen Krankheit den Einstellungstest bei der "Elektro-AG" verpaßt. Ein Nachholen des Tests ist nicht möglich!

1 X AUSSETZEN!

WAS GEHÖRT IM EINZELNEN ZU
DEN BEWERBUNGSUNTERLAGEN,
DIE AN DIE BETRIEBE GE-
SCHICKT WERDEN?

NENNE 3 WICHTIGE BERUFS-
WAHLHILFEN, DIE DAS AR-
BEITSAMT ALLEN SCHÜLERN
ZUR VERFÜGUNG STELLT!

NENNE MINDESTENS 2 WEGE,
WIE DU HERAUSBEKOMMEN
KANNST, WELCHE AUSBILDUNGS-
STELLEN IN EUREM RAUM ANGE-
BOTEN WERDEN!

NENNE MINDESTENS 3 BERUFE,
FÜR DIE DU DICH PERSÖNLICH
INTERESSIERST!

WORÜBER KANNST DU MIT DEM
BERUFSBERATER SPRECHEN?
NENNE MINDESTENS 2 THE-
MEN!

IN WELCHER SCHRIFT KANNST
DU GENAUERES ÜBER DIE WEI-
TERBILDUNGSMÖGLICHKEITEN
IN EINEM BERUF ERFAHREN?

WELCHE SCHRIFT DER BERUFS-
BERATUNG GIBT NÄHERE AUS-
KUNFT ÜBER DIE AUSBILDUNGS-
STELLENSITUATION IN EURER
REGION?

NENNE MINDESTENS 2 FRAGEN
BZW. THEMEN, DIE IN EIN-
STELLUNGSGESPRÄCHEN IMMER
WIEDER VORKOMMEN!

BESCHREIBE MÖGLICHST EXAKT,
WO UND WIE DU DAS ARBEITS-
AMT MIT DER FÜR DICH ZU-
STÄNDIGEN BERUFSBERATUNG
ERREICHST!

WORIN UNTERSCHEIDEN SICH
"BERUF AKTUELL" und die
"BLÄTTER ZUR BERUNFSKUNDE"?
NENNE MINDESTENS 2 PUNKTE!

FÜHREN ALLE BETRIEBE "EIN-
STELLUNGSTESTS" DURCH?
WOVON HÄNGT DAS AB?

NENNE MINDESTENS 2 WEGE,
WIE EIN HAUPTSCHÜLER FRÜHER
ODER SPÄTER ZUM "MITTLEREN
BILDUNGSABSCHLUSS" KOMMEN
KANN!

4.8 Plan- und Entscheidungsspiel: „Berufswahl von A bis Z"

Das vorliegende Planspiel vermittelt einen recht differenzierten Einblick in den Prozeß der Berufs- und Lehrstellensuche. Dabei vollziehen die Schüler nicht nur einen vorgegebenen Weg nach, wie beim Würfelspiel im letzten Abschnitt, sondern sie müssen diesen Weg selbst eingrenzen und die entsprechenden Auswahl- und Bewerbungsentscheidungen treffen. Implizite Annahme des Planspiels ist dabei, daß die Teilnehmer am Beginn ihrer Berufswahl stehen. Sie simulieren die wichtigsten Etappen des realen Entscheidungsprozesses im Zeitraffer-Verfahren, modellhaft zwar, aber doch relativ wirklichkeitsnah.

Die Zielsetzung des Planspiels geht in drei Richtungen: Zum ersten sollen die Schüler einen Gesamtüberblick über die bevorstehende Berufs- und Lehrstellensuche erhalten; zum zweiten üben sie sich in der konkreten Entscheidungsvorbereitung und Entscheidungsfindung; und zum dritten schließlich lernen sie, gezielt und fallbezogen mit „Beruf Aktuell" und ausgewählten „Blättern zur Berufskunde" zu arbeiten. So gesehen liegt es nahe, das Planspiel in der Anfangsphase des Berufswahl-Unterrichts einzusetzen. Zwar wäre es nicht schlecht, wenn die Schüler den Aufbau und Inhalt von „Beruf Aktuell" und den „BzB" bereits grob kennen würden, aber zwingende Vorbedingung für den Einsatz des Planspiels ist das nicht.

Die Lernaktivitäten, die das Spiel den Schülern ermöglicht, sind recht vielfältig. Sie reflektieren ihre eigenen Fähigkeiten, Interessen und Neigungen (vgl. Rollenblatt): sie informieren sich anhand verschiedener Informationsquellen; sie grenzen mögliche Ausbildungsberufe ein, überprüfen und revidieren ihre Vorentscheidungen; sie diskutieren Unklarheiten mit den Mitgliedern ihrer Gruppe (die Gruppenmitglieder wohnen in einer Straße!); sie entscheiden sich für einen bestimmten Beruf und Betrieb und bewerben sich schließlich bei dem Betrieb ihrer Wahl mit Lebenslauf, Bewerbungsschreiben und Zeugnisblatt (Rollenblatt).

Wichtig hierbei ist, daß die Schüler nicht irgendwelche Rollen spielen, sondern sie spielen sich selbst – nur nicht in ihrer realen Umgebung, sondern in der fiktiven Region Lingen. In dieser Region gibt es nur 30 Betriebe, die insgesamt 32 Ausbildungsberufe und 52 Ausbildungsplätze anbieten. Außerdem treten als Bewerber um diese Plätze nur die Schüler einer örtlichen Hauptschule und einer Realschule auf. Diese Restriktionen sind nötig, damit die Möglichkeiten der Schüler nicht uferlos werden (z. B. müssen zu den 32 Ausbildungsberufen die entsprechenden „Blätter zur Berufskunde" in mehrfacher Ausfertigung beschafft werden). Darüber hinaus wird durch diese offenkundigen Vereinfachungen der Spiel- und Modellcharakter des Planspiels unterstrichen, damit die Schüler nicht in die Verlegenheit kommen, das Spiel bereits als Realität aufzufassen. Dennoch: Ihre Betroffenheit und ihr „Ehrgeiz" sind im allgemeinen recht ausgeprägt.

Der Ablauf des Planspiels ist in der abgebildeten Übersicht grob umrissen. Er gliedert sich in drei Hauptphasen von zweimal 45 Minuten und einmal 90 Minuten. Diese Zeitangaben sind nur ungefähre Richtwerte und können unter Umständen auch unterschritten werden. Das gilt vor allem, wenn bestimmte Arbeiten auf die Hausaufgaben verlagert werden, wie etwa das Abfassen des Lebenslaufs und des Bewerbungsschreibens. Allerdings hat es sich in der Erprobung bewährt, die Phasen

DER ABLAUF DES PLANSPIELS

- ÜBERBLICK ÜBER DIE EINZELNEN SPIELPHASEN SOWIE -
EINIGE MÖGLICHKEITEN ZUR WEITERARBEIT

	LERNAKTIVITÄTEN	SOZIALFORMEN	ARBEITSMATERIALIEN
1. Phase (ca. 45')	Einführung in das Spiel	Lehrervortrag	evtl. 'Tafelskizze'
	Sichtung der Arbeitsunterlagen und vorläufige Auswahl von 3 Ausbildungsberufen	Einzelarbeit/ Gruppenarbeit	- Rollenblatt - Stellenangebot - Buch: "BERUF AKTUELL"
2. Phase (ca. 90')	Auswertung einzelner Statistiken und Schaubilder (Was bedeutet das für mich?)	Gruppenarbeit (4rer Tische)	- Statistiken zu 'LINGEN' - Allgemeine Schaubilder
	Durchsicht der 'Blätter zur Berufskunde' unter besonderer Beachtung der Qualifikations- und Gesundheitsanforderungen	Gruppenarbeit	Blätter zur Berufskunde (liegen auf einem gesonderten Tisch aus)
	Präzisierung und ggf. Revision der bisherigen Berufswünsche	Einzelarbeit	Gesundheitszeugnis
3. Phase (ca. 45')	Unter den anbietenden Ausbildungsbetrieben wird ein passender ausgesucht!	Einzelarbeit/ Gruppenarbeit	- Stellenausschreibungen der Betriebe sind ausgehängt (Wand)
	Bewerbung, Lebenslauf schreiben (m.Rollenblatt an Lehrer)		- ggf. Vordrucke zur Bewerbung u. zum Lebenslauf bereitstellen

Der Lehrer wertet die Bewerbungsunterlagen aus und weist die zu vergebenden Stellen den besten Kandidaten/Kandidatinnen zu. Entsprechende Zusagen und Absagen werden vorbereitet (s. Vordrucke)

	LERNAKTIVITÄTEN	SOZIALFORMEN	ARBEITSMATERIALIEN

4. Phase zeitlich offen	Auswertung und Besprechung der Spielerfahrungen		- Spontanäußerungen der Schüler nach Erhalt der Stellenzusage oder -absage
			- Rekapitulation und Besprechung ausgewählter Entscheidungsprozesse, *zum Beispiel:*
			  - 2 Schüler, die eine Absage erhalten haben
			  - 1 Schüler, der eine Zusage erhalten hat
			- Strategiefragen: Was mache ich, wenn ich eine Absage erhalte? *(berufl./schul. Alternativen)*

	Weiterführung des Entscheidungsspiels		- Simulation von Vorstellungs- und Einstellungsgesprächen (Wie bereite ich mich vor? etc.) - Thematisierung und exemplarisches Ausfüllen von Aufnahmetests. - Gezielte Einschaltung der Berufsberatung etc.

1 bis 3 als größeren Unterrichtsblock – nur durch Pausen unterbrochen – zusammen-
zulassen. Die Konzentration der Schüler war bis zum Ende da, und die Kontinuität
des Lernprozesses war gewahrt (am Schluß blieb jeweils sogar noch Zeit für eine
kurze Feedback-Phase). Zu den einzelnen Phasen des Planspiels noch einige
Erläuterungen und Hinweise:

● Das Spiel beginnt mit einer kurzen Einführung des Lehrers, die insbesondere der
Sensibilisierung für die Spielregion Lingen dient: „Stellt Euch vor, Ihr wohnt allesamt in
Lingen, einer Kleinstadt irgendwo in der Bundesrepublik. Dort geht ihr zur XY-Schule
und wollt demnächst einen Ausbildungsberuf ergreifen. In Lingen gibt es allerdings nur 30
Betriebe, die insgesamt 32 verschiedene Ausbildungsberufe anbieten. Einen dieser Berufe
hättet Ihr gerne; ihr wißt allerdings noch nicht welchen, denn Ihr steht noch ganz am
Anfang Eurer Berufswahl-Überlegungen. Damit Ihr überhaupt einschätzen könnt, wofür
Ihr Euch vielleicht eignet, müßt Ihr zunächst einmal Eure Fähigkeiten und Interessen
feststellen..." Alsdann wird den Schülern das beigefügte Rollenblatt ausgeteilt (vgl.
Material 1), in das sie ihre persönlichen Daten eintragen. Das ist gewissermaßen eine erste
Reflexionsphase. Anschließend erhalten die Schüler die dokumentierte Übersicht über
die angebotenen Lehrberufe in Lingen sowie „Beruf Aktuell". Auf dieser Basis grenzen
sie einige „Wunschberufe" ein, informieren sich darüber anhand von „Beruf Aktuell" und
legen schließlich drei favorisierte Berufe fest.

● Im zweiten Unterrichtsabschnitt erhalten die Schüler nähere Detailinformationen zur
Berufswahl allgemein (vgl. Globus-Schaubilder) sowie zum Ausbildungs- und Arbeitsmarkt in der Region Lingen ganz speziell. Die letzteren Daten basieren dabei auf den
statistischen Angaben für den Arbeitsamtsbezirk Landau aus dem Jahre 1984 (teilweise
geschätzt). Die Beschäftigung damit soll dazu beitragen, daß die Schüler ihre Berufswahlvorstellungen überprüfen und eventuell auch modifizieren. Die gleiche Absicht steht
hinter dem Gesundheitszeugnis, das in einem nächsten Schritt eingegeben wird (der
Lehrer macht sich von der beigefügten Vorlage eine ausreichende Zahl von Kopien und
kreuzt nach dem Zufallsprinzip irgendwelche gesundheitlichen Einschränkungen an).
Auch dieses veranlaßt die Schüler nachzuprüfen, ob ihr bisheriger Wunschberuf mit den
neuen Fakten noch zu vereinbaren ist. Dazu kann/muß auf die „Blätter zur Berufskunde"
zurückgegriffen werden, die in Abschnitt 2.1 in der Regel einige Angaben zu den
gesundheitlichen Anforderungen enthalten.

● Die „Blätter zur Berufskunde" müssen möglichst zu allen 32 Berufen in mindestens
3facher Ausfertigung vorliegen, damit in der vorgesehenen Sichtungsphase keine übermä-
ßigen Engpässe entstehen. Durch rechtzeitige und gezielte Bestellung kann sich der
Lehrer (über die Schüler) die benötigten „BzB" beschaffen. Die einzelnen „BzB" werden
alphabetisch geordnet auf einem gesonderten Tisch ausgelegt und können von den
Schülern kurzfristig entliehen und eingesehen werden. Dabei sollte schwerpunktmäßig auf
die Ausbildungsvoraussetzungen geachtet werden (der Lehrer muß einen entsprechenden
Hinweis geben!); bei weitergehendem Interessse können die Schüler aber auch zusätzliche
Berufsinformationen nachlesen (z. B. zu den Weiterbildungs- und Aufstiegsmöglichkeiten
oder zum Tätigkeitsfeld insgesamt).

● Nach Abschluß der zkizzierten Informationsphase beginnt die eigentliche Bewerbungsphase. Die Lingener Betriebe annoncieren, welche konkreten Ausbildungsstellen sie
anbieten und was von den betreffenden Bewerbern erwartet wird (vgl. die 10 Seiten
Stellenanzeigen). Der Lehrer hängt die Anzeigen-Seiten an verschiedenen Stellen im
Klassenraum gebündelt aus; die Schüler sichten die Anzeigen, überlegen ihre Chancen
und wählen schließlich einen konkreten Betrieb aus, bei dem sie sich bewerben. Daran
anschließend schreiben sie ihren Lebenslauf und ihr Bewerbungsschreiben (das dokumentierte „Muster" kann den Schülern zur Orientierung vorgelegt werden) und geben diese

Unterlagen zusammen mit ihrem ausgefüllten Rollenblatt an den Lehrer. Damit ist die Spielprozedur fürs erste beendet.

● Der Lehrer wertet in den nächsten Tagen (möglichst bis zur nächsten Unterrichtsstunde) die Bewerbungsunterlagen aus und weist die zu vergebenden Stellen den besten Kandidaten/Kandidatinnen zu. Dabei ist zweierlei zu beachten:

1. Wenn die Klasse z. B. 25 Schüler umfaßt, dann hat der Lehrer prinzipiell davon auszugehen, daß nur etwa 23 Stellen an diese Bewerber vergeben werden. Die restlichen 29 Ausbildungsstellen (insgesamt gibt es 52) sind grundsätzlich schon an die Schüler der anderen Schule/Schulart in Lingen vergeben worden. Der Lehrer muß die angebotenen Stellen also kurz durchgehen und die entsprechende Anzahl besetzter Stellen nach Plausibilitätsüberlegungen blockieren.

2. Bei der Zuweisung der verbleibenden „offenen Stellen" werden die üblichen Auswahlkriterien angelegt: das sind die Zeugnisnoten (insbesondere in Mathematik, Deutsch und evtl. auch Arbeitslehre), ferner die Form und Aussagekraft des Bewerbungsschreibens sowie die Gestaltung des Lebenslaufes. Da auf der Rollenkarte überdies Angaben zu den persönlichen Interessen und Neigungen gemacht sind, werden diese als weiterer Indikator mit einbezogen (stellvertretend für die Ergebnisse aus Test oder Vorstellungsgespräch).

● Dieser Selektionsvorgang sollte allerdings nicht zu sehr perfektioniert werden, denn das kostet den Lehrer doch einige Zeit. Es genügt im Grunde, wenn er die Bewerbungsunterlagen der jeweiligen Konkurrenten um eine bestimmte Stelle nebeneinanderlegt und überblickshaft ermittelt, wem wohl am ehesten der Zuschlag gebührt. Allerdings muß er den betreffenden Schülern gegenüber gegebenenfalls eine plausible Begründung für die Zu- oder Absage geben können.

● Das Auswahlverfahren des Lehrers schließt damit, daß er im Blick auf die nächste Unterrichtsstunde die einzelnen Absagen und Zusagen vorbereitet. Entsprechende Musterbriefe sind den Spielunterlagen beigefügt; er braucht diese Vorlagen nur ausreichend zu kopieren und die betreffenden Schülernamen einzutragen.

● Die Schüler erhalten sodann zu Beginn der nächsten Stunde ihre Benachrichtigungen. Die Spannung und Aufregung ist jeweils groß – fast so, als wäre es bereits die Ernstsituation. Durchschnittlich erhalten rund 50–60 Prozent der Schüler eine Absage, denn das, was in der Realität regelmäßig passiert, geschieht natürlich auch im Spiel: Mehrere Schüler bewerben sich auf ein und dieselbe Stelle, aber nur einer/eine kann sie bekommen. Auf diese Weise entsteht eine ebenso realitätsnahe wie produktive Unruhe und Ernüchterung unter den Schülern. Das garantiert erfahrungsgemäß eine ganze Menge Motivation für die Nachbereitung und Weiterarbeit! Wie die Nachbereitungsphase im einzelnen verlaufen kann, ist in der abgebildeten Spielübersicht angedeutet.

BERUFSWAHL VON A-Z

SPIELUNTERLAGEN
================

1. ROLLENBLATT (VON JEDEM SCHÜLER FÜR SEINE EIGENE PERSON AUS-
ZUFÜLLEN)

2. ÜBERSICHT ÜBER MÖGLICHE LEHRBERUFE IN "LINGEN" (32 BERUFE)

3. ÜBERSICHT ÜBER DEN AUSBILDUNGS- UND ARBEITSMARKT IN DER
REGION "LINGEN"

4. ALLGEMEINE INFORMATIONEN FÜR LEHRSTELLENBEWERBER (GRAPHIKEN)

5. STELLENANGEBOTE DER AUSBILDUNGSBETRIEBE IN "LINGEN" (INSGE-
SAMT 30 BETRIEBE MIT 52 AUSBILDUNGSSTELLEN FÜR HAUPT- UND
REALSCHÜLER)

6. VORDRUCKE FÜR DAS AMTLICHE GESUNDHEITSZEUGNIS (FÜR DIE HAND
DES LEHRERS)

7. EINFACHES MUSTER EINES BEWERBUNGSSCHREIBENS UND EINES LE-
BENSLAUFES (ZUR ORIENTIERUNG FÜR DIE SCHÜLER)

8. FORMULARE FÜR "ZUSAGEN" UND "ABSAGEN", DIE DIE SCHÜLER IM
ANSCHLUSS AN DAS SPIEL ERHALTEN (FÜR DEN LEHRER)

ROLLENBLATT

JAHRESABSCHLUSSZEUGNIS
der 7. Klasse

MITARBEIT ....

RELIGION   --------------------

DEUTSCH   --------------------

ENGLISCH   --------------------

MATHEMATIK   --------------------

PHYSIK   --------------------

CHEMIE   --------------------

BIOLOGIE   --------------------

GESCHICHTE   --------------------

SOZIALKUNDE   --------------------

ERDKUNDE   --------------------

VERHALTEN ....

ARBEITSLEHRE   --------------------

MUSIK   --------------------

BILDENDE KUNST   --------------------

SPORT   --------------------

WAHLPFLICHTFÄCHER

TEXTILES GESTALTEN --------------------

WERKEN   --------------------

MEINE INTERESSEN, NEIGUNGEN usw.

☐ *Ich mache gerne mit anderen Menschen etwas zusammen.*

☐ *Ich bin am liebsten allein und arbeite nur für mich.*

☐ *Bei Gruppenarbeit in der Schule gehöre ich zu den Aktivsten.*

☐ *Mir macht es Spaß, andere Schüler zu führen (zu leiten).*

☐ *Ich übernehme häufiger Geldsammlungen und andere Gemeinschaftsaufgaben.*

☐ *Ich habe Spaß an technischen Geräten*

☐ *Ich liebe intensives technisches Basteln.*

☐ *Ich lese techn.-naturwiss. Bücher*

☐ *Ich experimentiere oft und gerne.*

☐ *Ich halte und pflege selbst Tiere.*

☐ *Ich interessiere mich für Pflanzenzucht.*

☐ *Ich wandere gerne in Wald und Flur.*

☐ *Ich treibe aktiv Sport (im Verein).*

☐ *Ich habe schon häufiger alten bzw. kranken Menschen geholfen.*

☐ *Ich interessiere mich für Zeichnen und Gestalten.*

☐ *Mir macht es Spaß, Ausstellungsräume oder Wandtafeln künstl. zu gestalten.*

☐ *Ich singe, musiziere, tanze gerne.*

☐ *Ich beteilige mich am Laienspiel (Theaterspiel)*

☐ *Ich fotografiere und filme gerne.*

☐ *Ich handarbeite bzw. werke gerne.*

☐ *Ich koche und backe gerne.*

☐ *Ich lese gerne.*

☐ *Ich arbeite am liebsten selbständig und ohne Aufsicht.*

☐ *Mich ärgert es furchtbar, wenn ich eine Aufgabe nicht lösen kann.*

☐ *Ich bin ein ziemlich bequemer Mensch und brauche Anstöße von anderen.*

☐ *Ich lasse mich nicht gerne von anderen herumkommandieren.*

Kreuzt bitte die wichtigsten 'Interessen' an! (nicht mehr als 6!)

ROLLENBLATT

JAHRESABSCHLUSSZEUGNIS
der 8. Klasse

MITARBEIT	. . . .	VERHALTEN	. . . .

MITARBEIT		VERHALTEN	
RELIGION	-------------------	BILDENDE KUNST	-------------------
DEUTSCH	-------------------	SPORT	-------------------
ENGLISCH	-------------------		
MATHEMATIK	-------------------	**WAHLPFLICHTFÄCHER**	
PHYSIK	-------------------	MATHEM./NATURWISS.	-------------------
CHEMIE	-------------------	TECHNISCHES ZEICHNEN	-------------------
BIOLOGIE	-------------------	KURZSCHRIFT	-------------------
GESCHICHTE	-------------------	MASCHINENSCHREIBEN	-------------------
SOZIALKUNDE	-------------------	FAMILIENHAUSWESEN	-------------------
ERDKUNDE	-------------------	FRANZÖSISCH	-------------------

MEINE INTERESSEN, NEIGUNGEN usw.

☐ Ich mache gerne mit anderen Menschen etwas zusammen.

☐ Ich bin am liebsten allein und arbeite nur für mich.

☐ Bei Gruppenarbeit in der Schule gehöre ich zu den Aktivsten.

☐ Mir macht es Spaß, andere Schüler zu führen (zu leiten).

☐ Ich übernehme häufiger Geldsammlungen und andere Gemeinschaftsaufgaben.

☐ Ich habe Spaß an technischen Geräten.

☐ Ich liebe intensives technisches Basteln.

☐ Ich lese techn.-naturwiss. Bücher.

☐ Ich experimentiere oft und gerne.

☐ Ich halte und pflege selbst Tiere.

☐ Ich interessiere mich für Pflanzenzucht.

☐ Ich wandere gerne in Wald und Flur.

☐ Ich treibe aktiv Sport (im Verein)

☐ Ich habe schon häufiger alten und/oder kranken Menschen geholfen.

☐ Ich interessiere mich für Zeichnen und Gestalten.

☐ Mir macht es Spaß, Ausstellungsräume oder Wandtafeln künstl. zu gestalten.

☐ Ich singe, musiziere, tanze gerne.

☐ Ich beteilige mich am Laienspiel (Theaterspiel)

☐ Ich fotografiere und filme gerne.

☐ Ich handarbeite bzw. werke gerne.

☐ Ich koche und backe gerne.

☐ Ich lese gerne.

☐ Ich arbeite am liebsten selbständig und ohne Aufsicht.

☐ Mich ärgert es furchtbar, wenn ich eine Aufgabe nicht lösen kann.

☐ Ich bin ein ziemlich bequemer Mensch und brauche Anstöße von anderen.

☐ Ich lasse mich nicht gern von anderen herumkommandieren.

Kreuzt bitte die wichtigsten 'Interessen' an! (nicht mehr als 6!)

MÖGLICHE LEHRBERUFE
IN LINGEN

Arzthelfer(in)

Bäcker(in)   Techn. Zeichner(in)

Bankkaufmann/-frau   Buchhändler(in)

Bürokaufmann/-frau   Dachdecker

Chemielaborant(in)   Elektroinstallateur(in)

Landmaschinenmechaniker(in)   Fleischer(in)

Groß- und Außenhandelskaufmann   Apothekenhelfer(in)

Gas- und Wasserinstallateur   Fotolaborant(in)

Kraftfahrzeugmechaniker(in)   Friseur(in)

Maschinenschlosser(in)   Maler- und Lackierer(in)

Radio- und Fernsehtechniker(in)   Florist(in)

Hauswirtschafter(in)   Forstwirt

Bekleidungsschneider(in)   Raumausstatter(in)

Schornsteinfeger(in)   Goldschmied(in)

Schuhmacher(in)   Tischler(in)

Maurer   Uhrmacher(in)

Verkäufer(in)

Arbeitshinweis

Wähle bitte die 3 Ausbildungsberufe aus, die Dir am ehesten
zusagen und bringe sie in eine
Rangordnung (1., 2., 3.)!

157

DER AUSBILDUNGS- UND ARBEITSMARKT IN DER REGION LINGEN

(ZAHLEN VOM VORJAHR)

B E R U F E	AUSBILDUNGSSTELLEN			ARBEITSLOSE mit abgeschlossener Berufsausbildung
	Bewerber	gemeldete Stellen		
		insgesamt	*Mädchen*	
APOTHEKENHELFER (in)	29	22	22	18
ARZTHELFER (in)	259	69	68	90
BÄCKER (in)	60	63	7	28
BANKKAUFMANN (-frau)	129	55	26	24
BEKLEIDUNGSSCHNEIDER (in)	3	3	3	36
BUCHHÄNDLER (in)	17	4	3	-
BÜROKAUFMANN (-frau)	424	215	146	466
CHEMIELABORANT (in)	28	16	5	8
DACHDECKER	3	5	-	4
ELEKTROINSTALLATEUR (in)	317	151	2	110
FLEISCHER (in)	37	40	1	30
FLORIST (in)	35	30	27	6
FORSTWIRT	7	3	-	-
FOTOLABORANT (in)	6	4	2	3
FRISEUR (in)	94	82	76	74
GAS- UND WASSERINSTALLATEUR (in)	62	64	2	48
GOLDSCHMIED (in)	8	3	2	4
GROSS- UND AUSSENHANDELSKAUFMANN	318	205	80	42
HAUSWIRTSCHAFTER (in)	80	75	75	44
KRAFTFAHRZEUGMECHANIKER (in)	122	98	1	164
LANDMASCHINENMECHANIKER (in)	11	7	-	6
MALER UND LACKIERER (in)	74	80	4	126
MASCHINENSCHLOSSER (in)	71	60	2	72
MAURER	55	70	1	102
RADIO- UND FERNSEHTECHNIKER (in)	39	27	1	16
RAUMAUSSTATTER (in)	36	30	10	18
SCHORNSTEINFEGER (in)	1	1	-	4
SCHUHMACHER (in)	1	2	-	6
TECHNISCHER ZEICHNER (in)	39	15	5	90
TISCHLER (in)	95	99	6	114
UHRMACHER (in)	5	3	1	2
VERKÄUFER (in)	376	378	335	550

ALLGEMEINE INFORMATIONEN FÜR LEHRSTELLENBEWERBER

Harte Zeit für Lehrlinge
Von je 100 Bewerbern um Lehrstellen*
bekamen 1981

31 eine Lehr-
stelle im
Wunschberuf

64 eine
andere
Lehrstelle

keine 5
Lehrstelle

*bei den Arbeitsämtern gemeldet

Wie das nebenstehende Schaubild zeigt, fand
1981 nur jeder dritte Bewerber eine Ausbildungsstelle in seinem "Wunschberuf". 64 Prozent muß-
ten sich mit Ausbildungsstellen zweiter, drit-
ter und vierter Wahl zufriedengeben, d.h. ihre
Ausbildung in einem anderen als dem ursprünglich gewünschten Beruf beginnen. 5 Prozent
- oder 20 000 junge Menschen - blieben sogar
ganz ohne Lehrstelle.

1986 sah es nicht viel besser aus. Nach der
Lehrstellenbilanz des Bundesbildungsministeriums
mußte 1986 jeder zweite Bewerber seinen vorran-
gigen Berufswunsch korrigieren (vgl. Frankfurter Rundschau v. 9.1.1987). Allerdings zeigen
andere Befragungen, daß berufliche Zufriedenheit
auch in anderen als den "Wunschberufen" erreichbar ist. Das sollte Mut machen, nicht immer nur
auf dem "Erstwunsch" zu bestehen.

UND WAS KOMMT NACH DER LEHRE?

Die erste Hürde auf dem Weg
ins Berufsleben besteht für
viele darin, überhaupt eine
Lehrstelle zu bekommen. Die
zweite Hürde ist kaum weniger hoch, nämlich im erlernten Beruf einen Arbeitsplatz
zu finden. Die Schaubilder
zeigen, wie hoch der Anteil
der Lehrlinge war, die nach
der Abschlußprüfung in ihrem Beruf tätig waren. Danach haben es bei den Mädchen die Buchhändlerinnen
besonders schwer und die Kö-
chinnen besonders leicht,
nach der Lehre in ihrem Ausbildungsberuf beschäftigt zu
werden. Bei den Jungen haben
Radio- und Fernsehtechniker
die geringsten, Kraftfahrer
die größten Chancen.

Allerdings werden nicht alle
Ausgebildeten, die später
nicht mehr in ihrem Beruf
tätig sind, auch gekündigt!
Ein Teil gibt freiwillig auf,
sei es, daß sie zum "Bund"
müssen, heiraten wollen oder
eine weiterführende Ausbildung aufnehmen. Die Lücke
zwischen der Nachfrage nach
Arbeitsplätzen und dem Angebot ist also nicht so groß,
wie die Statistik ausweist.

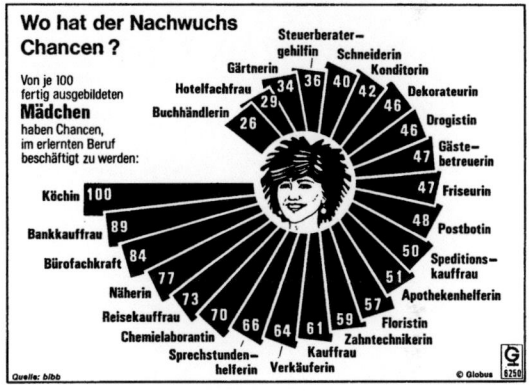

Wo hat der Nachwuchs Chancen?

Von je 100 fertig ausgebildeten **Mädchen** haben Chancen, im erlernten Beruf beschäftigt zu werden:

Köchin 100, Bankkauffrau 89, Bürofachkraft 84, Näherin 77, Reisekauffrau 73, Chemielaborantin 70, Sprechstunden- helferin 66, Verkäuferin 64, Kauffrau 61, Zahntechnikerin 59, Floristin 57, Apothekenhelferin 51, Speditions- kauffrau 50, Postbotin 48, Friseurin 47, Gäste- betreuerin 47, Drogistin 46, Dekorateurin 46, Konditorin 42, Schneiderin 40, Steuerberater- gehilfin 36, Gärtnerin 34, Hotelfachfrau 29, Buchhändlerin 26

Quelle: bibb © Globus

Quelle: Globus-Kartendienst v. 15.9.1986

Wo hat der Nachwuchs Chancen?

Von je 100 fertig ausgebildeten **Jungen** haben Chancen, im erlernten Beruf beschäftigt zu werden:

Kraftfahrer 82, Dreher 70, Bergmann 68, Maurer 63, Fleischer 61, Zimmerer 61, Bürofachmann 58, Koch 56, Tischler 55, Maler 54, Installateur 54, Gärtner 52, Bauschlosser 52, Werkzeug- macher 52, Fernmelde- techniker 50, Verkäufer 50, Bank- fachmann 49, Maschinen- schlosser 48, Elektro- installateur 46, Kaufmann 36, Bäcker 34, Kfz- Mechaniker 34, Elektro- gerätebauer 29, Radio-, Fernseh- techniker 20

© Globus   Quelle: bibb

159

VERLAG OTTO HEINE

6362 Ostlingen
Hauptstraße 12

AUSBILDUNGSSTELLEN: 2 Buchhändler(innen)

WIR ERWARTEN:
- Hauptschul- oder Realschulabschluß
- gute Deutsch- und Literaturkenntnisse
- gute Umgangsformen (freundlich)
- Ordnungssinn und Einfühlungsvermögen

WIR BIETEN:
- Geschäftsgröße: 25 Mitarbeiter
- Auszubildende: 5
- gutes Betriebsklima
- Fortbildungsmöglichkeiten

6363 Westlingen
Goethestraße 13

AUSBILDUNGSSTELLEN: 2 Chemielaboranten/-innen

WIR ERWARTEN:
- möglichst mittlerer Bildungsabschluß
- gute naturwissenschaftliche Kenntnisse
- Selbständigkeit und Gewissenhaftigkeit
- unempfindliche Haut

WIR BIETEN:
- Betriebsgröße: 650 Mitarbeiter
- Auszubildende: 40
- Lehrwerkstatt, Zusatzunterricht
- gute Übernahmechancen

 6360 Nordlingen
Schillerstraße 60

AUSBILDUNGSSTELLEN: 2 Apothekenhelferinnen

WIR ERWARTEN:
- möglichst Mittlere Reife
- gute Zeugnisse
- gute Umgangsformen
- adrette Erscheinung
- Fähigkeit zur Teamarbeit

WIR BIETEN:
- Geschäftsgröße: 6 Mitarbeiter(innen)
- Auszubildende: 3
- Fortbildungsmöglichkeiten

STADTWERKE | **STROM WASSER VERKEHR** | 6363 Westlingen
Talstraße 16

AUSBILDUNGSSTELLEN: 2 Elektroinstallateure
1 Gas- und Wasserinstallateur

WIR ERWARTEN:
- Hauptschul- bzw. Realschulabschluß
- gute Rechenkenntnisse
- technisches Interesse und Geschick
- Seh- und Farbtüchtigkeit (Elektriker)
- Schwindelfreiheit

WIR BIETEN:
- Betriebsgröße: 60 Mitarbeiter
- Auszubildende: 12
- Lehrwerkstatt, Stützunterricht

Mode-Center 6360 Nordlingen
Industriestraße 27

AUSBILDUNGSSTELLEN: 2 Bekleidungsschneider(innen)

WIR ERWARTEN:
- Hauptschulabschluß
- praktisches Handgeschick
- Farbunterscheidungsvermögen
- freundliches Wesen

WIR BIETEN:
- Betriebsgröße: 70 Mitarbeiter
- Auszubildende: 8

IFA≡V·I·V·O 6361 Südlingen
Marktstraße 33

AUSBILDUNGSSTELLEN: 1 Metzger / 1 Verkäuferin

WIR ERWARTEN:
- Hauptschulabschluß
- körperliche Robustheit (Metzger)
- nettes, freundliches Wesen (Verkäuf.)

WIR BIETEN:
- Größe der Filiale: 25 Mitarbeiter
- Auszubildende: 5
- Verpflegungskostenzuschuß

 6363 Westlingen
Marktstraße 11

AUSBILDUNGSSTELLEN: 2 Radio- und Fernsehtechniker(innen)

WIR ERWARTEN: - Hauptschul- oder Realschulabschluß
                    - gute Zeugnisse (Mathematik 'gut')
                    - technische Begabung
                    - Seh- und Farbtüchtigkeit

WIR BIETEN: - Geschäftsgröße: 16 Mitarbeiter
                    - Auszubildende: 4
                    - Zusatzunterricht im Betrieb
                    - gute Übernahmechancen

 6360 Nordlingen
Industriestraße 36 - 38

AUSBILDUNGSSTELLEN: 2 Groß- und Außenhandelskaufleute

WIR ERWARTEN: - mindestens Hauptschulabschluß
                    - gute Mathematik- und Deutschkenntnisse
                    - Fähigkeit zur Teamarbeit
                    - schnelle Auffassungsgabe

WIR BIETEN: - Betriebsgröße: 90 Mitarbeiter
                    - Auszubildende: 9
                    - gute Übernahmechancen

 BLUMENGESCHÄFT
6361 Südlingen, Hauptstr. 2

AUSBILDUNGSSTELLEN: 1 Floristin

WIR ERWARTEN: - Interesse an der Natur
                    - Sinn für Formen und Farben
                    - freundliche, ausgeglichene Person

WIR BIETEN: - Geschäftsgröße: 2 Mitarbeiter
                    - Auszubildende: 1

162

6362 Ostlingen, Landstraße 27

Vertragswerkstatt der Daimler-Benz AG

AUSBILDUNGSSTELLEN: 2 Kraftfahrzeugmechaniker(innen)

WIR ERWARTEN:
- solider Hauptschulabschluß
- Mathematik mindestens 'gut'
- technisches Interesse
- praktische Begabung
- gutes Verhalten

WIR BIETEN:
- Betriebsgröße: 90 Mitarbeiter
- Auszubildende: 16
- Lehrwerkstatt
- betriebliche Zusatzausbildung
- Kantine und Essenszuschuß

6363 Westlingen
Marktstraße 29

AUSBILDUNGSSTELLEN: 2 Fotolaboranten/-innen

WIR ERWARTEN:
- Hauptschul- oder Realschulabschluß
- gutes Zeugnis
- Sinn für Formen und Farben
- Farbunterscheidungsvermögen
- Technische Begabung

WIR BIETEN:
- Betriebsgröße: 60 Mitarbeiter
- Auszubildende: 15
- Zusatzunterricht
- Fortbildungsmöglichkeiten

Boutique Edith

6360 Nordlingen
Bahnhofstraße 31

AUSBILDUNGSSTELLEN: 1 Verkäufer(in)

WIR ERWARTEN:
- Hauptschulabschluß
- gute Umgangsformen
- Modebewußtsein
- adrettes Aussehen

WIR BIETEN:
- Geschäftsgröße: 2 Mitarbeiter
- Auszubildende: bisher keine

163

 6360 Nordlingen
Bachstraße 24

AUSBILDUNGSSTELLEN: 2 Hauswirtschafterinnen

WIR ERWARTEN:
- Hauptschulabschluß oder Mittlere Reife
- gute Zeugnisse (Haushaltslehre!)
- Selbständigkeit und Organisationsgabe
- freundliches Wesen

WIR BIETEN:
- Größe der Einrichtung: 35 Mitarbeiter
- Auszubildende: 10
- Zusatzunterricht
- Verpflegung im Haus (Essenszuschuß)

 6361 Südlingen
Flußstraße 44

AUSBILDUNGSSTELLEN: 1 Goldschmied(in)

WIR ERWARTEN:
- möglichst mittlerer Bildungsabschluß
- gute bis sehr gute Zeugnisse
- gestalterische Begabung
- praktisches Geschick
- gutes Sehvermögen

WIR BIETEN:
- Betriebsgröße: 30 Mitarbeiter
- Auszubildende: 6

 6362 Ostlingen
Bergstraße 63

AUSBILDUNGSSTELLEN: 1 Schuhmacher

WIR ERWARTEN:
- solider Hauptschulabschluß
- praktisches Handgeschick
- gutes Sehvermögen

WIR BIETEN:
- Geschäftsgröße: 7 Mitarbeiter
- Auszubildende: 3
- gutes Betriebsklima

HANS BERT · FRISEUR
6360 Nördlingen
Lilienstraße 24

AUSBILDUNGSSTELLEN: 1 Friseurin / 1 Friseur

WIR ERWARTEN:
- Hauptschulabschluß
- gute Umgangsformen (freundlich)
- gutes Aussehen
- unempfindliche Haut

WIR BIETEN:
- Geschäftsgröße: 9 Mitarbeiter
- Auszubildende: 4
- gutes Betriebsklima

Metallgesellschaft
6361 Südlingen
Landstraße 7 - 9

AUSBILDUNGSSTELLEN: 2 Maschinenschlosser(innen)

WIR ERWARTEN:
- Hauptschulabschluß
- Arbeitslehre, Mathematik: 'gut'
- technisches Interesse
- körperliche Belastbarkeit (Lärm)

WIR BIETEN:
- Betriebsgröße: 180 Mitarbeiter
- Auszubildende: 22
- Lehrwerkstatt
- betrieblicher Zusatzunterricht

B. Hähnle
Raumausstattung und Fußbodenbau GmbH

6362 Ostlingen
Schillerstraße 51

AUSBILDUNGSSTELLEN: 1 Raumausstatter(in)
1 Maler und Lackierer(in)

WIR ERWARTEN:
- Hauptschul- oder Realschulabschluß
- praktisches Geschick und Interesse
- gestalterische Fähigkeiten (1. Stelle)
- Ordnungssinn und Zuverlässigkeit
- Sinn für Farben und Formen

WIR BIETEN:
- Betriebsgröße: 40 Mitarbeiter
- Auszubildende: 8
- Stützunterricht

 6361 Südlingen
Bankstraße 34

AUSBILDUNGSSTELLEN: 2 Bankkaufleute

WIR ERWARTEN: - möglichst mittlerer Bildungsabschluß
                   - gute Deutsch- und Rechenkenntnisse
                   - gute Umgangsformen (freundlich)
                   - Genauigkeit und Zuverlässigkeit

WIR BIETEN: - Bankfiliale mit 120 Mitarbeitern
                   - Auszubildende: 11
                   - Zusatzunterricht in der Bank
                   - Fortbildungsmöglichkeiten
                   - gute Übernahmechancen

 6362 Ostlingen
Hauptstraße 9

AUSBILDUNGSSTELLEN: 2 Bürokaufleute

WIR ERWARTEN: - gute Noten in Deutsch und Mathematik
                   - technisches Interesse
                   - Genauigkeits- und Ordnungssinn
                   - Neigung zum Alleinarbeiten

WIR BIETEN: - Betriebsgröße: 20 Mitarbeiter
                   - Auszubildende: 3

 6363 Westlingen
Bahnhofstraße 8

AUSBILDUNGSSTELLEN: 1 Dachdecker

WIR ERWARTEN: - praktisches Handgeschick
                   - körperliche Belastbarkeit
                   - Schwindelfreiheit
                   - Farbunterscheidungsvermögen

WIR BIETEN: - Betriebsgröße: 25 Mitarbeiter
                   - Auszubildende: 5
                   - Reisekostenzuschuß

 6363 Westlingen
Gartenstraße 66

AUSBILDUNGSSTELLEN: 1 Arzthelferin

WIR ERWARTEN:
- gutes Zeugnis
- gute Umgangsformen (freundlich)
- Selbständigkeit und Strebsamkeit
- Genauigkeitssinn, Pflichtbewußtsein

WIR BIETEN:
- Klinikgröße: 130 Mitarbeiter
- Auszubildende: 20
  Zusatzausbildung in der Klinik
- Fortbildungsmöglichkeiten
- gute Übernahmechancen

 6360 Nordlingen
Industriestraße 29 - 30

AUSBILDUNGSSTELLEN: 1 technischer Zeichner(in)
1 Industriekaufmann/-frau

WIR ERWARTEN:
- Hauptschul- oder Realschulabschluß
- Mathematik und Deutsch: 'gut'
- Genauigkeit und Selbständigkeit
- Techn. Zeichner: Zeichnerische und gestalterische Fähigkeiten

WIR BIETEN:
- Betriebsgröße: 5 Mitarbeiter
- Auszubildende: bisher keine
- gutes Betriebsklima

 6361 Südlingen
Hauptstraße 22

AUSBILDUNGSSTELLEN: 2 Stellen als Bäcker

WIR ERWARTEN:
- Praktisches Handgeschick
- körperliche Belastbarkeit
- Zuverlässigkeit und Pünktlichkeit

WIR BIETEN:
- Betriebsgröße: Großbäckerei
- Auszubildende: 9
- Verpflegungskostenzuschuß

 6361 Südlingen
Bahnhofstraße 14

AUSBILDUNGSSTELLEN: 2 Tischler(innen)

WIR ERWARTEN:
- gute Zeugnisse
- praktische Fähigkeiten
- gestalterische Begabung
- körperliche Belastbarkeit (Lärm)
- unempfindliche Haut

WIR BIETEN:
- Betriebsgröße: 80 Mitarbeiter
- Auszubildende: 12
- Lehrwerkstatt/Stützunterricht

  6362 Ostlingen
Industriestraße 34

AUSBILDUNGSSTELLEN: 2 Maurer

WIR ERWARTEN:
- Hauptschulabschluß
- körperliche Robustheit
- handwerkliches Geschick
- Farbunterscheidungsvermögen
- Schwindelfreiheit

WIR BIETEN:
- Betriebsgröße: 12 Mitarbeiter
- Auszubildende: 2
- gute Übernahmechancen

v x Raiffeisen 6363 Westlingen
Raiffeissenstr. 16

AUSBILDUNGSSTELLEN: 1 Bürokaufmann
1 Bürokauffrau

WIR ERWARTEN:
- möglichst mittlerer Bildungsabschluß
- gute Zeugnisse
- Selbständigkeit und Organisationstalent
- Interesse an Teamarbeit

WIR BIETEN:
- Betriebsgröße: 20 Mitarbeiter
- Auszubildende: 4
- gute Übernahmechancen

6360 Nordlingen
Industriestraße 49

Landmaschinen

AUSBILDUNGSSTELLEN: 2 Landmaschinenmechaniker

WIR ERWARTEN:
- Hauptschulabschluß
- technisches Verständnis
- praktisches Handgeschick
- körperliche Belastbarkeit

WIR BIETEN:
- Betriebsgröße: 20 Mitarbeiter
- Auszubildende: 8

6361 Südlingen
Marktstraße 20

AUSBILDUNGSSTELLEN: 2 Verkäuferinnen

WIR ERWARTEN:
- Hauptschulabschluß
- gute Umgangsformen (freundlich)
- körperliche Belastbarkeit (stehen)
- Ordnungssinn und Selbständigkeit

WIR BIETEN:
- Geschäftsgröße: 35 Mitarbeiter
- Auszubildende: 8

HEILPRAKTIKER
Naturheilverfahren, Ozontherapie, Neuraltherapie

6362 Ostlingen
Königstraße 21

AUSBILDUNGSSTELLEN: 1 Arzthelferin

WIR ERWARTEN:
- möglichst mittlerer Bildungsabschluß
- gutes Zeugnis
- Selbständigkeit und Zuverlässigkeit
- gute Umgangsformen

WIR BIETEN:
- Praxisgröße: 2
- Auszubildende: bisher keine
- Fortbildungsmöglichkeiten

169

VORLAGEN FÜR DAS AMTLICHE GESUNDHEITSZEUGNIS
(für die Hand des Lehrers)

ÄRZTLICHE BESCHEINIGUNG
(für den Arbeitgeber)
ÜBER DIE ERSTUNTERSUCHUNG NACH § 32 Abs. 1 DES JUGENDARBEITSSCHUTZGESETZES

————————————————   ————————————————
(Zuname)   *(Vorname)*

Aufgrund der Untersuchung halte ich gegenwärtig die Gesundheit des/der Jugendlichen durch die Ausübung nachstehend angekreuzter Arbeiten für gefährdet ....

☐ *Körperlich schwere Arbeiten*

☐ *Arbeiten überwiegend im Stehen oder Knien*

☐ *Arbeiten mit häufigem Heben von Lasten ohne mechanische Hilfsmittel*

☐ *Arbeiten, die Schwindelfreiheit erfordern*

☐ *Arbeiten überwiegend bei Kälte, Nässe oder Zugluft*

☐ *Arbeiten unter besonderer Einwirkung von Lärm*

☐ *Arbeiten mit besonderer Belastung der Haut*

☐ *Arbeiten mit besonderer Belastung der Atemwege durch Stäube, Gase, Dämpfe*

☐ *Arbeiten, die volle Sehkraft ohne Brille erfordern*

☐ *Arbeiten, die Farbtüchtigkeit voraussetzen*

NORDLINGEN, DEN 14.9. des Jahres   ————————————————
                                                         (Dr. Gesundheit)

ÄRZTLICHE BESCHEINIGUNG
(für den Arbeitgeber)
ÜBER DIE ERSTUNTERSUCHUNG NACH § 32 Abs. 1 DES JUGENDARBEITSSCHUTZGESETZES

————————————————   ————————————————
(Zuname)   *(Vorname)*

Aufgrund der Untersuchung halte ich gegenwärtig die Gesundheit des/der Jugendlichen durch die Ausübung nachstehend angekreuzter Arbeiten für gefährdet ....

☐ *Körperlich schwere Arbeiten*

☐ *Arbeiten überwiegend im Stehen und Knien*

☐ *Arbeiten mit häufigem Heben von Lasten ohne mechanische Hilfsmittel*

☐ *Arbeiten, die Schwindelfreiheit erfordern*

☐ *Arbeiten überwiegend bei Kälte, Nässe oder Zugluft*

☐ *Arbeiten unter besonderer Einwirkung von Lärm*

☐ *Arbeiten mit besonderer Belastung der Haut*

☐ *Arbeiten mit besonderer Belastung der Atemwege durch Stäube, Gase, Dämpfe*

☐ *Arbeiten, die volle Sehkraft ohne Brille erfordern*

☐ *Arbeiten, die Farbtüchtigkeit voraussetzen*

NORDLINGEN, DEN 14.9. des Jahres   ————————————————
                                                         (Dr. Gesundheit)

170

LEBENSLAUF UND BEWERBUNGSSCHREIBEN (BEISPIELE)

LEBENSLAUF

NAME:	Brigitte Jedermann
GEBURTSDATUM:	5. Februar 1972
GEBURTSORT:	Schwalmberg
ELTERN:	Vater: Horst Jedermann, Industriekaufmann
	Mutter: Ilse Jedermann, geb. Fink, Hausfrau
WOHNORT:	Kirchplatz 5, 9999 Schwalmberg Tel.: 09999/6543
SCHULAUSBILDUNG:	von 1978 – 1982: Grundschule in Bingen; seit September 1982 Besuch der Realschule Schwalmberg
LIEBLINGSFÄCHER:	Mathematik, Sport und Kunst
BESONDERE KENNTNISSE:	Anfängerkurs in Stenographie und Maschinenschreiben; Arbeitsgemeinschaft Informatik/EDV
VORAUSS. SCHULABSCHLUSS:	Sommer 1988: Mittlere Reife

Paßbild

Schwalmberg, den 8. Juli 1987   *Brigitte Jedermann*

BEWERBUNGSSCHREIBEN

Brigitte Jedermann

Kirchplatz 5
9999 Schwalmberg
Tel.: 09999/6543

Maschinenfabrik Zahn-KG
z.Hd. Herrn Fritz
Industriestraße 54

9999 Schwalmberg 1

Bingen, den 8.7.1987

Bewerbung um einen Ausbildungsplatz als BÜROKAUFFRAU

Sehr geehrter Herr Fritz,

auf Empfehlung des Berufsberaters beim Arbeitsamt Schwalmberg, Herrn Müller, bewerbe ich mich um einen Ausbildungsplatz als Bürokauffrau. Ich besuche zur Zeit die Realschule in Schwalmberg und werde sie im Sommer 1988 mit der "Mittleren Reife" abschließen.

Ich habe mich in letzter Zeit intensiv über die Aufgaben und Tätigkeiten der Bürokauffrau informiert und bin zu dem Schluß gekommen, daß ich diesen Beruf gerne ergreifen würde. Organisationstalent, Selbständigkeit, Ordnungssinn und gute Rechenkenntnisse bringe ich mit. Meine letztjährige Note in Deutsch war zwar nur eine "3", aber in Rechtschreibung und Zeichensetzung bin ich sehr sicher. Außerdem besuche ich zur Zeit eine Arbeitsgemeinschaft für Stenographie und Maschinenschreiben sowie eine für Informatik/EDV.

Über eine Einladung zu einem persönlichen Gespräch würde ich mich sehr freuen.

Mit freundlichen Grüßen

Brigitte Jedermann

FORMULARE FÜR "ZUSAGEN" UND "ABSAGEN"

(für die Hand des Lehrers)

An den
Kandidaten

....

Betrifft: Ihre Bewerbung um einen Ausbildungsplatz

Sehr geehrte(r) Frau/Herr ....!

Für Ihre Bewerbung um den von uns angebotenen Ausbildungsplatz bedanken wir uns herzlich. Wir können Ihnen heute die positive Mitteilung machen, daß wir Sie für die Ausbildung zum

....

in die engere Wahl gezogen haben. Wir werden Sie demnächst zum Vorstellungsgespräch einladen und freuen uns schon heute darauf, Sie dann auch persönlich kennenzulernen.

Mit freundlichen Grüßen

Unterschrift
(Stempel)

An den
Kandidaten

....

Betrifft: Ihre Bewerbung um einen Ausbildungsplatz

Sehr geehrte(r) Frau/Herr ....!

Für Ihre Bewerbung um den von uns angebotenen Ausbildungsplatz bedanken wir uns herzlich. Leider müssen wir Ihnen heute jedoch mitteilen, daß wir hinsichtlich der Besetzung der von Ihnen ins Auge gefaßten Ausbildungsstelle eines

....

anderen Bewerbern den Vorzug gegeben haben. Wir bitten um Verständnis für diese Entscheidung. Sie ist uns gewiß nicht leichtgefallen!

Für Ihre Bemühungen um den Erhalt eines geeigneten Ausbildungsplatzes wünschen wir Ihnen alles Gute und viel Erfolg.

Mit freundlichen Grüßen

Unterschrift
(Stempel)

4.9 Simulationsspiel: „Wir machen einen Einstellungstest"

Einstellungstests sind ein zentraler Bestandteil des Berufswahlprozesses. Kaum ein Schüler kommt daran vorbei, doch die wenigsten sind darauf vorbereitet. Auswahltests sind nämlich in vielerlei Hinsicht anders als die üblichen Prüfungssituationen, die die Schüler in der Schule kennenlernen. Die Zeit ist meist viel zu knapp, die Testmaterialien sind breit gefächert, die einzelnen Aufgaben häufig recht ungewohnt. Von daher tun sich viele Schüler bei ihren ersten Testversuchen schwer. Sie sind durch die ganze Szenerie irritiert, werden unsicher und unkonzentriert oder geraten gar in Panik, weil sie von den vielen Aufgaben zumeist nur einen Bruchteil lösen können. Die Folge davon: Zahlreiche Schüler bleiben mehr oder weniger deutlich hinter ihren Fähigkeiten und Möglichkeiten zurück. Das verfälscht die Testergebnisse und kann weder im Interesse der Schüler noch in dem der Betriebe liegen.

Zwar sind in den letzten Jahren eine ganze Reihe von Büchern und Broschüren erschienen, die über die Anforderungen und Aufgabenarten betrieblicher Einstellungstests informieren (vgl. Hesse/Schrader, 1985; Menze, 1982; Sparkassenverlag, 1984; Bundesanstalt für Arbeit, 1985; Begemann u. a., 1983; Modick u. a., 1985). Allerdings reichen schriftliche oder mündliche Informationen und Ratschläge allein nicht aus, um den Schülern eine hinreichende Vorstellung von den konkreten Anforderungen und Belastungen betrieblicher Testsituationen zu vermitteln. Wirksamer und hilfreicher ist es, die Schüler in derartige Situationen probeweise hineinzustellen und sie durch eigenes Erleben und Erfahren zu einem tiefergehenden Verständnis gelangen zu lassen.

Hier nun setzt das vorliegende Simulationsspiel an. Es gibt den Schülern Gelegenheit, einen Übungstest durchzuführen, der sich über ca. 2 Stunden erstreckt und verschiedenste Aufgabenarten umfaßt. Die entsprechenden Testmaterialien sind beigefügt und können ganz oder teilweise eingesetzt werden (s. weiter unten). Die Zielsetzung dabei: Die Schüler sollen mit der neuen und ungewohnten Testsituation vertraut gemacht werden; sie sollen typische Testanforderungen und -aufgaben kennenlernen; sie sollen im konkreten Vollzug erfahren, was auf sie zukommen kann und womit sie rechnen müssen; sie sollen Ängste abbauen und Sicherheit gewinnen. So gesehen gilt das Hauptaugenmerk der grundlegenden Orientierung der Schüler und weniger ihrer fachlichen Qualifizierung im Detail!

Der vorliegende Übungstest ist so konzipiert, daß die Schüler unterschiedliche Anforderungsschwerpunkte kennenlernen. Diese reichen von den Grundrechenarten über logisches Denken, Abstraktionsfähigkeit und Konzentrationsvermögen bis hin zu Allgemeinwissen, Rechtschreibung und technischem Verständnis. Die einzelnen Fragen und Aufgaben sind dem angenähert, was sich in der Testpraxis findet – allerdings nur beispielhaft und ausschnittartig. Der Zeitbedarf für die Bearbeitung der dokumentierten Testblätter liegt bei gut 90 Minuten. Hinzu kommen die Pufferzeiten, die beim Übergang von einem Testblatt zum anderen benötigt werden (lesen der Arbeitsanweisungen; ggf. Erläuterungen des Lehrers). Sie machen insgesamt etwa 10–15 Minuten aus. Nimmt man ferner die Zeit für die Auswertung und Besprechung der Testerfahrungen hinzu, so muß für die Durchführung des

Gesamttestes mit mindestens drei Unterrichtsstunden gerechnet werden. Der Vorteil dieser zeitintensiven Variante: Die Schüler lernen die ganze Hektik, Anspannung und Belastung kennen, die für betriebliche Auswahltests charakteristisch ist. Diese Tests dauern in der Regel sogar noch erheblich länger und sind deshalb mit noch weitaus größeren physischen und psychischen Strapazen verbunden. Allerdings können die vorliegenden Testmaterialien auch nur teilweise eingesetzt und/oder auf zwei getrennte Übungstests verteilt werden. Eine solche Trennung hätte sogar den Vorzug, daß sich die Schüler nach ihrem ersten Versuch ein weiteres Mal bewähren können (trial and error!). Welcher Modus letztendlich gewählt wird, ist Sache des Lehrers. Abzuraten ist jedoch davon, die Testblätter zu Hause bearbeiten zu lassen oder sie lediglich als Informationsblätter auszuteilen. Das ist zu unverbindlich und nimmt den Schülern die Chance, Testanforderungen und -belastungen „von innen heraus" kennenzulernen.

Die Durchführung des Übungstests ist an verschiedenen Stellen des Berufswahl-Unterrichts möglich. Sie kann sich z.B. an das Planspiel aus Abschnitt 4.8 anschließen oder auch losgelöst davon an anderer Stelle erfolgen. Sie kann allerdings auch im Rahmen von Projekttagen/-wochen oder Schullandheimaufenthalten angesetzt werden. Auf jeden Fall sollte die Testsimulation so rechtzeitig erfolgen, daß die Schüler für ihre ersten „echten" Tests noch etwas davon haben.

Zu den Rahmenbedingungen der Testsimulation: Die Schüler erhalten das „Testheft" (mit Deckblatt), in das die dokumentierten Testbögen vollständig oder teilweise aufgenommen sind. Sie sitzen an getrennten Tischen und haben lediglich einen Stift und ein Blatt (Notiz)Papier als zusätzliche Arbeitsmittel zur Hand. Der Lehrer spielt den Testverantwortlichen; er stoppt die Zeiten, ordnet das Weiterblättern im Testheft an und gibt nötigenfalls Erläuterungen zu den einzelnen Testbögen bzw. -aufgaben. Wichtig ist, daß die Orientierungsphase zu Beginn der neuen Testbögen sehr kanpp gehalten wird (1–2 Minuten), damit fixe Schüler nicht bereits vorarbeiten können. Der Testablauf im einzelnen:

● *Der Lehrer umreißt die Spielregeln des Tests (Gesamtdauer, Arbeitsweise etc.) und teilt die Testhefte aus. Etwaige Vorfragen der Schüler werden geklärt. Alsdann gibt der Lehrer des Startsignal. Die Schüler schlagen den ersten Testbogen auf, lesen die Arbeitsanweisungen und beginnen mit der Bearbeitung der Aufgaben (die Reihenfolge der Testbögen bestimmt der Lehrer).*

● *Nach Ablauf der vorgegebenen Bearbeitungszeit (die Vorgabezeiten sind auf den Testblättern angegeben) ordnet der Lehrer den Wechsel zum nächsten Testbogen an; die Schüler erhalten ca. 1 Minute Zeit, um die Arbeitshinweise zu lesen und sich auf den neuen Aufgabentyp einzustellen; dann beginnt die zweite Arbeitsphase. Nach Ablauf der vorgegebenen Bearbeitungszeit gibt der Lehrer erneut das Signal zum Wechsel...*

● *So setzt sich die ganze Prozedur fort, bis das letzte Testblatt bearbeitet ist. Die Testhefte werden zur Seite gelegt oder vom Lehrer eingesammelt, damit sich die Schüler auf die Auswertungsphase konzentrieren können. Eine andere Variante (falls genügend Zeit vorhanden ist): Die Schüler tauschen die Testhefte aus und ermitteln auf der Basis eines zusätzlich ausgeteilten „Lösungsblattes" (vgl. Anlage) die Zahl der richtigen und falschen Lösungen auf den einzelnen Testblättern. Auf diese Weise kann die Gesprächs- und Reflexionsgrundlage für die Auswertungsphase verbessert werden.*

● *In der Auswertungsphase äußern sich die Schüler zunächst einmal spontan zu ihren Testerfahrungen (Was ist aufgefallen? Was hat verunsichert oder gestört? Welche Aufgaben haben Schwierigkeiten bereitet? Wie war's mit der Belastung und Konzentration während des Tests? etc.) Anschließend werden diese Testerfahrungen besprochen sowie Vorsätze und Schlußfolgerungen daraus abgeleitet. Sollte ein weiterer Übungstest möglich sein (s. oben), so ist das gewiß eine reizvolle und wichtige Vertiefung und Anwendung des Gelernten.*

Einstellungstests: „... und dann waren's nur noch zwei..." (aus: Begemann u.a., 1983, S. 78)

GRUNDRECHENARTEN

a) 40; b) 100; c) 148; d) 146; e) 72; f) 172; g) 5; h) 26; i) 6;
j) 292; k) 100:8 = 12,5; 1) 160:16 = 10; m) 220; n) 9,8; o) 407;
p) 3,004; r) 32:16 = 2;

LOGISCHE REIHEN

a) 256 - 512 - 1024; b) 28 - 84 - 82; c) 32 - 128 - 64; d) 52 - 63 - 75;
e) 88 - 84 - 168; f) 62 - 65 - 79; g) 46 - 52 - 58; h) 23 - 16 - 25;
i) 31 - 124 - 129; j) 60 - 65 - 55; k) 31 - 62 - 63; 1) 36 - 108 - 54;
m) 92 - 94 - 188; n) 248 - 253 - 506; o) 36 - 20 - 2; p) 16 - 12 - 9;
q) 95 - 190 - 175; r) 92 - 94 - 188; s) 15 - 20 - 16; t) 16 - 20 - 15;
u) 27 - 30 - 33;

RECHTSCHREIBUNG

1c; 2a; 3c; 4a; 5c; 6b; 7c; 8c; 9c; 10b; 11a; 12c; 13c; 14a;
15c; 16c; 17a; 18a; 19b; 20a; 21b; 22b; 23a; 24 c;

TEXTAUFGABEN

1) 2,375 Mio; 2) 750 km; 3) 4 %; 4) 750 DM; 5) 6 %; 6) 30 000 DM;
7) 9 Std.; 8) 1152 DM; 9) 75 Umdr.; 10) 5 Std. 30 Min; 11) 4320 DM;
12) 1000 DM; 13) 70 g; 14) 40 %;

WORTVERKNÜPFUNGEN

1) unten; 2) Bäume; 3) schätzen; 4) Glas; 5) fröhlich; 6) Milch;
7) Würfel; 8) kurz; 9) Kälte; 10) Hütte; 11) hobeln; 12) Stufe;
13) Gramm; 14) Schiff; 15) Fleisch; 16) Pinsel; 17) Gebot;
18) Stachel; 19) Fluß; 20) Zelle;

ALLGEMEINWISSEN

1) Adenauer - Erhard - Kiesinger - Brandt - Schmidt - Kohl; 2) Heuss - Lübke - Heinemann - Scheel - Carstens - Weizsäcker; 3) Demokratie; 4) Bundestag; 5) c-k-e-b-l-n-g; 6) Schweiz - Österreich - Norwegen; 7) 1939;
8) 1789; 9) 1953; 10) 1961; 11) Tokio; 12) Washington; 13) 61 Mio;
14) Italien;

FIGUREN ZUORDNEN

1a; 2b; 3c; 4e; 5d; 6f; 7c; 8e; 9f; 10d; 11c; 12e;

KONZENTRATIONSTEST

1) 6; 2) 4; 3) 7; 4) 7; 5) 2; 6) 8; 7) 0; 8) 4; 9) 5; 10) 6; 11) 7
12) 8; 13) 0; 14) 1; 15) 8; 16) 3; 17) 8; 18) 5; 19) 5; 20) 1;
21) 4; 22) 2; 23) 7; 24) 9; 25) 7; 26) 4; 27) 7;

TECHNISCHES VERSTÄNDNIS   1) B; 2) A,D; 3) C; 4) A,D; 5) C; 6) A

GRUNDRECHENARTEN (+ KONZENTRATION)

Rechne die Zahlen in den einzelnen Zeilen zusammen und trage
das Ergebnis in die vorgesehenen Kästchen ein! (Kopfrechnen!)
Zeitansatz: 15 Minuten!

a)	$9 + 7 - 6 + 13 + 8 + 6 + 7 - 25 + 17 - 9 + 8 + 5$ =	
b)	$(144 : 12) + (3 \times 8) + 6 + 17 + (5 \times 7 \times 3) - 64$ =	
c)	$14 + 27 + 89 + 28 - 54 - 6 + 23 + 77 - 62 + 12$ =	
d)	$2 + 3 + 5 + 7 + 9 + 13 + 17 + 19 + 21 + 23 + 27$ =	
e)	$260 - 25 - 16 - 8 - 21 - 33 - 27 - 8 - 7 - 43$ =	
f)	$87 - 36 + 25 - 17 + 67 - 93 + 37 - 13 + 143 - 28$ =	
g)	$0,12 + 0,08 - 0,1 + 3,9 + 0,005 + 0,095 + 0,9$ =	
h)	$(4 : 0,2) \times (0,5 \times 4) + (0,02 \times 50) - (2,5 \times 6)$ =	
i)	$7 + 6 + 5 - 4 - 3 - 2 + 8 + 9 + 13 - 9 - 7 - 17$ =	
j)	$13 + 17 + 21 + 24 + 27 + 29 + 33 + 37 + 42 + 49$ =	
k)	$\frac{1}{2} + \frac{2}{8} + \frac{3}{4} + \frac{5}{8} + \frac{4}{8} + \frac{2}{4} + \frac{3}{8} + \frac{4}{2} + \frac{5}{8} + \frac{7}{8} + \frac{8}{2} + \frac{6}{4}$ =	
l)	$\frac{2}{4} + \frac{4}{8} + \frac{6}{4} + \frac{8}{2} - \frac{10}{16} - \frac{14}{16} + \frac{17}{8} + \frac{11}{4} + \frac{7}{8} + \frac{7}{4} - \frac{5}{2}$ =	
m)	$12 + 14 + 16 + 18 + 22 + 24 + 26 + 28 + 29 + 31$ =	
n)	$(16,5 : 3) + (27 : 6) - (45,5 : 7) + (37,8 : 6)$ =	
o)	$564 - 332 + 267 + 139 - 417 + 263 + 59 - 43 - 93$ =	
p)	$0,001 + 0,009 + 0,09 + 1,9 + 0,87 + 0,13 + 0,004$ =	
r)	$\frac{1}{2} + \frac{2}{4} + (\frac{2}{4} \times \frac{4}{2}) + \frac{8}{16} + (\frac{3}{4} \times \frac{6}{4}) - (\frac{3}{2} \times \frac{4}{8}) - \frac{14}{16}$ =	

LOGISCHE REIHEN

Die Zahlenreihen sind nach einer bestimmten Regel aufgebaut.
Suche diese Regel und ergänze die Zahlenreihen um die nächsten
3 Zahlen! Trage sie in die vorgesehenen Kästchen ein!
Zeitansatz: 8 Minuten

a)	2	4	8	16	32	64	128			
b)	4	2	6	4	12	10	30			
c)	8	4	16	8	32	16	64			
d)	3	7	12	18	25	33	42			
e)	9	18	14	28	24	48	44			
f)	7	21	24	38	41	55	58			
g)	4	10	16	22	28	34	40			
h)	8	17	10	19	12	21	14			
i)	0	1	1	3	6	9	27			
j)	85	75	80	70	75	65	70			
k)	2	3	6	7	14	15	30			
l)	2	4	12	6	12	36	18			
m)	4	8	10	20	22	44	46			
n)	9	18	26	52	59	118	124			
o)	92	90	86	80	72	62	50			
p)	45	40	36	33	28	24	21			
q)	40	25	50	35	70	55	110			
r)	4	8	10	20	22	44	46			
s)	16	12	17	13	18	14	19			
t)	9	12	16	11	14	18	13			
u)	6	9	12	15	18	21	24			

178

RECHTSCHREIBUNG

Im nachfolgenden Beitrag ist einiges falsch geschrieben. Unterstreiche jeweils das richtige Wort und kreuze den entsprechenden Buchstaben im Auswertungsraster am Ende an! Zeitansatz: 8 Minuten

Thomas muß [1] *a* morgen Früh / *b* morgenfrüh / *c* morgen früh zum Einstellungstest. Es ist das [2] *a* zweitemal / *b* Zweitemal / *c* zweite Mal, daß er an einem Test [3] *a* partisipiert / *b* pardizipiert / *c* partizipiert. Thomas hat sich gut [4] *a* vorbereitet / *b* vorbereidet / *c* forbereitet. Trotzdem hat er ein [5] *a* bisschen / *b* bischen / *c* bißchen Bammel. Die [6] *a* Kongurenz / *b* Konkurrenz / *c* Kongruenz ist [7] *a* schliesslich / *b* schlieslich / *c* schließlich recht groß. Die Bewerber kommen von [8] *a* überall her / *b* überallheer / *c* überallher. Manche haben schon mehrmals [9] *a* wiederhold / *b* widerholt / *c* wiederholt. Als es am [10] *a* nächsten morgen / *b* nächsten Morgen / *c* Nächstenmorgen losgeht, ist Thomas [11] *a* ziemlich / *b* ziehmlich / *c* zihmlich ruhig. Er weiß aus Erfahrung: Das [12] *a* wichtigste / *b* Wichtixte / *c* Wichtigste ist, daß man sich in der Testsituation nicht [13] *a* iritieren / *b* irritiehren / *c* irritieren läßt. Die Aufgaben haben es [14] *a* nämlich / *b* nähmlich / *c* nehmlich häufig ganz schön [15] *a* insich / *b* in Sich / *c* in sich. Doch Thomas ist [16] *a* rutiniehrt / *b* rutiniert / *c* routiniert. Er hat schon mehrere Probetests in der Schule [17] *a* durchgeführt / *b* durch gefürt / *c* durchgefürt. Es klappt an diesem [18] *a* Vormittag / *b* vor Mittag / *c* vormittag auch ganz gut. Der Test verläuft [19] *a* vielfersprechent / *b* vielversprechend / *c* viel versprechent. Als Thomas [20] *a* nach Hause / *b* nachhause / *c* Nachhause kommt, ist seine Freundin schon da. Sie [21] *a* beglükwünscht / *b* beglückwünscht / *c* beglückwünschd ihn vorsorglich [22] *a* schonmal / *b* schon mal / *c* schon Mal. Doch Thomas [23] *a* widerspricht / *b* wiederspricht / *c* widersprichd diesen verfrühten [24] *a* Loorbeeren / *b* Lorrbeeren / *c* Lorbeeren.

	1	2	3	4	5	6	7	8	9	10	11	12	13	14	15	16	17	18	19	20	21	22	23	24
a																								
b																								
c																								

TEXTAUFGABEN

Löse die nachfolgenden Textaufgaben und trage die Ergebnisse in die entsprechenden Kästchen ein! <u>Zeitansatz</u>: 15 Minuten

1
In der Bundesrepublik arbeiten rund 25 Millionen Erwerbstätige. 9,5 Prozent davon sind zur Zeit arbeitslos. Wieviel Arbeitslose gibt es?

2
Ein Auto verbraucht auf 100 km 6 Liter Diesel. Wieviel Kilometer können mit einer Tankfüllung von 45 Litern maximal zurückgelegt werden?

3
Ein Angestellter hat letztes Jahr 1900 DM verdient. Jetzt verdient er 1976 DM. Um wieviel Prozent ist sein Gehalt angehoben worden?

4
Von einer bestimmten Geldsumme erhält A ein Viertel, B = 45 % und C den Rest. Dieser Rest beträgt 900 DM. Wieviel DM bekommt A?

5
Eine Spareinlage von 20 000 DM bringt in 3 Monaten 300 DM an Zinsen. Wie hoch ist der Zinssatz pro Jahr?

6
Für ein Auto gibt der Händler 7 Prozent Nachlaß. Das sind 2100 DM. Wie hoch ist der ursprüngliche Preis des Autos?

7
Drei Arbeiter benötigen 6 Stunden, um eine Grube auszuheben. Wieviel Stunden brauchen 2 Arbeiter für die gleiche Arbeit?

8
Im Großhandel ist eine Waschmaschine mit 1600 DM ausgezeichnet. Der Kunde erhält 25 % Großhandelsrabatt und 3 % Skonto. Wieviel muß er zahlen?

9
Ein großes Zahnrad dreht sich 15 mal und bewegt dabei ein kleines Zahnrad 45 mal. Wie oft hat sich das große Zahnrad gedreht, wenn das kleine 225 Umdrehungen gemacht hat?

10
Ein Zug verläßt den Bahnhof um 10.23 Uhr. Den Zielbahnhof erreicht er um 16.18 Uhr. Unterwegs hat er Zwischenaufenthalte von 25 Minuten. Wie lange dauert die reine Fahrzeit?

11
Ein Vater verdient im Monat 20 % mehr als sein Sohn. Die Mutter verdient als Halbtagskraft die Hälfte von dem, was der Sohn erhält. Wie hoch ist das Familieneinkommen, wenn die Mutter 800 DM pro Monat verdient?

12
Von einem Kredit sind bereits 30 % zurückgezahlt. Wenn jetzt noch 450 DM getilgt werden, beträgt die Restschuld nur noch 250 DM. Wie hoch war der ursprüngliche Kredit?

13
Vier Äpfel werden gewogen. Das durchschnittliche Gewicht eines Apfels beträgt 55 g. Davon wiegt der erste Apfel 40 g, der zweite 65 g und der dritte 45 g. Wieviel wiegt der vierte Apfel?

14
Eine Sekretärin schreibt einen Brief im Durchschnitt in 50 Minuten. Heute benötigt sie 1 Stunde und 10 Minuten. Um wieviel Prozent liegt sie über dem Durchschnitt?

WORTVERKNÜPFUNGEN

Auf der linken Seite der "Gleichung" stehen zwei Begriffe, die in bestimmter Weise zusammengehören. Suche das fehlende Wort auf der rechten Seite, damit sich dort ein ähnliches Wort-Paar ergibt. Kreuze das entsprechende Wort an!
Zeitansatz: 7 Minuten

---

1 vorne : hinten = oben : ??

☐ niedrig   ☐ unten
☐ lang   ☐ breit

2 Kopf : Haare = Wald : ??

☐ Tiere   ☐ Bäume
☐ Förster   ☐ Blätter

3 wissen : vermuten = messen : ??

☐ prüfen   ☐ hoffen
☐ erwarten   ☐ schätzen

4 essen : Gabel = trinken : ??

☐ Durst   ☐ Sprudel
☐ Faß   ☐ Glas

5 krank : gesund = traurig : ??

☐ nett   ☐ weinen
☐ singen   ☐ fröhlich

6 Huhn : Ei = Kuh : ??

☐ Fleisch   ☐ Milch
☐ Mist   ☐ Schwanz

7 Kreis : Kugel = Quadrat : ??

☐ Rechteck   ☐ Viereck
☐ Zylinder   ☐ Würfel

8 groß : klein = lang : ??

☐ dünn   ☐ kurz
☐ knapp   ☐ winzig

9 Sommer : Hitze = Winter : ??

☐ Eis   ☐ Kälte
☐ Schnee   ☐ Glätte

10 Maus : Loch = Hund : ??

☐ Katze   ☐ Zimmer
☐ Hütte   ☐ Hof

11 Eisen : feilen = Holz : ??

☐ schneiden   ☐ hobeln
☐ brennen   ☐ streichen

12 Leiter : Sprosse = Treppe : ??

☐ Holz   ☐ Stufe
☐ Geländer   ☐ Eisen

13 Meter : Zentimeter = Kilo : ??

☐ Gramm   ☐ Gewicht
☐ Waage   ☐ Tonne

14 Himmel : Wolke = Meer : ??

☐ Wasser   ☐ Sand
☐ Schiff   ☐ Gezeiten

15 Brot : Mehl = Wurst : ??

☐ Gewürz   ☐ Metzger
☐ Brötchen   ☐ Fleisch

16 Maurer : Kelle = Maler : ??

☐ Gerüst   ☐ Pinsel
☐ Farbe   ☐ Auto

17 Recht : Gesetz = Religion : ??

☐ Gebot   ☐ Pfarrer
☐ Kirche   ☐ Taufe

18 Rose : Dorn = Kaktus : ??

☐ Blüte   ☐ Blätter
☐ Wüste   ☐ Stachel

19 Blut : Ader = Wasser : ??

☐ Meer   ☐ Fluß
☐ Brücke   ☐ Schiff

20 Haus : Stein = Pflanze : ??

☐ Zelle   ☐ Dünger
☐ Blüte   ☐ Duft

ALLGEMEINWISSEN

1. Bringe die bisherigen Bundeskanzler der BR Deutschland in eine zeitliche Reihenfolge. Trage die Nummern 1 - 6 in die Kästchen ein (die Nummer 1 hat der 1. Kanzler nach dem Kriege)!

☐ Schmidt   ☐ Erhard   ☐ Adenauer

☐ Brandt   ☐ Kohl   ☐ Kiesinger

2. Bringe die bisherigen Bundespräsidenten der BR Deutschland in eine zeitliche Reihenfolge. Trage die Nummern 1 - 6 in die Kästchen ein! (die Nummer 1 hat der 1. Bundespräsident nach dem Kriege)!

☐ Carstens   ☐ Heinemann   ☐ Lübke

☐ Scheel   ☐ Weizsäcker   ☐ Heuss

3. Wie bezeichnet man die Staatsform der Bundesrepublik Deutschland? Kreuze an!

☐ Diktatur   ☐ Staatenbund   ☐ Sozialstaat   ☐ Demokratie

4. Von welchem Gremium wird der Bundeskanzler gewählt? Kreuze an!

☐ Bundesrat   ☐ Vom Volk direkt   ☐ Bundesregierung   ☐ Bundestag

5. Welche Landeshauptstadt gehört zu welchem Bundesland? Trage die entsprechenden Buchstaben in die freien Kästchen ein!

☐ RHEINLAND- PFALZ	a) Hamburg	h) Nürnberg
☐ HESSEN	b) Düsseldorf	i) Köln
☐ BADEN- WÜRTTEMBERG	c) Mainz	j) Bremen
☐ NORDRHEIN- WESTFALEN	d) Frankfurt	k) Wiesbaden
☐ SCHLESWIG-HOLSTEIN	e) Stuttgart	l) Kiel
☐ BAYERN	f) Bonn	m) Kassel
☐ NIEDERSACHSEN	g) Hannover	n) München

6. Welche Länder gehören nicht zur Europäischen Gemeinschaft? (insgesamt sind es drei). Kreuze die betreffenden Länder an!

☐ Irland   ☐ Schweiz   ☐ Österreich   ☐ Norwegen

☐ Frankreich   ☐ Italien   ☐ Griechenland   ☐ England

7. Beginn des zweiten Weltkrieges?

☐ 1914   ☐ 1933   ☐ 1939   ☐ 1938

8. Beginn der Französischen Revolution?

☐ 1689   ☐ 1798   ☐ 1789   ☐ 1848

9. Volksaufstand in der DDR?

☐ 1955   ☐ 1945   ☐ 1962   ☐ 1953

10. Bau der Berliner Mauer?

☐ 1960   ☐ 1961   ☐ 1953   ☐ 1955

11. Wie heißt die Hauptstadt Japans?

[   ]

12. Wie heißt die Hauptstadt der USA?

[   ]

13. Bevölkerungszahl der Bundesrep.?

☐ 55 Mio.   ☐ 61 Mio.   ☐ 58 Mio.

14. Welches Land hat die längste Küste?

☐ Irland   ☐ Norwegen   ☐ Italien

Zeitansatz: 8 Minuten

FIGUREN ZUORDNEN

Ordne die Teilstücke in den Bildchen 1 - 12 so, daß sich jeweils
eine der Figuren a - f ergibt. Trage die betreffenden Buchstaben
in das Raster ein! <u>Zeitansatz</u>: 5 Minuten

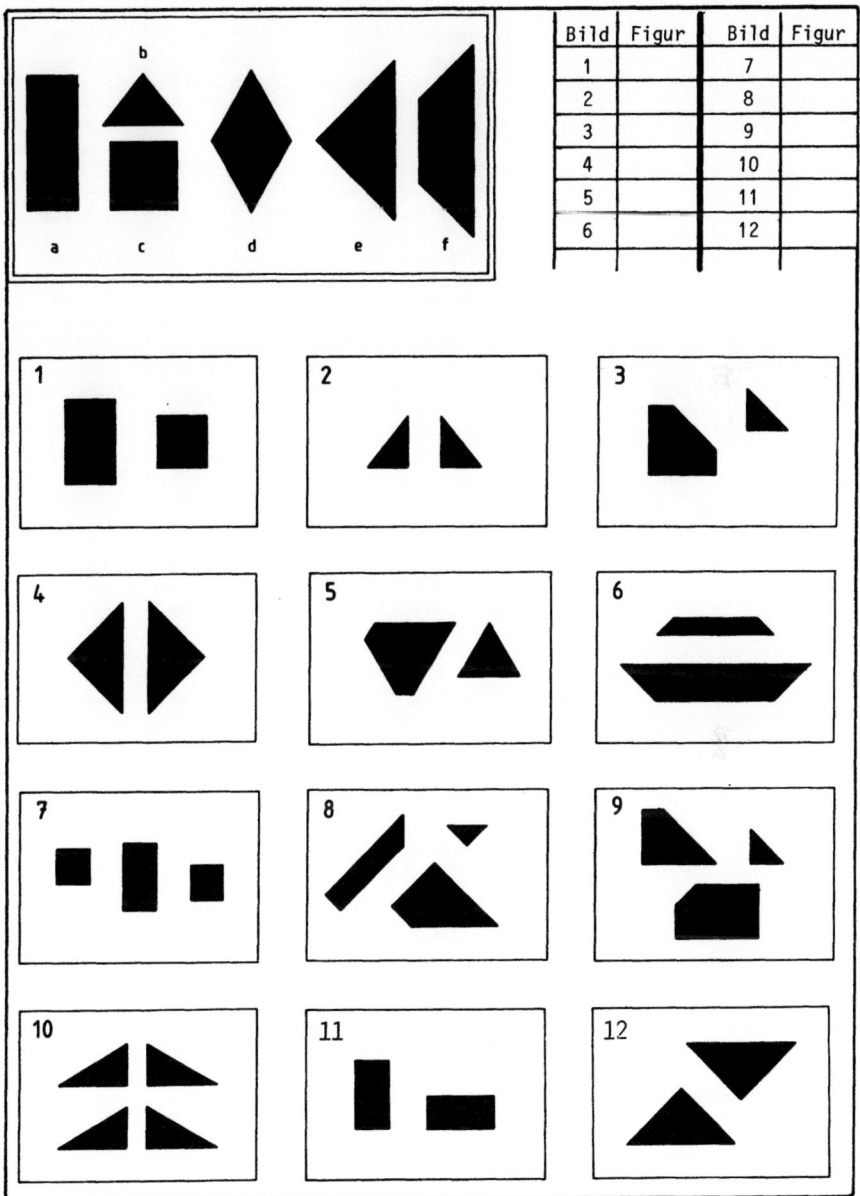

Bild	Figur	Bild	Figur
1		7	
2		8	
3		9	
4		10	
5		11	
6		12	

Vgl. Hesse/Schrader, 1985, S. 268 ff

KONZENTRATIONSTEST

Zähle in jeder Zeile sämtliche "b" zusammen und streiche die entsprechende Zahl rechts durch! <u>Zeitansatz</u>: 7 Minuten

1	pdqqbddpdppqbqpqdqpdbdppqdbqqpddppqbqpdpdpqbqqdpq	0123456789
2	qqpdpbqpddpqdpqpdpqdbpdpqdpqpdbdpqpdpqdpqpbdpqpdp	0123456789
3	pbpdpqpdpqbqpdpqpdpqbdqqqpdpqbqpdpqpdbqpdpbdpqpdb	0123456789
4	qbppdqpdpbpqbdqdpdpqpdppqdpqbdpqbdpqpbqpqdpbdqppqd	0123456789
5	qdbqdpqpdpqpdqpdpqpdpppqpdpqpbqpdpqpddpqpdpqpdpdd	0123456789
6	qpdpqpbqpdbqbdpqpdpbqpdpqdddpqpqdbqpdbqpdpbqpdpbd	0123456789
7	qpdpqpdpqpdpqpdpqpdpqpdpqpdpqpdpppqpdpqpppqpqqqpd	0123456789
8	qpdpqpdbdpbqpdpqpdpqpdpqpppqdbqpdpqpdpqbdpqpdqpdp	0123456789
9	qpdpqpdbqpdpqdbqpdbqpdpqdbqpdpqpdpqpdqbqpdqpdqdpq	0123456789
10	qbqdpqpdpqpdpqpdbqpdpqbqpdpqbqpqpqddddqpbdpqdbqpdd	0123456789
11	qdbqpdpqpdpbddpqdbqpdpppdddbqpdbdpqddqdpbpqdpbdpqd	0123456789
12	qddqpddbqpdpqpdbqpdqpqbqpdpbqpddbdpqdpddbqpdbqpdb	0123456789
13	qpdpqpdpqpdpqpdpqpdpdpqdpdddpdpdpqddpqpdpqddpqpdp	0123456789
14	qdpqpdpqpdpddqpdpbdpqpdpqpdpqppdpqpdpppqpdpqpdqpq	0123456789
15	qdpqpddbqpdpqpdbqpdbqpdpbbqpdpqpdbqpdpqbqpdbqpdbp	0123456789
16	qdpqpdpppbdpqpdbqpdpqpdpqpdpqpdpqdddqdddbqpdpqpdp	0123456789
17	qdpqpdpbpdpqpdbqpdpqpdbqpdpqbqpdbqpdbqpddbqpdbqpd	0123456789
18	qpdpqdbdqpqpdpqbdpqpdpqpdbqpdpqpqdpqbdpqpdpqpbdpq	0123456789
19	qpqpdpqpdqpdpqpdbqpdpbqpdpqpdbqpdpqpdbqpdpqpdbqpd	0123456789
20	qdpqpdpqdpqpdqpdpqpdpqpdbqpdpqpdpqpdpqpdpqpdpqpdq	0123456789
21	qdbqdpqpdpqpdpqpdbqpdpqpdpqpdpqbdpqpdqpdbqpdpqpdp	0123456789
22	qpdpqpdpqpddpqpdpdqpdpdqpqdpqpdpbqpdpqpdpqpbqpdpd	0123456789
23	qpqpddbqdpqpdbqpdqpdbpdpqdpqbqpdpqpdbqpdpqdbqpdbq	0123456789
24	qdpqpdpqpdpbqpdbpqdbqpdbqpddqpdbqpdbqpdbqpdbqpdbq	0123456789
25	qpdpqbdpqpdbqpdbqpddpqbqdqpddqpdpqpdbqpdqqpdbqpdb	0123456789
26	qdpqpdpqdpqdqqpbbqpdpqpdpqpddqpdbdpqpdpdpqbqpdpqd	0123456789
27	qdbpqpdpqpdpppqpdpqpdddqpqbqpddqpdbqpbbqqpbqpdpdb	0123456789

TECHNISCHES VERSTÄNDNIS

Im folgenden finden sich einige technische Aufgaben. Kreuze die richtige(n) Antwort(en) an! <u>Zeitansatz</u>: 5 Minuten

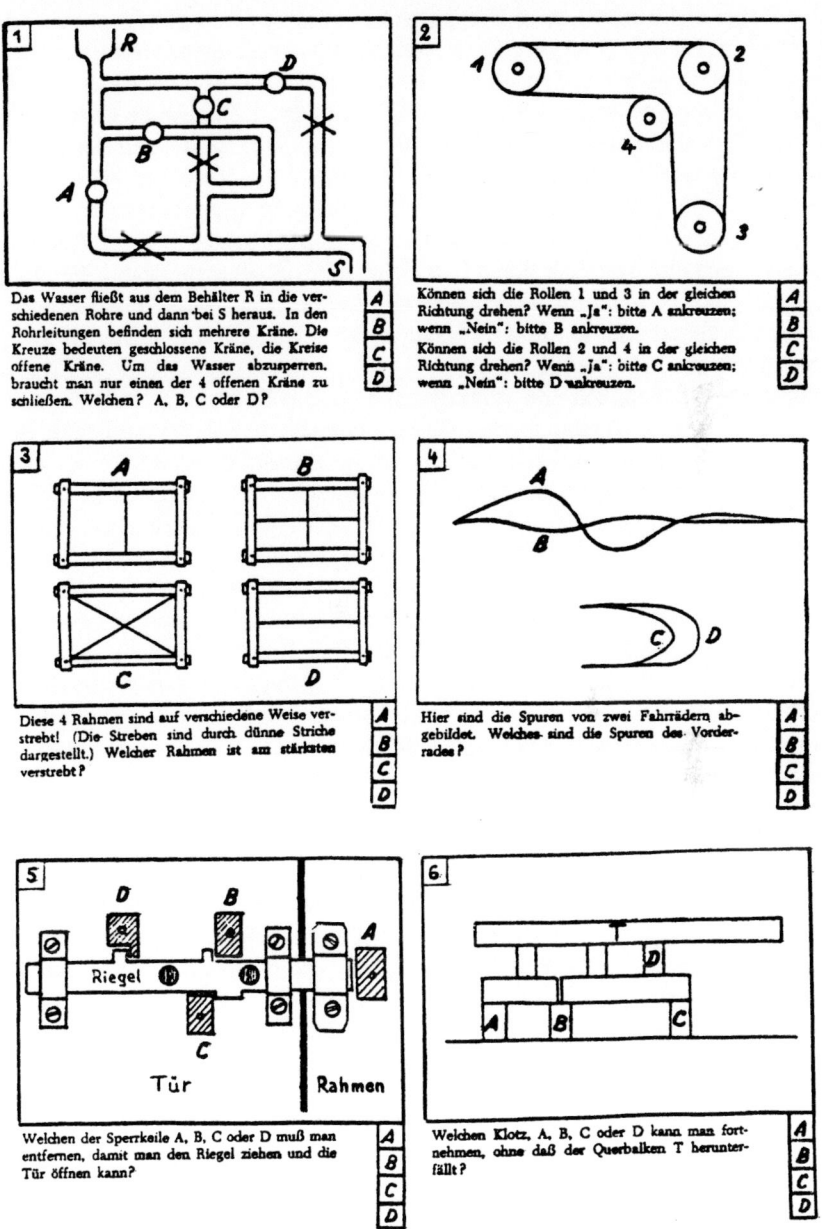

1

Das Wasser fließt aus dem Behälter R in die verschiedenen Rohre und dann bei S heraus. In den Rohrleitungen befinden sich mehrere Kräne. Die Kreuze bedeuten geschlossene Kräne, die Kreise offene Kräne. Um das Wasser abzusperren, braucht man nur einen der 4 offenen Kräne zu schließen. Welchen? A, B, C oder D?

A B C D

2

Können sich die Rollen 1 und 3 in der gleichen Richtung drehen? Wenn „Ja": bitte A ankreuzen; wenn „Nein": bitte B ankreuzen.

Können sich die Rollen 2 und 4 in der gleichen Richtung drehen? Wenn „Ja": bitte C ankreuzen; wenn „Nein": bitte D ankreuzen.

A B C D

3

Diese 4 Rahmen sind auf verschiedene Weise verstrebt! (Die Streben sind durch dünne Striche dargestellt.) Welcher Rahmen ist am stärksten verstrebt?

A B C D

4

Hier sind die Spuren von zwei Fahrrädern abgebildet. Welches sind die Spuren des Vorderrades?

A B C D

5

Welchen der Sperrkeile A, B, C oder D muß man entfernen, damit man den Riegel ziehen und die Tür öffnen kann?

A B C D

6

Welchen Klotz, A, B, C oder D kann man fortnehmen, ohne daß der Querbalken T herunterfällt?

A B C D

185

4.10 Simulation von Vorstellungsgesprächen – Erfahrungen und Anregungen

Das Vorstellungsgespräch ist neben der Bewerbung und dem Einstellungstest in aller Regel die dritte wichtige Etappe im Countdown der Lehrstellensuche. Auch hierbei tun sich viele Schüler recht schwer. Sie sind unzureichend vorbereitet, wissen oft selbst noch nicht so recht, was sie wollen und hinterlassen einen entsprechend schlechten und „unausgegorenen" Eindruck (vgl. das nachfolgende Gesprächsprotokoll). Das sind keineswegs nur Einzelfälle. Die Rückmeldungen der befragten Betriebsvertreter bestätigen dies (vgl. Abschnitt 1.4). Viele Bewerber seien zu gehemmt, heißt es dort. Sie stellten keine Fragen, seien wenig informiert und hätten Schwierigkeiten, sich klar und verständlich auszudrücken, flexibel zu reagieren und mit anderen Leuten zu diskutieren (vor allem bei Gruppengesprächen). Ferner wird kritisiert, daß sie sich oftmals zu wenig mit ihren eigenen Stärken und Schwächen auseinandergesetzt hätten und zu wenig bereit seien, im Vorfeld der Bewerbung über Alternativen nachzudenken.

Dies alles ist bedenklich und veränderbar zugleich. Bedenklich deshalb, weil die Schüler in realen Vorstellungsgesprächen nur selten wahrnehmen oder gesagt bekommen, wo ihre Defizite liegen. Das Gespräch wird abgehakt, vergessen oder verdrängt. Die eigentlich lernrelevante Information, Diskussion und Reflexion entfällt. Veränderbar ist diese Situation insofern, als sich die meisten der genannten Defizite durch eine gezielte Vorbereitung auf das Vorstellungsgespräch abbauen oder zumindest verringern lassen. Voraussetzung dafür ist allerdings, daß sich die Schüler ihrer potentiellen Defizite zunächst einmal bewußt werden, um dann in einem zweiten Schritt über einige Verhaltens- und Trainingsmöglichkeiten nachzudenken. Diese Art der Sensibilisierung ist mit den üblichen Fallbeispielen und Verhaltenskatalogen in aller Regel nur unzureichend zu leisten. Solange kein Problembewußtsein da ist, fallen gutgemeinte Informationen nur selten auf fruchtbaren Boden!

Hier nun setzt das Simulationsspiel ein. Als handlungs- und erlebnisbetonte Methode vermittelt es einen relativ lebendigen und intensiven Eindruck vom möglichen Verlauf eines Vorstellungsgespräches. Die Betroffenheit und Aufmerksamkeit der Schüler ist erfahrungsgemäß erheblich größer als bei den gängigen schriftlichen oder mündlichen Instruktionen. Das gilt sowohl für den Schüler, der im Spiel die Rolle des Bewerbers übernimmt, als auch für die Zuschauer. Zusätzlich steigern läßt sich die Lernintensität, wenn das simulierte Vorstellungsgespräch mit Video aufgenommen und anschließend nochmals abgespielt wird. Das hilft dem betreffenden Akteur, sein eigenes Gesprächsverhalten bewußter wahrzunehmen und zu reflektieren, und ist auch für die übrigen Schüler eine gute Möglichkeit, das Gesehene eingehender zu verarbeiten. Potentielle Probleme und Schwächen werden sichtbar und alaysierbar, Gesprächsstrukturen und Fragestellungen lassen sich gezielt rekonstruieren und zum Ausgangspunkt für wirksames Lernen machen (vgl. die Fragenkataloge).

Wohlgemerkt: Es geht bei alledem nicht darum, die Schüler zu einem naiv-opportunistischen Verhalten zu erziehen. Ziel ist vielmehr, sie für die potentiellen

Gesprächssituationen zu sensibilisieren, ihnen mögliche Fragen, Probleme und Anforderungen bewußt zu machen, sie Gesprächsstrukturen und -strategien entdecken und entwickeln zu lassen sowie insgesamt ihre Bereitschaft zu stärken, sich gezielt vorzubereiten und die eigenen Motive, und Interessen, Stärken und Schwächen zu überdenken. Auf diese Weise läßt sich möglichen Ängsten, Blockaden und Mißerfolgserlebnissen entgegenwirken.

ANSICHTEN UND HINWEISE AUS DER PRAXIS

■ *Worauf legen Personalchefs besonderen Wert, wenn sie Vorstellungsgespräche führen? Klaus Heitmeier, 44, Referatsleiter für berufliche Bildung im Postwesen meint dazu: "Im Vorstellungsgespräch bekommt die Bewerberin die Chance, etwas von ihrer Persönlichkeit zu zeigen. Vor kurzem stellte sich zum Beispiel eine Abiturientin bei mir vor. Sie hatte gute Noten, war aber sehr verschlossen und brachte kein Wort heraus. Als Schalterbeamtin wäre sie also ungeeignet. Auch auf ein gewisses Maß an Höflichkeit lege ich Wert ... Übrigens finde ich es überhaupt nicht schlimm, wenn jemand aufgeregt ist. Das zeigt mir nur, daß er das Vorstellungsgespräch ernst nimmt."*

■ *Helmut Käß, 41, Leiter der Personalabteilung bei der Bayerischen Hypotheken- und Wechsel-Bank meint: "Bei der momentanen Situation auf dem Arbeitsmarkt schauen wir uns Bewerber noch genauer an als früher. Wer sich im Vorstellungsgespräch in Widersprüche verwickelt oder ausweichend antwortet, wirkt unehrlich. Die Bewerberin sollte sich auf das Gespräch konzentrieren und zum Beispiel den direkten Blickkontakt nicht scheuen. Wichtig ist, daß man echtes Interesse an der Arbeit zeigt."*

■ *Dr. René Bergermaier ist Personalchef bei der amerikanischen Firma "Motorola". Er vertritt die Ansicht: "Für mich ist das wichtigste, daß die Bewerberin sich in dem Vorstellungsgespräch so gibt, wie sie ist. Also nicht versucht, mir irgend etwas vorzuspielen. Denn ihre fachliche Eignung kann ich sowieso meistens schon aus den Bewerbungsunterlagen erkennen. Ich will in dem Gespräch vor allem herausfinden, ob sie von ihrer Persönlichkeit her in das Team ihrer zukünftigen Kollegen und zu der ausgeschriebenen Stelle paßt. Denn ich glaube, daß das nicht nur für die Arbeit, sondern auch für ihre Zufriedenheit sehr wichtig ist. Sie würde sich also selbst schaden, wenn sie da versucht, mir etwas vorzumachen.*
Und es gefällt mir natürlich auch, wenn eine Bewerberin sich zuvor über unsere Firma informiert hat. Wenn sie sich auf das Gespräch vorbereitet hat und sich schon in etwa vorstellen kann, welche Aufgaben auf sie zukommen werden. Das zeigt mir, daß sie Interesse an der Sache hat."

1. Tragen Sie saubere, gepflegte Kleidung. Es muß nicht unbedingt der letzte modische Schick sein!
2. Kommen Sie pünktlich. Kalkulieren Sie die benötigte Zeit für Anfahrt und „Durchfragen" zum Gesprächspartner großzügig.
3. Nennen Sie Ihren Namen und den Grund Ihres Kommens, sobald Sie den Betrieb, die Kanzlei oder die Praxis betreten haben. Man wird Ihnen weiterhelfen.
4. Treten Sie natürlich auf! Geben Sie sich, wie Sie sind, und schauspielern Sie nicht.
5. Überlassen Sie Ihrem Gesprächspartner die Gesprächsführung.
6. Hören Sie geduldig zu, und gehen Sie dann auf die Fragen mit Selbstbewußtsein ein!
7. Es ist vorteilhafter, vorher über die Firma informiert zu sein, als zu fragen: „Was machen Sie denn hier eigentlich?"
8. Wenn ein Test gewünscht wird, machen Sie sich in Ruhe an die Arbeit. So gut wie die anderen Bewerber sind Sie schon lange!

<u>Quellen:</u> *Interview aus der Illustrierten "Freundin"; "Merkblatt" aus einer Broschüre der Deutschen Bank (Juni 1985)*

Zugegeben, dieser Anspruch ist hoch und läßt sich aufgrund der schulischen Restriktionen in aller Regel nur ansatzweise einlösen. Dennoch: Simulationsspiele sind relativ eindrücklich und lernwirksam und sollten auf jeden Fall in das methodische Repertoire des Berufswahl-Unterrichts aufgenommen werden. Die praktischen Vorkehrungen sind leicht zu treffen; der Zeitansatz hält sich in vertretbaren Grenzen. Wenn pro Vorstellungsgespräch ca. 5–10 Minuten angesetzt werden (das nachfolgend dokumentierte Gespräch hat 7 Minuten gedauert), dann lassen sich in einer Einzelstunde immerhin 2 Gespräche führen, nachbesprechen und weitergehend auswerten (falls mit Video gearbeitet wird, wird's knapp). Das ist gewiß mehr als nur ein Impuls oder Appell! Die Gespräche selbst sollten auf jeden Fall zu verschiedenen Berufen und Betrieben geführt werden, damit ein gewisses Spektrum sichtbar wird; außerdem wäre es sinnvoll, einen Jungen und ein Mädchen als Hauptakteure einzubeziehen.

Die sonstigen Rahmendbedingungen des Simulationsspiels lassen sich wie folgt umreißen: Die beiden Bewerber sind rechtzeitig vor dem Vorstellungsgespräch ermittelt und informiert worden. Sie teilen dem Lehrer mit, welchen Beruf und Betrieb sie anvisieren, und erhalten die formelle „Einladung" zum Vorstellungsgespräch, verbunden mit dem Hinweis, sie sollten sich vorstellen, das tatsächliche Auswahlgespräch stünde bereits an. Eine spezielle Vorbereitung wird weder angemahnt noch durch Fragenkataloge oder sonstige Hilfen unterstützt. Die betreffenden Schüler sollen zunächst einmal selbst zurechtkommen und entscheiden, ob und wie sie sich vorbereiten wollen. Das kann durchaus zu Schwächen und Irritationen, ja sogar zu einer gewissen Hilflosigkeit der Kandidaten/Kandidatinnen führen (vgl. das Gesprächsprotokoll). Aber gerade das ist lernrelevant und schärft das Problembewußtsein!

Die Gesprächsleitung liegt in der Regel beim Lehrer oder beim Berufsberater (sie spielen den Personalchef). Nur in Ausnahmefällen können interessierte Betriebsvertreter mit einbezogen werden; allerdings sollte der betreffende Kandidat dann nicht ernsthaft auf diesen Betrieb fixiert sein. Die Einbeziehung des Berufsberaters hat den Vorteil, daß er die Internas der Betriebe zumeist recht gut kennt, in der Gesprächsführung erfahren ist und als schulexterne Person gilt, der man unter Umständen anders begegnet als dem Lehrer. Die Gesprächsdauer selbst beträgt – wie erwähnt – beim Einzelgespräch etwa 5–10 Minuten, beim Gruppengespräch entsprechend länger. Wichtig dabei ist, daß der Gesprächsleiter – wer immer es ist – den ins Auge gefaßten Betrieb gut kennt, um als Personalchef überzeugend auftreten zu können! Der Gesprächsablauf im einzelnen:

(1) Der Schüler kommt zur Tür herein; kurze Begrüßung; dann nehmen beide an einem eigens dafür vorgesehenen Tisch Platz. Der Gesprächsleiter beginnt das Gespräch mit einer relativ offenen Frage (z. B. „Wie sind sie eigentlich auf diesen Beruf/unseren Betrieb gekommen?"), damit der Bewerber zunächst einmal etwas freier erzählen kann. Wichtig dabei ist, daß das Rollenspiel von allen Beteiligten ernst genommen und möglichst realistisch durchgeführt wird!

(2) Der weitere Gesprächsverlauf kann sich an den Leitfragen orientieren, die auf der übernächsten Seite zusammengestellt sind. Sie sind einerseits eine Anregung für den Gesprächsleiter, andererseits eine Lern- und Übungshilfe für die Schüler. Der Fragenkatalog ist natürlich bei weitem nicht vollständig. Er markiert lediglich die grundlegenden Fragefelder, die erfahrungsgemäß immer wieder angesprochen

werden. Zum konkreten Gespräch gehört indes auch, daß der Gesprächsleiter an entscheidenden Stellen nachfragt und „nachbohrt", um gewissen Äußerungen auf den Grund zu gehen und/oder Widersprüche und sonstige Ungereimtheiten aufzudecken. Dieses Insistieren und Nachhaken läßt sich ansatzweise aus dem nachfolgenden Gesprächsprotokoll ersehen.

(3) Zum Abschluß des Vorstellungsgesprächs erhält der Kandidat seinerseits Gelegenheit, Fragen zu stellen und interessierende Informationen zum Betrieb, zur Ausbildung, zu den beruflichen Entwicklungsmöglichkeiten u. a. m. einzuholen. Einige mögliche Fragestellungen sind unten aufgeführt. Sie sollten den Schülern in der Regel jedoch nicht schon vor dem Gespräch vorliegen, sondern erst danach ausgeteilt werden.

(4) Nach Abschluß des simulierten Vorstellungsgesprächs äußert sich zunächst der Bewerber/Bewerberin (Eindrücke? Probleme? Fragen?); danach nehmen die „Zuschauer" Stellung und nennen etwaige Auffälligkeiten und Kritikpunkte; zum Schluß gibt der Gesprächsleiter seinen Kommentar, geht auf Fragen ein und gibt Tips zur Verbesserung des Gesprächsverhaltens. Darüber hinaus können die nachfolgenden Fragenkataloge ausgeteilt und besprochen werden; des weiteren können mögliche Lern- und Übungsstrategien überlegt werden etc. Am Ende sollten die Schüler auf jeden Fall nicht nur das Simulationsspiel gemacht haben, sondern auch korrespondierende Hilfen und Anregungen für die gezielte Vorbereitung realer Vorstellungsgespräche mit nach Hause nehmen!

MÖGLICHE FRAGEN DES GESPRÄCHSLEITERS

☞ **ZUR BERUFSWAHL:** ● *Wie sind Sie auf diesen Beruf gekommen? Wer gab den Anstoß dazu?* ● *Haben Sie irgendwelche Vorkenntnisse/Vorerfahrungen?* ● *Was interessiert Sie an dem Beruf?* ● *Wie stellen Sie sich die Arbeit in diesem Beruf vor?* ● *Was wissen Sie über diesen Beruf und wie haben Sie sich informiert?* ● *Warum halten Sie sich für einen geeigneten Bewerber?* ● *Können Sie sich unangenehme Seiten des Berufes vorstellen? Werden Sie damit zurechtkommen?* ● *Glauben Sie, daß Sie mit dem Beruf auf Dauer zufrieden sein werden?* ● *Wie ist Ihr Gesundheitszustand/Ihre Belastbarkeit?* ● *Wie stellen Sie sich Ihren weiteren Berufsweg vor? ...*

☞ **ZUM BETRIEB:** ● *Warum haben Sie sich gerade bei unserer Firma beworben?* ● *Was wissen Sie über unsere Firma und wie haben Sie sich informiert? Was glauben Sie, welche Berufe in unserer Firma vertreten sind?* ● *Haben Sie sich noch bei anderen Firmen beworben? ...*

☞ **ZUR SCHULE:** ● *Wie hat es Ihnen in der Schule gefallen?* ● *Welches waren Ihre Lieblingsfächer?* ● *Welche Fächer haben Ihnen Schwierigkeiten bereitet bzw. weniger gut gefallen?* ● *Wie erklären Sie sich die Noten im Fach X oder Y?* ● *Sind Sie mit Ihren Schulnoten zufrieden?* ● *Wie sind Sie mit Ihren Lehrern zurechtgekommen?* ● *Haben Sie zusätzliche Arbeitsgemeinschaften besucht?* ● *Waren Sie im Betriebspraktikum - wenn ja, wo?* ● *Sie haben in der Schule häufig gefehlt - wie kommt das?* ● *Haben Sie irgendwann mal die Schule gewechselt?* ● *Haben Sie mal wiederholen müssen?* ● *Was besagt die Bemerkung X auf dem Zeugnis? ...*

☞ **ZUR FAMILIE:** ● *Berufe und Arbeitgeber der Eltern/Geschwister?* ● *Wie stehen Ihre Eltern zu Ihrer Berufswahl?* ● *Waren Ihre Eltern immer mit Ihren schulischen Leistungen zufrieden?* ● *Was machen Sie in Ihrer Freizeit?* ● *Welche Zeitungen und Illustrierte lesen Sie?* ● *Was sehen Sie am liebsten im Fernsehen?* ● *Sind Sie in Vereinen oder Jugendgruppen tätig?* ● *Wie stellen Sie sich Ihre Zukunft vor? ...*

☞ **SONSTIGES:** *Möglich sind auch durchaus Fragen zum aktuellen Zeitgeschehen (vor allem zu wirtschaftlichen und politischen Geschehnissen und Problemen) sowie zu spezielleren fachlichen/berufsbezogenen Aspekten und Sachverhalten. Sie sind bislang allerdings eher noch die Ausnahme. Dennoch: Die aufmerksame Lektüre der Tageszeitung kann nichts schaden! Ansonsten ist eine gezielte Vorbereitung nur schwer möglich.*

MÖGLICHE FRAGEN DES BEWERBERS

■ *Wieviel Auszubildende (Mitarbeiter) hat Ihre Firma?*

■ *Wer betreut die Auszubildenden? Wie geschieht das?*

■ *Welche Abteilungen/Tätigkeitsfelder durchläuft man während der Ausbildung?*

■ *Wird man richtig in der normalen Produktion/im normalen Geschäftsbetrieb eingesetzt?*

■ *Gibt es eine gesonderte Lehrwerkstatt? Wird betrieblicher Unterricht erteilt?*

■ *Wie ist der Berufsschulunterricht geregelt? (Teilzeit-/Blockunter.)*

■ *Gibt es besondere Vorbereitungskurse für die Abschlußprüfung?*

■ *Wie lange dauert die Ausbildung? Ist eine vorgezogene Prüfung möglich?*

■ *Wie haben die Prüflinge der letzten Jahrgänge abgeschnitten?*

■ *Wie sind die Chancen für eine Weiterbeschäftigung nach Abschluß der Ausbildung?*

■ *Welche Weiterbildungs- und Aufstiegsmöglichkeiten bietet der Betrieb?*

■ *Wie ist die Arbeitszeit geregelt? ... die Probezeit? ... die Ausbildungsvergütung? ... der Urlaub etc.*

BEISPIEL FÜR EIN SIMULIERTES VORSTELLUNGSGESPRÄCH
(Gesprächsprotokoll)

BEWERBERIN "A": Die Bewerberin "A" ist die 16jährige Realschülerin Anja (vgl. Abschnitt 1.1), die einige Tage vorher zum gleichen Beruf und im gleichen Betrieb ein reales Vorstellungsgespräch hatte. Sie war von daher vor dem Simulationsspiel subjektiv der Ansicht, gut vorbereitet zu sein.

GESPRÄCHSLEITER "G": Den Personalchef spielt der zuständige Berufsberater. Er kennt das betreffende Großhandelsunternehmen Ufer recht gut und kann deshalb seine Rolle recht realistisch spielen.

ERKENNBARE DEFIZITE: Der im weiteren näher dokumentierte Gesprächsverlauf offenbart eine Reihe von Schwächen und Unsicherheiten, die bei gezielter Vorbereitung hätten vermieden werden können. Anja verwickelt sich in Widersprüche, hat offenbar völlig falsche Vorstellungen vom Beruf des Großhandelskaufmanns, weiß wenig über den Betrieb und sein Verkaufsprogramm, ist insgesamt zu passiv und unsicher und hat am Ende nur eine Verlegenheitsfrage, die ebenfalls nicht gerade für sie spricht. Das Gespräch wurde mit Video aufgenommen und konnte Anja anschließend nochmals vorgespielt werden. Sie war ziemlich "erschüttert" über ihre Fehler und Schwächen, aber auch über ihr defensives Gesprächsverhalten. Bis dahin war ihr dieses nicht annähernd bewußt geworden. Auch andere Schüler, denen das Band vorgespielt wurde, hatten zahlreiche "Aha-Erlebnisse" und waren interessiert und engagiert bei der Sache. Für Anja selbst hatte das Simulationsspiel immerhin ein Gutes: Sie nahm in der Folgezeit die Vorbereitung sehr viel ernster als vorher und war bereit, hart an sich zu arbeiten, um die erkannten Schwächen abzubauen. Zufall oder nicht: Schon beim nächsten Vorstellungsgespräch hatte sie Erfolg!

GESPRÄCHSPROTOKOLL

G: Guten Tag Anja, ich heiße Arend und bin hier der Personalchef bei der Firma Ufer. Du hast Dich beworben als Großhandelskaufmann. Wie kamst Du denn überhaupt dazu, Dich bei uns zu bewerben?

A: Ja, der Beruf hat mich schon immer interessiert; ich habe mich dann erkundigt und war beim Arbeitsamt. Dort habe ich einige Adressen bekommen von Betrieben. Mein Vater hat sich auch erkundigt und hat gesagt, daß da noch Stellen frei sind.

G: Und dann hast Du Dich bei uns beworben. Na gut, was stellst denn Du Dir eigentlich so vor, was Du als Großhandelskauffrau bei uns so machen mußt?

A: Daß ich viel Schreibarbeiten machen muß und mit Waren zu tun habe, Waren, die eingehen und die verkauft werden.

G: Du sagst, viel Schreibarbeiten. Wie meinst Du das? Meinst Du, daß Du da auf dem Büro arbeitest - oder?

A: Also Schreibmaschinenschreiben ... (Pause)

G: Machst Du das gerne?

A: Ja, das mache ich gerne!

G: Hast Du Dir auch noch andere Berufe überlegt, die Du vielleicht lernen könntest?

A: Ich will mich nicht auf einen festlegen. Ich hab's nochmal als Bürokaufmann und Bürogehilfin versucht.

B: Bürogehilfin - ja ... Hast Du Dich eigentlich schon mal informiert, was wir hier bei der Firma Ufer so alles verkaufen?

A: Ja, hab ich schon. Das sind Sanitäranlagen ... (Pause) ..., also Bäder und so Sachen und Werkzeuge.

<u>G</u>: Du hast bei uns im Laden doch so Beschäftigte im blauen Kittel gesehen. Was denkst Du wohl, welche Berufsvertreter da hinter der Theke stehen?

<u>A</u>: Ich nehme an Einzelhandelskaufleute ... (Pause)

<u>G</u>: Das sind also Großhandelskaufleute! Ich frage bewußt nach, weil Du vorhin gemeint hast, Du würdest gerne so mehr Büroarbeiten und Schreibarbeiten machen. Der Großhandelskaufmann muß also die sanitären Einrichtungen verkaufen, muß auch beraten, technisches Verständnis haben, muß auch einem Heizungsmann erklären können, wie so'n Ding funktioniert. Hast Du Dir das so vorgestellt?

<u>A</u>: Ja schon ... (Pause)

<u>G</u>: Hast Du auch schon mal überlegt, Einzelhandelskaufmann zu lernen?

<u>A</u>: Ja schon, aber da hat man ja mehr mit Verkauf zu tun, also überwiegend; dann wäre ich ja Verkäuferin! Also ich würde mich mehr für Großhandelskaufmann interessieren.

<u>G</u>: Gut, vom Berufsbild her hat der Großhandelskaufmann noch ein bißchen mehr Büroarbeiten zu tun, aber in der Praxis sieht das so aus, daß Du überwiegend zu verkaufen hast. Würde Dir denn sowas Spaß machen?

<u>A</u>: Ja, da hätte ich dann ja viel Kontakt mit den Menschen, den Kunden, das würde mir schon Spaß machen.

<u>G</u>: Aber es wäre dann wichtig, daß Du auch technische Dinge verstehst. Hast Du bei der Berufsberatung schon mal einen Eignungstest gemacht?

<u>A</u>: Nein, habe ich nicht ... (Pause)

<u>G</u>: Zu Deinen Bewerbungsunterlagen: Die sind ganz ordentlich. Aber hier die Mitarbeitsnote, da hast Du eine 3; wie kommt denn die so zustande?

<u>A</u>: Also, das weiß ich auch nicht ... (Pause). Ich hab schon mitgearbeitet, aber, ich hab auch oft was gewußt, nur hab ich mich nicht gemeldet.

<u>G</u>: Na ja, wir brauchen ja aktive Leute, die auf die Kundschaft zugehen können und nicht so passive Leute, die die Kundschaft auf sich zukommen lassen. Aber noch was anderes: Deutsch und Mathematik - da hast Du ne 4 jeweils. Wie kommen denn die Noten zustande?

<u>A</u>: In Mathematik, da hab ich schon immer Schwierigkeiten gehabt, schon in der Grundschule; in Deutsch, da war ich eigentlich immer gut und bin dann erst in den beiden letzten Jahren abgesackt.

<u>G</u>: Wie sieht's denn bei Dir in der Rechtschreibung aus?

<u>A</u>: Also, da ist es besser als im Aufsatz!

<u>G</u>: Gut, Anja; ich hab Dich ja jetzt ziemlich viel ausgefragt. Hast Du eigentlich noch Fragen an mich?

<u>A</u>: Mich würde interessieren, wieviel Auszubildende sich bei Ihnen beworben haben?

<u>G</u>: Oh, das sind viele. In diesem Jahr wollen wir 6 Auszubildende einstellen; drei Jungen und drei Mädchen. Bei den Mädchen haben sich so 50 beworben, bei den Jungen etwas weniger. Ja, und die sind an sich überwiegend recht ordentlich. Wir würden gerne noch mehr Leute einstellen, aber wir können auch nicht so viele ausbilden ... (Pause) ... Hast Du noch weitere Fragen?

<u>A</u>: Eigentlich nicht ... (Pause) ...

<u>G</u>: Gut, wir werden uns das nochmal überlegen. Ich bespreche die Bewerbungen auch noch mal mit unserem Chef und dann, ich nehme an, daß wir so etwa in drei Wochen wissen, wen wir einstellen wollen, und dann kriegst Du von uns Bescheid.

------ GESPRÄCHSDAUER: CA. 7 MINUTEN ------

5. Literaturverzeichnis

Allehoff, W. (1985): Berufswahl und berufliche Interessen, Göttingen u. a. 1985.

Allerbeck, K.; Hoag, W. (1985): Jugend ohne Zukunft? Einstellungen, Umwelt, Lebensperspektiven, München 1985.

Alt, C. (1985): Einsatzmöglichkeiten für Facharbeiterinnen und Gesellinnen – Aussagen betrieblicher Experten, in: Einsatzmöglichkeiten für Facharbeiterinnen, hrsg. vom Bundesinstitut für Berufsbildung, Berlin u. Frankfurt 1985, S. 95 ff.

Becher, U. u. a. (1983): Evaluation der Berufsberatung der Bundesanstalt für Arbeit. Die Orientierungsmaßnahmen in der gymnasialen Oberstufe, BeitrAB 79, hrsg. vom Institut für Arbeitsmarkt- und Berufsforschung, Nürnberg 1983.

Begemann, W. u. a. (1983): Berufswahlvorbereitung. Informationen, Arbeitsaufgaben, Fallbeispiele, Rollenspiele, 2. Aufl., Köln 1983.

Behrens, G. u. a. (1980): Betriebspraktikum. Unterrichtsmaterialien zur Arbeits-, Wirtschafts- und Gesellschaftslehre, 2. Aufl., Hannover 1980.

Beinke, L. (1985): Betriebspraktika, in: Heft 41 der Vorträge/Berichte/Texte, hrsg. von der Bundesarbeitsgemeinschaft Schule/Wirtschaft, Köln 1985, S. 5 ff.

Beinke, L. (1986): Steigerung der Nutzungseffizienz der Selbstinformationseinrichtungen der Berufsberatung durch die stärkere Einbindung in den Berufswahlunterricht der Schule, Doku-Ausgabe 10/1986, hrsg. von der Bundesanstalt für Arbeit, S. 6259 ff.

Berufsbildungsbericht 1986, hrsg. vom Bundesminister für Bildung und Wissenschaft, Bonn 1986.

Blümle, K.; Mupp, P. (1981): Grundkurs: Das Lernen lernen, hrsg. von der Arbeitsgruppe Oberkircher Lehrer (AOL), Lichtenau 1981.

Bönsch, M. (1977): Gesellschaftliche Bedingungen und didaktische Ansätze der Berufsorientierung im Rahmen eines Berufswahlunterichts, in: Schule – Arbeitswelt, 1-2/1977.

Bruner, J. S. (1981): Der Akt der Entdeckung, in: H. Neber (Hrsg.): Entdeckendes Lernen, Weinheim 1981, S. 15 ff.

Büchner, P. u. a. (1979): Von der Schule in den Beruf. Berufsorientierung und Berufswahlvorbereitung in der Sekundarstufe I, München 1979.

Bundesanstalt für Arbeit (1985): Orientierungshilfe zu Auswahltests für Ausbildungsplatzbewerber, Eltern und Lehrer, Nürnberg 1985.

Bußhoff, L. (1984): Berufswahl, in: Handbuch zur Berufswahlvorbereitung..., a.a.O., S. 176 ff.

Bußhoff, L. (1984a): Entscheidungsverhalten im Berufswahlprozeß, in: Handbuch..., a.a.O., S. 290 ff.

Bußhoff, L. (1975): Zur Diskussion um einen „Berufswahlunterricht", in: Politische Bildung, 1/1975.

Dibbern, H. u. a. (1974): Berufswahlunterricht in der vorberuflichen Bildung. Der didaktische Zusammenhang von Berufsberatung und Arbeitslehre, Bad Heilbrunn 1974.

Dibbern, H. (1983): Berufsorientierung im Unterricht. Verbund von Schule und Berufsberatung in der vorberuflichen Bildung, BeitrAB 78, hrsg. vom Institut für Arbeitsmarkt- und Berufsforschung, Nürnberg 1983.

Eckert, M.; Stratmann, K. (1978): Das Betriebsbpraktikum. Entwicklung, Konzepte und Probleme, Kiel 1978.

Feldhoff, J. u. a. (1985): Projekt Betriebspraktikum. Berufsorientierung im Problemzusammenhang von Rationalisierung und Humanisierung der Arbeit, Düsseldorf 1985.

Fichten, W.; Meyer,H. (1986): Das Lernen gemeinsam planen, in: Jahresheft „Lernen", hrsg. vom Friedrich-Verlag, Velber 1986, S. 148 ff.

Gerbing, U. (1975): Der Einfluß des Schülerpraktikums auf Berufswahlverhalten und Bewußtsein bei Hauptschülern, in: Die Arbeitslehre, 3/1975, S. 123 ff.

Häsing/Stubenrauch/Ziehe (Hrsg.) (1979): Narziß. Ein neuer Sozialisationstypus?, Bensheim 1979.

Hage, K. u. a. (1985): Das Methodenrepertoire von Lehrern. Eine Untersuchung zum Schulalltag in der Sekundarstufe I, Opladen 1985.

Handbuch (1984): Handbuch zur Berufswahlvorbereitung. Ausgabe 1984, hrsg. von der Bundesanstalt für Arbeit, Nürnberg 1984.

Hertel, B. (1985): Einsatzmöglichkeiten für Facharbeiterinnen in der Automobilindustrie. Erfahrungen und Beispiele, in: Einsatzmöglichkeiten für Facharbeiterinnen, hrsg. vom Bundesinstitut für Berufsbildung, Berlin und Frankfurt, 1985, S. 15 ff.

Herzog, W. (1985): Wem dient das Betriebspraktikum?, in: Die Zeit, 11/1985.

Hesse, J.; Schrader, H. C. (1985): Testtraining für Ausbildungsplatzsucher. Hilfe bei Bewerbung, Tests und Vorstellungsgespräch, Frankfurt a. M. 1985.

Hoppe, M. (1980): Berufsorientierung. Studien zur Praxis der Arbeitslehre, Weinheim und Basel 1980.

Jost, G. (o. J.): Kommunikation und Medien, hrsg. vom Gemeinschaftswerk der evangelischen Publizistik, Frankfurt a. M. o. J.

Kahsnitz, D. (1987): Berufs- und Wirtschaftslehre in allen Sekundarschulen. Ein Konzept zur Realisierung der eigentlichen Aufgabe der Arbeitslehre, in: arbeiten + lernen, 49/1987, S. 2 ff.

Kaiser, F.-J. (1973): Entscheidungstraining. Die Methoden der Entscheidungsfindung, Bad Heilbrunn 1973.

Kaminski, H.; Schneidewind, K. (1986): Aspekte eines handlungsorientierten Lernkonzepts für die Arbeitslehre, in: arbeiten + lernen, 45/1986, S. 8 ff.

Klippert, H. (1981): Didaktik des Lernbereichs Wirtschaft. Fachwissenschaftliche und didaktische Grundlegung eines problemorientierten Wirtschaftsunterrichts, Weinheim und Basel 1981.

Klippert, H. (1984): Wirtschaft und Politik erleben. Planspiele für Schule und Lehrerbildung, Weinheim und Basel 1984.

Klippert, H. (1985): Projektwochen. Arbeitshilfen für Lehrer und Schulkollegien, Weinheim und Basel 1985.

Klippert, H. (1987): Aktives Arbeiten mit gängigen Lehr- und Lernmitteln, in: arbeiten + lernen, 49/1987, S. 8 ff.

Kultusministerium (1984): Verhaltensauffälligkeiten in der Schule, hrsg. vom Kultusministerium Rheinland-Pfalz, Mainz 1984.

Landesarbeitsamt/PZ Bad Kreuznach (1986): Planung der Berufswahl. Eine Arbeitshilfe für die Berufswahlvorbereitung im Arbeitslehreunterricht der Hauptschule, hrsg. vom Landesarbeitsamt Rheinland-Pfalz–Saarland und vom Pädagogischen Zentrum des Landes Rheinland-Pfalz, Saarbrücken und Bad Kreuznach 1986.

Lange, E. (1974): Einige Zusammenhänge zwischen beruflichen Entscheidungen, individuellen Entscheidungsprämissen und sozio-ökonomischen Bedingungen, in: Mitteilungen aus der Arbeitsmarkt- und Berufsforschung, 4/1974, S. 330 ff.

Lange, E.; Becher, U. (1981): Evaluierung der Berufsberatung der Bundesanstalt für Arbeit – Pilotstudie am Beispiel der ersten Schulbesprechung, BeitrAB 62/1981, hrsg. vom Institut für Arbeitsmarkt- und Berufsforschung, Nürnberg 1981.

Lange, E.; Neuser, H. (1985): Die Berufswahlvorbereitung durch Berufsberatung und Schule. Bestandsaufnahme und Ansätze zur Weiterentwicklung, in: Mitteilungen aus der Arbeitsmarkt- und Berufsforschung, 2/1985, S. 233 ff. und 3/1985, S. 369 ff.

Leisenheimer, G. (1986): Schüler in der Arbeitswelt. Methoden zur Vorbereitung und Auswertung des Praktikums, in: arbeiten + lernen, 46/1986, S. 20 ff.

Mander, J. (1979): Schafft das Fernsehen ab! Eine Streitschrift gegen das Leben aus zweiter Hand, Reinbek 1979.

Mattes, W. (1986): Über körperliche und geistige Arbeit. Anregungen zum Einsatz des Films „Werkbank – Schreibtisch", in: arbeiten + lernen, 46/1986, S. 23 ff.

Menze, F. (1982): Berufswahlunterricht, in: Handbuch zum Schulalltag, hrsg. von der Arbeitsgruppe Oberkircher Lehrer (AOL), Reinbek 1982.

Meya, H. (1972): Die Berufswahlvorbereitung im Rahmen der Arbeitslehre, Hannover 1972.

Modick, H.-E. u. a. (1985): Bewerbung – Anmeldung – Vorstellung. Unterrichtsmaterialien zur Arbeits-, Wirtschafts- und Gesellschaftslehre, Reihe I, BEO 8, 2. Aufl., Hannover 1985.

MWI/LAA (1985): Mädchen in gewerblich-technischen Berufen, hrsg. vom Ministerium für Wirtschaft und Verkehr Rheinland-Pfalz und vom Landesarbeitsamt Rheinland-Pfalz–Saarland, Mainz und Saarbrücken 1985.

Neber, H. (1981) (Hrsg.): Entdeckendes Lernen, 3. Aufl., Weinheim und Basel 1981.

Nieder, H. (1981): Aufgaben und Methoden der Berufsorientierung, Stuttgart 1981.

Piaget, J. (1980): Theorien und Methoden der modernen Erziehung, Frankfurt a. M. 1980.

Platte, H.-K. (1981): Betriebspraktika in schulischen Bildungsgängen, Werkstattbericht Nr. 37, hrsg. vom Bundesministerium für Bildung und Wissenschaft, Bonn 1981.

Platte, H.-K. (1983): Vorberufliche Bildung im Urteil von Ausbildern, in: Beinke, L. (Hrsg.): Zwischen Schule und Berufsbildung. Schriften der Bundeszentrale für politische Bildung, Bd. 198, Bonn 1983.

Pook, G. (1986): Die Entscheidung für einen Beruf ist für mich wie . . ., Metapher-Meditation zur Berufswahl, in: arbeiten + lernen, 46/1986, S. 48 ff.

Postman, N. (1985): Wir amüsieren uns zu Tode. Urteilsbildung im Zeitalter der Unterhaltungsindustrie, Frankfurt a. M. 1985.

Richtlinien (1982): Richtlinien zum Berufswahlunterricht an Realschulen, hrsg. vom Kultusministerium Rheinland-Pfalz, Mainz 1982 (Erprobungsfassung):

Seiffert, K. H. (1984). Berufswahlreife, in: Handbuch zur Berufswahlvorbereitung, a. a. O., S. 186 ff.

Singer, K. (1981): Maßstäbe für eine humane Schule. Mitmenschliche Beziehung und angstfreies Lernen durch partnerschaftlichen Unterricht, Frankfurt a. M. 1981.

Sparkassenverlag (1984): Keine Angst vor Einstellungstests, hrsg. vom Deutschen Sparkassenverlag GmbH, Stuttgart 1984.

Stascheit, W. (1984): Materialien zum Berufswahlunterricht, hrsg. vom Verlag „Die Schulpraxis", Mülheim/R. 1984.

Steffens, H. (1975): Berufswahl und Berufswahlvorbereitung. Zur Theorie und Praxis eines Aufgabenbereiches der Arbeits- und Wirtschaftslehre, Ravensburg 1975.

Vohland, U. (1980): Berufswahlunterricht. Theorie, Didaktik, Methode und Modelle, Bad Heilbrunn 1980.

Wehle, G. (1986): Georg Kerschensteiner – Impulse der Reformpädagogik für die Schule von heute, in: Heft 24 des Arbeitskreises Schule/Wirtschaft in Nordrhein-Westfalen, Düsseldorf 1986.

Ziehe, Th. (1982): Zur gegenwärtigen Motivationskrise Jugendlicher, in: K. Wasmund (Hrsg.): Jugendliche – Neue Bewußtseinsformen und politische Verhaltensweisen, Stuttgart 1982, S. 13 ff.